湖南省作家协会
重点扶持作品

狂僧怀素

李 科 —— 著

湖南大学出版社·长沙

图书在版编目（CIP）数据

狂僧怀素 / 李科著. -- 长沙：湖南大学出版社，2024.12

ISBN 978-7-5667-3520-1

Ⅰ.①狂… Ⅱ.①李… Ⅲ.①怀素–评传 Ⅳ.①K825.72

中国国家版本馆CIP 数据核字（2024）第070939号

狂僧怀素

KUANGSENG HUAISU

著　　者：李　科		
责任编辑：梁芝英　张　毅		
印　　装：湖南雅嘉彩色印刷有限公司		
开　　本：787mm×1092 mm　1/16	**印　　张**：14.25　**字　　数**：241千字	
版　　次：2024年12月第1版	**印　　次**：2024年12月第1次印刷	
书　　号：ISBN 978-7-5667-3520-1		
定　　价：79.00元		

出 版 人：李文邦

出版发行：湖南大学出版社

社　　址：湖南·长沙·岳麓山　　　　　　**邮　　编**：410082

电　　话：0731-88822559（营销部）　　88649149（编辑部）　　88821006（出版部）

传　　真：0731-88822264（总编室）

网　　址：http://press.hnu.edu.cn

目录

第一章 落寞的少年：颇好笔翰　蕉叶练字

第一节　一块神奇的古地——永州　/003

第二节　神秘的童年　/007

第三节　书堂寺里"颇好笔翰"　/013

第四节　绿天蕉影　/019

第五节　草书天下称独步　/028

第二章 飘荡的中年："西游上国"　名动京华

第一节　不出湖南学草书　/039

第二节　未能如愿的南下之行　/047

第三节　名动京华　/054

第四节　洛下论书　/067

第五节　第二次"西游上国"　/076

第六节　《自叙帖》　/084

第七节　游雁荡山　/096

第三章　寂寥的晚年：清涤自性　复归平淡

第一节　大草《千字文》　/113

第二节　复游长安　/119

第三节　天下第一小草　/125

第四节　怀素之"道"　/142

第五节　安静地离去　/153

第六节　"两唐书中名不留"之探案　/158

第七节　怀素的宗师身份及影响小考　/165

第四章　怀素的游历梳理、书作集锦及年谱

第一节　怀素三次"西游上国"　/175

第二节　怀素传世书作集锦　/182

第三节　"历代著录"所录怀素法帖书目　/201

第四节　怀素年谱　/208

主要参考书目　/219

后记　/221

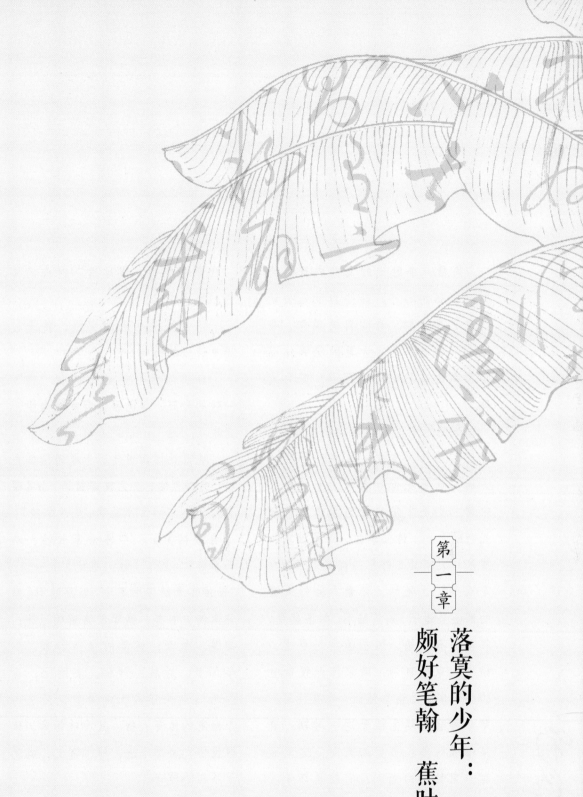

第一章

落寞的少年：颇好笔翰　蕉叶练字

衡量一个时代的文艺成就最终要看作品和人才。那些为世人公认的文艺高峰期，最醒目的现象、最根本的标志，是有大量的优秀作品和顶尖的文艺家喷涌而出，蔚为大观。

唐朝是中国封建社会的全盛期，经济、政治、文化、军事、外交诸方面全面领先世界各国，而盛唐末中唐初则是中华文化艺术史上的高光时刻之一。诗仙李白、诗圣杜甫，唐宋八大家其二韩愈、柳宗元，"狂草双圣"之张旭、怀素，独领风骚的画圣吴道子、茶圣陆羽、剑圣裴旻、舞圣公孙大娘、雕塑圣手杨惠之、楷书大家颜真卿，南宗禅开枝散叶的五大宗主之南岳怀让、青原行思、菏泽神会等均生活于这一时期。群星璀璨闪耀在历史的天空，这里面有一束独特的光点，它就是怀素。他由"草根"变"草圣"，成长为一代草书宗师，堪称这一时代的传奇，令人惊叹！

怀素纵横书海的实践，就是一场史诗级的行吟……

自唐以后，怀素就拥有"神"一般的光环，却也因留存史料太少，变成了"谜"一般的存在。

现可见怀素童年、少年时期的史料，少得可怜，仅见寥寥数语。如《藏真帖》云："怀素字藏真，生于零陵"；《自叙帖》云："怀素家长沙，幼而事佛"；还有《绿天庵记》中一句："世传怀素幼学书庵中"以及陆羽《僧怀素传》中有一些零星而模糊记述；等等。故而，怀素的童年如雾、少年如梦，朦胧、神秘。实际上，青少年时期的怀素既充满争议又是一个励志的传奇人物。其冲破藩篱，超脱世俗，坚忍不拔，踔厉奋发，成就了不朽的传奇。

第一节

一块神奇的古地——永州

737 年，怀素出生于零陵郡，现湖南省永州市。其生于斯长于斯，直到成长为一代草书大师。如果想要探寻怀素如何成为一代草书大师，一定要了解其出生地的历史文化。那么，古属"南蛮之地"的永州市究竟是一个怎样神奇的地方呢？？

这是一座因舜帝而得名、历史久远、古地名沿用至今、一直作为区域中心城市的神奇古城。司马迁《史记·五帝本纪》载："舜南巡狩，崩于苍梧之野，葬于江南九疑，是为零陵。"这虽是一个带有神话色彩的传说，但确有被《史记》记载这一史实。据北京大学《中国古代史教学参考地图集》称："零陵是我国夏以前出现的 34 处重要古地名之一。"秦始皇统一中国后设立零陵县，汉武帝元鼎六年（前 111）析长沙国置零陵郡，隋开皇九年（589）废零陵郡置永州总管府。此后至当代，永州、零陵一地二名，常交替使用。零陵建城，最早始于西汉泉陵侯国，此后零陵古城一直为区域中心城市。古城格局基本保存，吴之道《永州内谯外城记》描述的"不墉而高，不池而深，不关而固"的旧貌依稀可见。永州已有 2100 多年的建城史，2016 年 12 月被国务院评为国家历史文化名城。

这是一块雅称"潇湘"的诗意栖居之地。永州（图 1-1）位于湖南南部，

⊙图 1-1 山水绿城——永州（张月林/摄）

湘江上游，南岭北麓，湘粤桂三省交界处。从蓝山县野狗岭发源的潇水自南而北，与发源于广西灵川县海阳山的湘水自西向东在零陵古城汇合，并贯穿中心城区，故永州自古雅称"潇湘"。境内横亘着南方五岭中的越城岭、都庞岭、萌渚岭，群峰竞秀。永州古城占据零祁盆地中心，南部的道州地处道江盆地，在域内形成"三山围夹两盆地"的地理格局。气候温和、雨水充沛、土地肥沃，盛产鱼米和果蔬，是中国最适宜居住的城市之一。永州之所以成为令人神往的地方，不仅仅是因为潇、湘二水流经永州，风光绮丽，还有舜帝及其二妃等众多神奇的传说也给这块土地增添了神秘的色彩。仅在《全唐诗》《全宋词》两部诗集中"潇湘"就出现了 858 次之多。元明清时期，越南使者途经永州，在此留下 280 余首歌吟潇湘的诗作，并在《越南汉文燕行文献集成》有相关记载。

这是一座闻名全国的汉唐名郡。零陵与长沙、武陵、桂阳为湖南四个汉代古郡。西汉时期零陵是一个大郡，管辖 13 县 4 侯国，面积约达 9 万平方公里。长沙马王堆汉墓出土的《地形图》中心区域是今永州南部，图上标有 8 个县治及 70 多个乡，这说明秦汉之际，潇水流域是一个重要的经济活动区。人口繁衍是封建经济发展的具体反映。据《后汉书·郡国志》记载，到汉末，零陵郡的人口达到 102 万，成为全国 10 个人口过百万的大郡之一。这说明汉、唐、宋时期，永州与中原先进州郡相比，亦不逊色。

这是中国历史上第一条人工大运河的水陆要冲。秦始皇统一六国后，为征服岭南，于前 214 年在广西兴安兴建举世闻名的灵渠，从而沟通了长江与

珠江两大水系。灵渠成为古代中原进入岭南的重要通道，是中国历史上第一条人工大运河，对南北经济文化交流和军事作用巨大。陆路上还有"潇贺古道"，即湘桂古道。以上入粤桂通道均交汇于零陵城，这座古城成为历史上当之无愧的"楚粤门户"。

这是一座处处山水皆文化的山水绿城。柳宗元在《游黄溪记》中说黄河以南用山水命名的城市数以百计，而以永州为最好。永州有八处国家森林公园、四处国家自然保护区，森林覆盖率达 67%，其中城市森林覆盖率为 62%。"欸乃一声山水绿"①，是柳宗元对永州生态的形象概括。永州新城、零陵古城，山环水绕，城内挂牌保护的古树有几百株。东山、西山耸立于潇水两岸；潇、湘二水穿城而过；水在城中，城在水中，城水相融。永州处处山水皆文化。除了充满诗意的潇、湘二水，永州还有天下闻名的"三山""三溪"。"三山"为九嶷山、阳明山、舜皇山，除了气势磅礴，更显文脉厚重。"三溪"为浯溪、愚溪、濂溪，虽都是溪流，却蕴含着深厚的文化底蕴。

这是一块古称"南蛮"却教育文化鼎盛之地。永州自汉郡县立学，唐代官学兴盛。自宋到清，境内共建书院 46 所，著名的有零陵蘋洲书院、祁阳文昌书院、宁远泠南书院、道州濂溪书院等。加之柳宗元、张浚等一批名家在此积极传播思想文化，本地大批人才得以脱颖而出。《湖南通志·选举志》记载，从唐初至清光绪九年（1883），湖南共考取进士（包括特科）2305 人，其中永州 487 人，占 21.3%。湖广第一状元李郃诞生于此，他还是麻将鼻祖。截至 2018 年底，全市有不可移动文物 2656 处，全国重点文物保护单位 34 处，居湖南省前列。女书习俗、舜帝祭典、祁剧、祁阳小调、零陵花鼓戏、零陵渔鼓、道州龙船赛、瑶族长鼓舞、盘王大歌等民俗，影响深远，已有 7 项列入国家非物质文化遗产名录。

这是一块美学思想引领了汉语文化圈的唯美大地。潇湘是秀美的象征，从潇湘之源到潇湘胜地、潇湘情结，其美学影响扩展到了神州大地。唐末五代董源作《潇湘图》，宋代米友仁画《潇湘奇观图》长卷。流传更广的还有北宋宋迪所绘《潇湘八景》，位于零陵萍岛的"潇湘夜雨"乃其中一幅。受宋迪《潇湘八景》的影响，后来各地纷纷用四言格式罗列其风景名胜为八景。到明清之际，全国大部分州县都有"八景"之谓，因此便有"天下八景源潇

_____

① 见柳宗元《渔翁》诗。

湘"之说。

这是一块处于潇湘之源的湖湘文化重要源流之地。永州是舜帝藏精之处，舜帝的遗迹及传说遍布全境，"天下明德皆自虞舜始"，舜文化影响深远。柳宗元谪居永州十年，他的"天人相分"思想、"吏为民役"观点以及《封建论》中的治国理念，既与孔孟儒学一脉相承，又有创新发展。不仅如此，他还创作了《永州八记》，成为中国山水散文的鼻祖。宋代周敦颐（湖南永州道县人）从道学里面汲取营养，重新激活儒学，从而产生了理学，影响中国近千年。同时，永州还是世界稻作农业之源、中国陶瓷工业之源、瑶族发祥之地，并诞生了世界唯一的性别文字——女书。"吾道南来，原是濂溪一脉；大江东去，无非湘水余波"，岳麓书院的这一对联，正说明了永州是湖湘文化的重要源头，也是中华文化的发源地之一。

这是一块历史文化与中华文明高度同频共振的圣地。三十多年前，福岩洞发掘发现了47枚世界最古老的现代人牙齿化石。这是目前已知最早的具有完全龋齿形态的人的牙齿。玉蟾岩出土的陶片和人工栽培稻，是人类步入文明社会的标志性考古发现，让人类在远古的黑屋子中找到了打开光亮之门的钥匙，也证明了永州是"古人类定居时代的摇篮"。可以这么认定：永州发现了距今8万至12万年的福岩洞古人类遗址、距今1万年的玉蟾岩古稻作遗址、距今4300年的舜帝南巡，这三件大事恰与我国具有独立发展的一百万年的人类史、一万年的文化史、五千年的文明史相对应。可见，永州历史文化与中华文明是高度同频共振的。

文山秀水震万古。永州遗浪漫楚韵，连冥幻南蛮，承大美舜德，滋千载理学，乃非一般的经天纬地。潇湘大地这股极富血性的霸蛮元气，定当存有孕育一代草书大师的圣脉！

神秘的童年

初夏，湖畔，烟锁垂柳。

古城零陵东山下一座朴素的民宅，一个初生婴儿的啼哭声划破寂静，回荡在灌木、蕉林、菜地与池水之间。此子便是怀素，字藏真，俗姓钱。

唐代，朝野上下无不言书，不仅大多数的皇帝是书法爱好者，朝廷还设立专门的机构，起用、重视书法人才。唐太宗时国子监下设六种学校，其中第五种为"书学"，专门设立"书学博士"一职。官吏的铨选对书法也有严格要求。唐代书法的兴盛，可谓超过历史上任何一个时代。所以这一时期，擅长书法的人，包括僧人等，得到了帝王及社会各阶层的普遍认可。怀素就是生长在这样的一个时代。

"怀素家长沙"释惑

现代人求职、参与重大社会活动，都要准备一份简介。中唐时期，有一个和尚，以狂草书法写了一份自我简介——《自叙帖》，有意无意间造就了至今无人撼动的巅峰之作。《自叙帖》的第一句——本是零陵人却自称"怀素家长沙"，引发了怀素籍贯之争。此争论在宋以后甚为激烈，至民国时期大致勘定，时至今日仍然有讨论的余地。这是一种巧妙的说辞，亦同现在的永州人在北京介绍自己是湖南人。秦朝、汉代时的零陵就在长沙治下。

秦置零陵县，划属长沙郡。西汉在行政区划管理上，改秦朝的郡县制为郡县制与封国制并行的"郡国制"。开国功臣吴芮被封为长沙王，以原秦代长沙郡为中心建立长沙国，将湘县改名临湘县，作为国都。长沙第一次成为王国都城，并开始以"楚汉名城"显扬于世。与汉王朝的命运相始终，长沙国自前202年始封至7年废除，存在了200多年，又先后分为吴氏长沙国和刘氏长沙国两个时期。秦汉时期，零陵均居于秦时长沙郡、汉时长沙国治下。西汉元朔五年（前124），汉武帝为削弱藩王权力，分封景帝庶子长沙王刘发的四个儿子为侯，其中大儿子刘贤为泉陵侯，置县级泉陵侯国（治所即今零陵区）。西汉元鼎六年（前111），汉武帝在征服南越地区后，撤长沙国，在零陵县治所置零陵郡（这是零陵这一地名第一次成为郡级行政区域名）。秦代零陵县治、西汉零陵郡治都设置在当今桂林市境内。东汉建武元年（25），零陵郡治迁至泉陵侯国，并改泉陵侯国为泉陵县。隋开皇九年（589）改泉陵县为零陵县，治所位于桂林的原零陵县并入湘源县。同年，隋文帝废零陵、永阳二郡，置永州总管府。此后"零陵县"一直沿用到1984年6月。

有此千丝万缕的渊源，怀素自称"家长沙"也就不难理解了。零陵是出生地，长沙是其古郡望，这种以古郡望署其籍贯的做法在唐代非常普遍。加之，怀素多次客居长沙，并与曾任潭州（即长沙）刺史的张谓交好，在长沙如鱼得水，因此对长沙别有一番情感是肯定的。历史上多有此例。宋代的杨万里，吉水人，自称"庐陵诚斋野客"；欧阳修亦吉水人，他也自称"庐陵欧阳修也"。明代书法家李东阳，本是茶陵人，也常自称"长沙人"。所以怀素顺称"家长沙"是巧妙的自我介绍，非他真实籍贯。

历代史料《湖广通志》《湖南通志》《永州志》《零陵县志》均对怀素籍贯有清晰的记叙。如明代隆庆《永州府志》载，"怀素零陵僧……居城东二里，今有墨池笔冢在焉。"清代《永州府志》也说："怀素，字藏真，零陵钱氏子。"清代《零陵县志》记载更具体："有书堂寺，在零陵城西二里，唐僧怀素初居此……"当时的名流诗作中也有一些线索，永州刺史王邕说"我牧此州喜相识"，诗人苏涣讲"零陵沙门继其后"，等等。这些记载，都说怀素是零陵人，确切无误。

近年来，永州市冷水滩区的文化学者们在一些传说故事的指引下，致力于查溯怀素是否出生于现冷水滩区黄阳司镇"钱家洲村"，但一直未找到令人信服的证据。

生辰时间

历史上的怀素充满了神秘，他的生辰时间也一度模糊。宋明以来对怀素生辰时间更是争论不断，有说 725—785 年的，有说 728—788 年的。后经多方考辨，737—799 年这个时间段得到了书法界和史学界的一致认可。

据查证，怀素小草《千字文》（千金帖）帖尾自署"贞元十五年六月十七日于零陵书时六十有三"，这是现存唯一的怀素自写的年龄。支持这一年龄的佐证还有：明代朱有墩编《东书堂集古法帖》载：怀素"贞元十二年一帖，自注时六十，所记年岁与《千文》合"。张廷济《清仪阁题跋》云：《圣母帖》"作年五十六"，书于德宗贞元九年。又云："素书《自叙帖》年四十一"，书于代宗大历十二年。以上三条佐证，均与怀素贞元十五年为六十三岁吻合。

关于"怀素生于唐玄宗开元十三年即 725 年，卒于唐德宗贞元元年即 785 年，享年六十一岁"之说，依据于明代郁逢庆《书画题跋记·续题跋记》卷三等多部著作所记的纸本草书《清静经》，但作品无传世。《清静经》款署"贞元元年八月廿有三日，西太平寺沙门怀素藏真书，时年六十有一。"贞元元年即 785 年，时年怀素 61 岁，据此可倒推怀素生于开元十三年即 725 年。《清静经》虽已失传，但从引文看"西太平寺沙门怀素……"，这一表述存在明显破绽，是论证纸本草书《清静经》伪作的主要突破口。后文对此有详细论述。

家世

怀素生于湖南永州零陵古城，已成定论。以现今的视角分析，他家应属当时全国二线城市近郊居民。关于怀素的家世，众说不一。童年、少年的怀素师承几何，亦模糊得很，可查溯的资料极少。因此，有关书法家怀素的家世较难考证，极易混淆。搜索《四库全书》中的"怀素"，共 1171 卷 2707 个匹配的信息，经、史、子、集、附五大类中均有涉及，其中姓氏不同而名为怀素者有 10 多人，各人都附有相关记载。[①] 此中，范怀素、柳怀素、马怀素、权怀素、萧怀素亦为唐时名人，另外还有把怀契、怀楚与怀素相混淆的。

---

① 见周平《湖湘历代书法选集·怀素卷》。

在上述众多"怀素"中,有名士,有高僧,亦有书法家,各有不同的社会背景,他们与本书主角零陵书僧怀素从生活年代、籍贯乡里、父母姓氏到所擅特长等均有不符之处。但"范怀素"却与零陵"钱怀素"深度地黑白混淆,并在相当一段时期占据了主流。

潘良桢在《澄清淆乱已久的怀素生平》一文中对"范怀素"与"钱怀素"进行了区分。此前,史学家陈垣作于20世纪20年代的《释氏疑年录》卷四中对此曾做解释。宋僧赞宁在《宋高僧传》卷十四中有出身河南南阳范氏的怀素传记,谓"姓范氏,其先南阳人也。曾祖岳,高宗朝选调为绛州曲沃县丞。祖徽,延州广武县令。父强,左武卫长史,乃为京兆人也"。后人称书僧怀素"徙家京兆",极有可能由此附会而来。传记中又称其母李氏梦雷震而孕,延言之辰,神光满室。幼龄聪黠,器度宽然,识者曰"学必成功,才当逸格"。十岁时忽发出家之意,猛利难沮,遂于贞观十九年(645)唐僧玄奘自西域返回后,拜玄奘为师。后来精研律学,遗有佛学著作多种。南阳怀素也能书画,"书经画像,不可胜数"。

而唐中期的零陵僧怀素,《宋高僧传》未为其立传。后世对他生平的简略了解,主要来自怀素本人所遗书帖,及同时人陆羽的《僧怀素传》,另外就是一些书论、诗歌中的相关内容。两位怀素,除了法号相同,"幼而事佛"也是相同的,南阳怀素亦精通书法,其余则了不相涉。《宣和书谱》《书史会要》等多种文献说他"为玄奘三藏法师之门人",此后著作多沿其说。《书史会要》称:"字藏真,俗姓钱,长沙人"那是对的,而接着说"徙家京兆,玄奘三藏之门人也",则是张冠李戴、移花接木了。《书史会要》中的这几句话乃抄自《宣和书谱》卷十九,后作(如《全唐诗》《全唐文》)又照抄,一误再误,导致很多人就认为怀素是唐三藏的徒弟。甚至有人调侃,怀素是猪八戒的"师弟"。

唐玄奘即小说《西游记》中"唐僧"的人物原型,生于隋仁寿二年(602),卒于唐麟德元年(664)。永州怀素生于737年,两者出生年龄相隔135年,至少相差六代,永州怀素怎能当玄奘的门人?另外,从两名怀素母亲的身世也可作出甄别。《僧怀素传》载:"邬彤亦刘氏所出,与怀素为群从中表兄弟。"此传记表明,怀素母亲为刘氏,邬彤、怀素两人的母亲是同祖父的堂姐妹。还有,从大诗人钱起给怀素的赠诗和怀素《自叙帖》中的表述也可印证,怀素的祖籍乃吴兴(今浙江吴兴县)大族,可能是在怀素祖辈或更早时期,或仕途或经商，从浙江吴兴迁居湖南零陵。怀素的父母从事何种职业呢？民间传说，他父亲精熟"顶上功夫"——拣瓦，专门给人家翻整屋顶、补漏修檐。而他母亲，笔者分析，乃种菜小农。虽家道中落，尚能糊口。

何以出家

怀素，应为家中独生子，少时体弱多病，亦顽皮捣蛋，但敏捷好学，曾上过私塾，喜书法而悟性高。这个钱氏子最初叫什么名字，现已无从考证。我们更关注的是，怀素何以出家？史料及此前的各类著作基本倾向于一个原因，即家贫无以为继，养不活了只好送其出家。笔者认为，这并非核心缘由。

其实，此中还有更重要原因足以左右怀素父母的决策。这个关键因素就是怀素从小聪慧好学，还非一般地痴迷书法。虽然怀素出生时社会祥和，但在他青少年时期，社会矛盾日益尖锐激化，最底层的农民负担沉重，钱家生活条件一年不如一年。看着逐渐长大的儿子，父母不断地寻思，怎么培养这个充满灵性的小子？如果继续送其上私塾、考科举，家中难以负担，也买不起昂贵的笔墨纸砚让其学书法。如果不送其上学、不让其练字，可惜了一个充满慧根的好苗子，父母又何忍呢？这些现实问题时时困扰着父母。有一天，他们突然想到，儿子还有一伯祖父（号惠融禅师）在附近的寺院当和尚，这位伯祖父在寺院里不仅衣食无忧，还很受人尊敬，是一位闻名乡里的书法家，儿子去寺院有更好的条件读书写字。想到这一条出路，怀素的父母满心欢喜，却也忐忑得很，当了和尚可就不能娶妻生子了。再者，儿子愿不愿意去当和尚呢？孟子曰：不孝有三，无后为大。因家庭条件所限，父母纵有再多的不舍、不愿，也要让他好好地成长，加之唐代的和尚本是一份崇高的职业。正好，惠融禅师又接纳了怀素。于是钱氏夫妇将怀素送到他伯祖父所在的书堂寺出家。故而，不满十岁的怀素在父母的诱导下，走进了零陵城北十里的书堂寺。

出家人必须自律并看透人的许多本能欲望，如食欲、情欲、物欲等人人皆有的欲求，极不容易！怀素并非看破红尘主动出家，而是境遇所迫进入沙门，其性格冲动、情感充沛。这样的人，怎会被束缚于念经求佛呢？文学艺术虽不能完全消除痛苦，但可以疗伤。加之，大部分艺术都是被佛门否定的，书法却以其实用性与抽象性独受佛门青睐。冥冥之中自有天意，怀素本就对书法有所喜爱，在书堂寺看到伯祖父惠融禅师因书法名显乡里，更加笃定了他学习书法的志趣。于是，怀素的生命力，便从这小小的缺口中冲出来。书法，成了他释放压抑情绪的方式和慰藉心灵的归宿。故，怀素"在佛不事佛"，独爱书法这一种。师父交与抄佛经的纸，他拿来练字，纸写完了，就"遇寺壁、里墙、衣裳、器皿，靡不书之"①，什么清规戒律，均抛于脑后，与俗世无异！如果怀素资质平庸，那么他极有可能终老于永州的寺庙。可造化弄人，命运把他推向更深重的矛盾之中。即便偏居僻地，他的艺术天赋，仍像雨后烈阳一般射出炫目的光华，可偏偏有诸多崇拜者、支持者，将他拉回世俗社会。这些矛盾经过心灵的糅合，融入了怀素的草书艺术，最后诞生了璀璨夺目的精品，延续千年仍不褪色。

怀素为何如此痴迷书法？民间传说怀素出生落地时，竟然在一方白帕上撒了一泡尿，留下了一道神似"書"字的浅痕。②这类付之一笑的传说，或许只是人们茶余饭后的谈资。事实上，怀素可能真的身带艺术天赋。

① 见陆羽《僧怀素传》。
② 传说见张国权、王金梁《怀素传》。

第三节

书堂寺里 "颇好笔翰"

　　书堂寺建于汉明帝时期[①]，位于现永州市冷水滩区蔡市镇岐山头村文秀山，占地四百余平方米。寺院木构建筑，三座殿堂，雄伟庄严，上下三进房，房房相连，前有门楼，门楼上雕刻着一些与佛相关的图案。寺右前方有条繁华的秦时古官道——湘桂古道，左侧坡下有铙钹井，四季长流，冬暖夏凉，甘甜清爽。田垌对面是岐山头村，村里住着三百多户人家，左边有娘娘庙和戏台。娘娘庙的后山称为和尚山，和尚圆寂后葬在此山。寺院周围古树参天，还有十余亩寺供田。汉朝时起书堂寺就香火旺盛，最盛时有二十多位僧人。

　　在唐代，出家是一个热门行业，没有本事，不托关系，还做不成和尚。怀素显然得益于惠融禅师，才入得书堂寺。唐代的寺院文化繁盛，其中不乏修为高深的名僧大师，投靠他们无异于拜名师。同时唐代佛教大盛，尤受厚待，多数寺院置有田土地产，僧人基本衣食无忧，有的甚至比较优越。

　　在书堂寺，怀素刻苦钻研，除坐禅、抄经之外，还习文、解字、作诗、作书等。他聪慧好学，曾熟习古印度梵文，能把梵文佛经译成汉文，这为以

---

① 2009年端午后永州市书协在田野考察时，在岐山头村田垌中一口井沿处发现了一块碑石，这是一块刻于民国年间的功德碑，上记"书堂寺兴始于汉明帝"。

后拜师深造、谈经论道、结交雅士名流，打下了坚实的文化基础。

入书堂寺，是怀素人生的一大转折点。从此，怀素随书法缘起缘灭。在此之前，我们首先谈谈草书作为书法中最有艺术价值的书体，其发展过程是怎么样的。

草书溯源

书法能成为一门独立的艺术，草书的形成是个契机。东汉赵壹的《非草书》虽然抨击了草书，但是它的内容说明了草书是具备艺术性的一种书体。草书作品脱离实用性而成为以"秘玩"为主要功能的艺术品。《非草书》所描写的那种如痴如醉地从事草书创作的状态，正是艺术创作心理的表现。当一位艺术家全神贯注地从事艺术创作时，他可以忘记自己的存在，忽视周围的一切。草书能吸引和调动作为主体的艺术家的身心，具有独特的艺术价值。所以，草书的形成和发展，促使书法迅速走向艺术化，成为一种表情达意的独立艺术。

那么，草书是如何形成的呢？草书分为章草和今草，今草又分大草、小草，大草亦称狂草。章草和今草是隶书进一步发展时形成的。唐张怀瓘《书断·章草》称章草者："存字之梗概，损隶之规矩，纵任奔逸，赴速急就。"故，章草是从书写方便快速的实用性中催生的，简化了隶书的结构。例如，1930年在内蒙古额济纳旗居延地区等出土的居延汉简是张掖郡事务文书，出于省便实用，其简化了隶书的结构，这是草书的原始阶段。1959年出土于甘肃武威市的武威汉简体现出了职业书手的水准，笔法讲究，书写态度严肃认真。东汉晚期的杜度、崔瑗、罗辉、赵袭等一批以草书闻名的书法家出现时，仍然是章草。章草没有完全脱离隶书的约束，只有今草的出现，才真正体现了书法艺术表达的相对自由。

今草成熟于何时，在唐代就有争论。今草形成时间已难以精确，当是始于篆向隶化之时。此时民间出现一种草写的简便连体，今草流行以后，为区分今草才把之前带有隶书笔法的草书命名为章草，遂以张芝（图1-2）为分界线，故其有"草圣"之称。

今草在东晋"二王"时期实现集大成。根据今草发展的历程及对后世的影响，王羲之、王献之父子在这个过程中树立了一块丰碑。王羲之有"书圣"之称，代表作《兰亭序》被誉为"天下第一行书"。其书法兼善隶、草、楷、

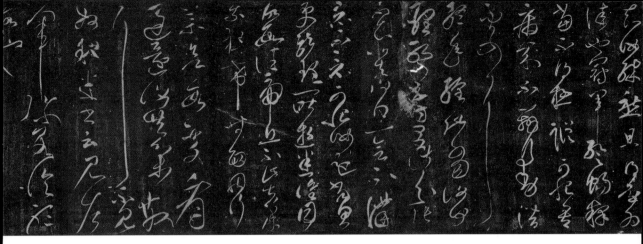

⊕图1-2　张芝《冠军帖》

行各体，精研体势，心摹手追，广采众长，备精诸体，冶于一炉，摆脱了汉魏笔风，自成一家，影响深远。他的草书一类如《十七帖》，结体严谨规矩，运行一丝不苟，线条完整优美，字字独立，极少相连；另一类如《初月帖》，结构简洁，上下牵连，左右呼应，运笔急速灵动，起收笔大多藏于运转当中，无明显的顿挫，线条行云流水。王羲之第七子王献之，专长草书。传世墨迹不多，《江州帖》《鸭头丸》《中秋帖》是他的代表作。王献之绚丽飘洒、风流俊美的书法格调，体现了其豪迈洒脱的气质。其最大的贡献是突破了之前较为固化的草书体，除了"连绵草"，还创造了"破体"书法，开创了狂草派的先河。后来的张旭和怀素，都学了王献之的行草笔法。

　　西方美学在文艺评论中多用非理性来阐释文艺现象。这的确解开了不少艺术之谜，如"直觉说""潜意识说""酒神精神说""美不带概念说"等，都强调艺术创作的特殊性。草书创作是一种典型的生命的情绪体验过程，当然是非理性的东西。草书的非理性有三个特征：难重复性、情感变化的不规律性、用生为熟性。① 可见，草书是最体现创造的一种形式，它不是设计、制作而成，完全是在一种非理性因素支配下通过娴熟的笔墨技巧完成的，所以西方文艺理论家说"艺术家大都是半疯的"。

　　由此，我们可以理解草书是一次完成而又不可重复的，即使书家本人要写出第二篇同样的作品也是不可能的。

书山有路勤为径

　　在如此淳厚的书法氛围下，年幼的怀素踏上了他的书山之路。

———————

① 见邱世鸿《从怀素〈自叙帖〉读草书创作的非理性主义》，来源于《怀素书学研究文集》。

南武当北少林。讲起佛门，印入脑海的首先是位于河南郑州嵩山五乳峰下的少林寺。少林武术，天下独步，以至古往今来入佛门的少年武者纷至沓来。而怀素却偏好不同，"不爱武功爱文功""只读经书不参禅"，事佛志不在佛！这里说怀素"不参禅"，并不是说他不研习禅课，而是不拘一格，不像别的和尚一样，非要打坐、入定、念词、敲木鱼，注重这些外在形式。或许是受了"唐代朝野上下莫不言书"时局的影响，怀素幼入佛门，当时正兴起写经之风，这也进一步诱发怀素对书法的喜爱。怀素如何与书法结缘已无从考证，但可以排除师从父辈，不然他也不会因家门不兴入寺。可能的原因，是怀素天生爱好，加之有一书法成就颇高的伯祖父。其伯祖父惠融禅师，书法师从楷书大家欧阳询，学得很像，几可乱真，远近闻名。还有资料记载，惠融禅师曾是南岳怀让的门人。

出家后，怀素有如龙入大海、鸟翔长空，用心跟随惠融禅师修禅念经和学习文化，不满10岁的怀素开始接触并修炼禅宗。"经禅之暇，颇好笔翰"，挥毫临帖，夏暑冬寒，坚持不懈。怀素由楷入门，涉猎篆隶，由此夯实了楷书、篆书的坚实基础。书堂寺坐落在湘桂古官道上，香火旺盛，文化鼎荣。不久，怀素又非常幸运地接触到了草书，这些草书笔迹让怀素眼前一亮、欣喜若狂，他感觉冥冥之中找到了自己的最爱，从此进入了临创草书的忘我阶段。

在书堂寺，怀素不但刻苦钻研书法，还常常跟着伯祖父到岐山头村教书育人。在他们的教导下，岐山头村考取了众多的秀才和举人。于是，每逢中秀才、中举人，村民都要到岐山头的豆子岭上举行仪式，向惠融禅师和怀素致谢。后来乡中称他俩为"大钱师"和"小钱师"。自此以后，怀素时常到书堂寺所在的岐山头村民家中喝酒吃肉。酒唤醒了怀素沉积于心的"狂兴"。怀素酒过二巡时，常常把字写在寺院的墙壁上、衣服上、器皿上。此种行为遭到住持多次斥责，加之惠融禅师也驾鹤西去，所以，怀素在书堂寺修行了五年便被逐出，而回到零陵城内的龙兴寺。

龙兴寺曾是三国名将吕蒙将军府，寺后有一口井，怀素在一次清淤浚底时发现一方古铜印，铜印上篆刻有"军司马印"四字。这枚"军司马印"充满武将气度，豪迈、锋锐。住持将此印奖励给了主动参与古井清淤的怀素。怀素如获至宝，常带在身边，进行书法创作时，也常用此印钤在自己的作品之上。这段轶事见于清人钱泳《履园丛话》。文徵明次子文彭在其家藏怀素草书《千字文》的跋尾中记载道：

此卷共用黄素八分，每交接处以汉"军司马印"钳记，而书名及题年月处亦是以印印之，且素理精密，墨道如新，真希世之宝也。

徐邦达《古书画过眼要录·晋隋唐五代宋书法》中亦有著录。

怀素从小勤奋努力，特别是在762年出访寻师以前的青少年时期尤为刻苦。昔张芝学书，将家里的衣物帛缯尽皆书遍后再行漂洗，致使池水尽墨；智永习字，三十年不下南楼，练秃的毛笔有十瓮之多。而怀素学书，不仅现留有笔冢、墨池，还有蕉叶代纸、盘板皆穿的佳话。足见怀素对于书法从小勤学苦练。所谓天才，不过是百分之九十九的汗水，加百分之一的天赋。宝剑锋从磨砺出，梅花香自苦寒来。千年前的怀素何尝亦是如此。

说怀素还离不开一个"狂"字。勤奋是态度，狂是性情。从在岐山头村村民家中喝酒吃肉，到"时酒酣兴发，遇寺壁、里墙、衣裳、器皿，靡不书之"，再到被赶出书堂寺，这一系列的事情让我们看到：怀素不是一般的"胆大"可以形容，可谓"天生狂心"，其所为之事也不像刻意为之。

书堂寺是成就怀素的重要驿站。怀素离开后，对书堂寺仍怀有深厚的情感，据说后来怀素通过远游化缘还修整过书堂寺。一千多年的时间里书堂寺一直香火不断。书堂寺和岐山头村可谓怀素的第二故乡。到了清末民初，书堂寺成为挑盐商人的歇脚之处，他们时常在这里讨水喝，也在这里祈求平安。后来，政府部门在书堂寺腾出两间房存放官盐。1949年，书堂寺起火，菩萨被毁，和尚还俗。1957年，书堂寺卖给了私人，木头和瓦被拆走，剩下的砖石在1958年又用于改建岐山头公社中心小学。之后寺中的石碑也成了铺路石或井沿石，寺院遗址上也开垦了稻田，唯剩下那些裸露的基石方方正正地待在田基的四周。

书堂寺侧边，有座文秀塔，一直屹立在岐山头村门口田垌中（图1–3）。因该塔建于文秀山下，故名文秀塔。现存塔系青砖结构，呈六角形，底层直径为2米，塔身7层，高约9米，顶部饰以瓶座瓷宝珠，塔内存有建塔碑文。据史料记载，此塔始建于汉明帝时期，唐代时曾经倒塌，后得怀素化缘重修。现存的文秀塔是清嘉庆十三年（1808）岐山头村张氏人家重修。文秀塔重建原因有三：一为纪念怀素。一个地方的经典人物和与其发生的重大事件，在当地人的记忆里是抹不掉的。怀素在书堂寺生活的几年中，不辞辛苦教导岐山头村村民学习文化、练习书法，还有为村民"消灾"、"避祸"、抗旱、修渠等，现在岐山头村的张家族谱还记叙有怀素的轶事趣闻；二为教育后人。自唐朝以来，岐山头村张姓人家考取了许多秀才、举人、进士，建塔用以鼓励后人，表彰莘莘学子；三为驱邪镇水。俗话说"宝塔镇河妖"，岐山头村既有小溪流，又位于湘江边，重建此塔以保风调雨顺，五谷丰登。

　　回想岐山头村经历的风雨往事，如今仍可感应到书堂寺、文秀塔、铙钹井、娘娘庙、湘桂古道等构成的历史风景线，还在向远方延伸……

图 1-3　书堂寺遗址右前方的文秀塔（陈瑜／摄）

第四节

绿天蕉影

尽管因迷恋书法被赶出了书堂寺，但在龙兴寺，怀素对书法的痴迷丝毫未减。几十年后，柳宗元也曾寄住于此，并作《永州龙兴寺东丘记》："龙兴，永之佳寺也。登高殿可以望南极，辟大门可以瞰湘流，若是其旷也。"可见这是一个不错的地方。

在龙兴寺，怀素依旧我行我素。痴学书法到了忘记"经禅"功课的程度，而令僧众更难以容忍的是，他即兴所至看到空白处就任意挥洒。这样不务正业，不顾及旁人的做法，又不受龙兴寺的住持师傅及一众师兄弟待见。两年后怀素只好回到城东门外的家中。父母既悲又喜，送出去时乃一懵懂孩童，返回来时已是一位十六七岁的青年。即便如此，怀素仍忘我地扎进草书艺术中。但家中经济拮据，哪来的钱买纸呢？唐时的纸有多贵不是今朝可以想象的！

一天，正在他凝思窗前为找何物来练字发愁时，一阵南风吹来，掀动窗外一株芭蕉，翠绿蕉叶（图1-4）在摇头摆脑。怀素

⊙图1-4 芭蕉叶

灵机一动：这宽阔的芭蕉叶不是天赐神器吗？他马上砍来几张试写，可行。于是怀素便广植芭蕉数万株，数月之间，院子周围就成了茂密的芭蕉林。他每天要写上百张芭蕉叶，芭蕉叶砍了长，长了砍，再也不愁无纸用了。芭蕉叶越长越多，他的字也就越练越好。写秃的笔堆成了山，这就是传说中的"笔冢"。洗笔的水池成天都是黑色的，人们称之为"墨池"。芭蕉林成片排列，芭蕉叶茂密如云，遮天蔽日，绿影浮动，向上仰望，只见一片翠绿，怀素遂将宅院称为"绿天庵"。"蕉叶练字"千古佳话由此而来，这一草圣遗迹也成为后来"永州八景"之一的"绿天蕉影"，引起了无数后人的景仰和遐思。芭蕉叶苦了怀素，却也成就了他的大草、他的美名。

人们常说"红了樱桃，绿了芭蕉"。芭蕉树，庭前屋后均可栽种，开的花儿不算好看，却高大洒脱，绿得猛烈，肥而圆润，叶片易拆，岁荣岁枯。怀素与芭蕉之缘，既有一种无奈，也是一种浪漫。

绿天庵，位于高山寺大雄宝殿后侧，在现永州市零陵区东山之上。据《零陵县志》记载：

⊙图1-5 零陵怀素公园局部（潘爱民／摄）

⊙图1-6 醉僧楼

⊙图1-7 墨池遗迹

⊙图1-8 笔冢遗迹

绿天庵清咸丰壬子年（1852）毁于兵，同治壬戌年（1862）郡守杨翰主持重建，下正殿一座，上为种蕉亭，左为醉僧楼，有怀素塑像。庵后一处刻有"砚泉"二字，是怀素磨墨取水的地方。右角有"笔冢"塔，怀素写秃了的笔都埋于此。庵正北七十余步有"墨池"，是怀素洗砚之处。

1949 年，种蕉亭、醉僧楼、书禅精舍、佛殿已难睹旧貌，剩下的正殿也于 1981 年被零陵地区精神病院拆除，仅存草书《千字文》碑一块。

史书上提到绿天庵，应是康熙六年（1667）刘道著任永州知府时所写的《绿天庵记》①，这篇散文对怀素临池及绿天庵周围的东山风光进行了生动的描写。绿天庵的重修以江左僧慈月的到来为契机，恢复旧迹，加以修缮，题写庵名。这也应该与康熙初年，家国一统，社会逐渐恢复安定兴盛有关。朝廷以重兴汉学，兴佛建寺这样来宣扬圣明的教化。

零陵东山绿天庵遗址至今仍保有怀素草书《千字文》石刻，因遭受人为损毁与风化剥落双重磨难，现可辨认的碑文已不足五分之二，但怀素书风尚存，可见一斑。

1992 年，原县级永州市修建了融自然景观和人文景观于一体的怀素公园（图 1-5），以当代手法修复了醉僧楼（图 1-6）、书禅精舍、学书亭、墨池（图 1-7）、笔冢（图 1-8）、砚泉等名胜古迹，布置了一些临时性的展厅，悬挂了一批楹联匾牌等。公园位于现永州市零陵区潇湘中路，占地面积 120 亩，其中水体约 30 亩。赵朴初、颜家龙、沈鹏、刘艺、王景芬等书法家都曾在此留下墨迹。

"绿天蕉影"不是传说，而是实实在在的感人至深的励志故事。那么，蕉叶练字除了能证明怀素非一般的勤奋和非凡的智慧外，是否还有什么别的重大价值存在？绿天蕉影与怀素草书特色的形成，是否存在重大的渊源和关联？

笔者认为，此中存在深入关联！

万般皆有规律，古今书法家学书都有从嫩到老的流变，怀素亦不例外。怀素遵循了循序渐进的演进，初习篆、隶、楷，次学行书，再演行草，后化狂草，终归小草。从怀素生命历程及相关作品看，他对楷书应多有涉及，跟

①　见清光绪二年《零陵县志》卷三。

随惠融禅师多半练习过欧阳询的楷书，不管是否从学欧书起步，至少受到过欧体书法的影响。此后又涉猎广泛，其中学钟繇一系的影子比较明显。宋明之前许多书家甚至于一流大家竞相学习钟体，如王羲之父子就有多种钟体临本，张旭、颜真卿、怀素、黄庭坚等在创作上亦从各方面都吸收了钟体之长、钟论之要。青少年时，怀素学行草主要研习王羲之、王献之，十六七岁时，行草已有一定火候。而且，怀素一生中长期临王书。唐张彦远《法书要录》卷十有右军书记一卷，记王羲之书帖465个。《宣和书谱》所记怀素《清和帖》《得书帖》《临川帖》《二谢帖》《论书帖》《酒船诗》《足下帖》《近代帖》等，与王羲之帖名同。可知，怀素对王羲之书法下过一番狠功夫。

回家之后至26岁走出永州的"蕉叶练字"时期，是怀素草书形成独特面貌的关键时期。从大局来看，这段时间却是唐王朝的灾难期，755年"安史之乱"爆发，中原及东北、西北、西南大多进入多年的动乱状态，朝廷统治力微，官阀相互倾轧，民不聊生。而南方和东南方则相对稳定，怀素抓住了这段岁月静好时光，与芭蕉结下深缘。这八九年的青春岁月，怀素便沉浮在这盛世悲歌、光华蒙尘中，熔铸了自己笔力的筋脉血气；凝目在岁荣岁枯、云卷云舒中，领悟狂草艺术的千变万化；滋养在楚风骚韵、日月精华中，携万千笔豪一同勃勃成长。

芭蕉，为多年生草本植物，秦岭淮河以南可以露地栽培，多植于庭院附近。成株高3—6米，叶片呈较规则的长圆形，一般长2—3米、宽30—50厘米，中间大、两头小，基本对称，像极了一幅幅不规整的手卷。夏秋时节叶面鲜绿色，有蜡质，光泽透亮。叶柄粗壮，叶面脉系发达，呈网状排列。芭蕉叶宽阔柔顺，但因其叶部有脉络如网状遍布，无论将其砍倒铺在地上还是就着挂在树上练写，怎样摆放都难以如纸绢般平整、光滑。这样的练书材质，方折笔法难以通畅，厚重水墨容易流散，只有轻触着笔、圆润使转，才能在芭蕉叶上顺畅运笔。客观上的物质条件逼促着怀素创新用笔。因此，怀素所用的毛笔也讲究笔毫细硬、锋略长且富有弹性。

据推测，怀素开始是将大量的芭蕉叶砍下来铺在桌面或地面练写的，但笔力长进后加之消耗过大、难以为继，他尝试是否可以就挂在芭蕉树上自然书写。这样一试不得了，彻底打开了一场全新的局面。蕉叶长在芭蕉树上，飘浮在空中，随风摇曳不定，而且永州的夏天、秋天正是风劲的季节，虽然一只手运笔，可用另一只手将蕉叶捉住，但怎么弄，却也是无法将蕉叶稳固住的。即便是没有风的天气，蕉叶也会因承受笔触之力有节奏地摩擦而产生晃动。在这样的时空环境下，作书必然要随风舞动，跟上风速并把握节奏，且需精准地掌控臂力和脚力，再辅以细腻而有弹性的笔触，气运丹田，灵活转腕，上下勾连，才能一气呵成。故而，极具怀素个人特色的回环线、瘦劲体、一笔书，就是这段时间在与风共舞中练就的，这是"师法自然"最生动的表达。当然，与之相应的还需要精确地简化笔画，才能控制运笔节奏，故怀素狂草字笔画比之二张、二王等前辈大家，进一步删繁省减。

如此，我们得深入认识青年怀素开创的这个"瘦劲回环笔法"。

"瘦劲回环笔法"是笔者根据怀素狂草书特征而命名的。顾名思义，"瘦劲回环笔法"就是瘦劲形状的线条通过"回环"方式有机组合而形成的一种新型草书笔法。瘦劲回环笔法的核心和基础就是瘦劲回环的线条。"瘦劲"，通俗的解释就是骨感而有力。"回环"即指循环往复、环绕，语出《关尹子·四符》："五行之运，因精有魂，因魂有神，因神有意，因意有魄，因魄有精，五者回环不已。"回环用在语法上，指运用语序循环往复的形式，巧妙地表达了两种事物相互制约或相互依存的辩证关系，以加深读者对客观事物的认识和理解。回环作为一种修辞方式，天然地具有音乐美的形态，用在文学上、用在书法上都具有这种美妙的功效。比如神奇瑰丽、精妙绝伦的回文体，在诗歌王国里就独树一帜，甚至堪称诗人才华的最高体现。怀素狂草正是大量使用骨感而又劲力十足的线条，形成偏瘦的字形，促使其书法形象具纵拔之姿。[1] 这种独具特色的笔法对后世影响很大。

瘦劲回环笔法属于怀素的专利吗？可以肯定地回答：没错。创造瘦劲回环笔法是怀素对书法的最大贡献。

关于瘦劲回环笔法的呈现效果，我们可以从 759—768 年，众多诗人给怀素的赠诗中读出。如李白的《草书歌行》："恍恍如闻神鬼惊，时时只见龙蛇走。"还有几人同题形容。朱遥说："笔下唯看激电流，字成只畏盘龙走。"戴叔伦形容其："忽为壮丽就枯涩，龙蛇腾盘兽屹立。"鲁收则说："风声吼烈随手起，龙蛇迸落空壁飞。""自言转腕无所拘，大笑羲之用阵图。"窦冀喻其："如熊如罴不足比，如虺如蛇不足拟。"马云奇语："壁上飒飒风雨飞，行间屹屹龙蛇动。"这些句子除了形容运笔疾速，还明显地

---

[1] 参见水赉佑《怀素的书法艺术》，来源于《怀素书学研究文集》。

说明怀素"转腕无所拘",草书线条如龙蛇屹立、盘旋、奔驰之势。我们虽然未曾亲眼看见神话传说中的"龙"是如何行走的,但都知道大地上普遍存在的蛇抬头屹立时呈弧形姿态紧盯前方。它们受惊吓时是通过左右摆动产生摩擦疾驶前进的。这两种姿态均为动态的弧形线状,以此形容怀素书写线条的劲力之势、回环之状最好不过。

草书是完全依赖笔画转折来保持字内笔画衔接以及上下字衔接的,毫不夸张地说,折笔犹如草书的地基!所以,草书笔法最难在转折,好比开赛车拐弯,最为凶险,一不小心就会被甩翻。怀素之前的草书大家们多用方折,兼以圆折。怀素则以这种瘦劲回环线条破除方折,使字形变方为圆,独树一帜。而此后的草书家也很少有人能做到像怀素那样,在转折处婉转自如,行云流水。古人说草书最难,为什么呢?因为草书就如开快车,速度飞快,还要做到驾轻就熟,不出乱子。

怀素在"绿天蕉影"中不但创造了瘦劲回环笔法,还锤炼了他草书中的另外两个特点——快速疾书、梦幻布局,这就是怀素狂草的三个特点。再加上笔画省简,即怀素狂草的第四个特点。快速疾书好理解,草书本以速度见长。怀素在长达几年"与风共舞"中,对速度和节奏的把握自然能够实现双提升。空间的梦幻布局,是怀素汲取前人智慧,也是被逼迫而提升。芭蕉叶呈长圆形,两头小中间大,无论横着写还是竖着写,无论砍下来平铺写还是挂在树上写,这都是一种不规则的形状。在快速挥洒过程中,书写者必然会根据页面的宽窄变化,有意无意增大或缩小字体、扩大或减少字间距,故而形成自然万变的结体和章法。如《自叙帖》就充分体现了上述四项狂草特点。

笔者还发现一个有趣的现象,这段特立独行的学书生涯,可能自觉或不自觉地影响了怀素草书的创作趋向,他现存的五幅大作,不管是大草类的《自叙帖》《四十二章经》《千字文》《圣母帖》,还是小草类的《千字文》,均为手卷状,即横幅书法长卷,这可能与蕉叶练字有关。

绿,是潇湘大地的本色。蕉叶练字,天才少年怀素将艺术之美与自然之美浑然一体,在天地之间,构成一幅神奇殊异的画卷。我们只知道"绿天蕉影"为草圣怀素的一段艰涩岁月,但又有多少人回望过、凝思过,"绿天蕉影"是成就草圣怀素的关键一环呢?如果没有长达数年的"蕉叶练字"书写生涯,他是否能悟出随风而动、瘦劲贮力、使转回环、灵性自然的狂草体呢?可能能,但更可能的是不能,我们决不能低估了环境对人的重要性。

关于怀素是如何悟创出瘦劲回环笔法的？永州本地文化学者魏湘江在交流探讨时，向笔者提供了另一个奇思妙想。说怀素是通过吃本地美食"盘龙鳝鱼"（俗称"鳝鱼圈"），而悟创瘦劲回环笔法的。鳝鱼在南方湖泊、水田分布较多，有"小龙蛇"之称，行动轨迹与龙蛇基本一致，做成菜品是一道不可多得的美食。爆炒出锅后的鳝鱼，与龙蛇静止状态下的盘转形状如出一辙，形成两至三个互为叠加的圆圈，而且很有韧劲和弹力，掰开之后一松手即弹回原状，食用时还需讲究方法。这种圆圈形态的鳝鱼就是篆书线条的拓展和物化，如果将其转换成草书线条，那将多么地有观感有劲力！因此，瘦劲回环笔法得此灵感触发而成，仔细一想很有道理。一方水土养一方人，怀素吃盘龙鳝鱼而悟道，也是一种可能。

怀素草书笔法之妙，就在瘦劲与回环的线条，它有在视觉上、情感上触发人的强烈冲击力。很难想象，如果没有如电、如龙、如蛇、如枯藤式的回环线条，怀素推出的演唱会式的现场作书，还能赢得那么多天下名士的喝彩与颂扬吗？

书法用笔追本溯源，肇自篆书，后来羁流嬗变分为篆书笔法与隶书笔法两大体系。篆书发展到秦代，形成了"书同文字"的小篆，这个过程经历了甲骨文、金文等几个序列。无论结体或用笔，秦篆都走到了书法这棵参天大树的篆书这一分枝的末梢。因为秦篆是篆书中均衡匀称、平正端庄的极致，就像后来的颜楷是楷书分枝的末梢一样，已经很难在本枝上再开枝散叶。颜楷最后变异成为宋体字，脱离了书法艺术这棵大树走向了美术字，成为实用美术系列。从艺术的角度看，这是颜楷的悲剧，从实用美术的角度看又是颜楷的幸运，它由误读演变成为另外一种审美式样。秦篆也存在后人对它的误读，与颜楷正相反，它由实用演变成为一种艺术审美式样。小篆的诞生是秦王朝统治的需要，但秦王朝昙花一现，秦帝国的威严很快便湮没在历史的尘埃里，而小篆却流芳千古，它以一种独特的极具秩序的结构形态——对称、庄严、整肃，与极具规范的线条形态——匀称、舒展、流畅，逐渐成为书法艺术的基本表现形式，创造出一种新的审美形态。这种形态在小篆之前虽已存在却并未引起人们的关注且远未成熟，而在小篆之后虽未终结却几乎没有发展。

小篆的独特线条形态在小篆成熟之后似乎走进了发展的死胡同，然而书法艺术强大的生命力在中国这块沃土上最终又使这种独特的线条形态再获新生。唐代的几位大书法家，尤其是在怀素手中，使篆书的线条产生了十分神奇的变幻。极具规范的小篆线条，与狂放不羁、变化奇巧的不可端倪的草书结体融在一起，创造出了"援毫掣电、随手万变"的草书艺术作品。这条最简单的线，这种原本表现详而静书体的笔法，经过怀素妙手回春，在中国书法殿堂里大放异彩，令人称奇，顶礼膜拜。

线条对于书法的价值几何？线条是生命！我们在绘画中看到线，在建筑中也看到线，但没有一种线条能像书法那样具备如此丰富的抒情能力。毛笔在纸面宽窄粗细的接触面（空间），线条伸延时疾徐顿挫的运行节奏（时间），使每一根线条在任何一个细微的动作变化中细腻而又灵敏地反映出书法家情性的变化轨迹。目前书法研究中缺乏像医生读心电图那样把书法家感情"心脏"的脉动——标识出来的研究成果，甚至于我们也还未能把某些线条所代表的感情起伏偏向用准确的语言固定下来，或许，这本就是永远也没有固定语言表述的答案。然而，书法中线条具有独一无二的抒情功能，这却是早就被古代书家们捕捉到的准确信息。汉代蔡邕《笔论》也提出了书法贵乎抒情的观点："书者，散也。欲书先散怀抱，任情恣性，然后书之。"唐代孙过庭《书谱》说："达其情性，形其哀乐。"可见，怀素将书法中线条的艺术属性发挥到了极致，"绿天蕉影"的故事才被后世传为美谈。

"绿天蕉影"典故自宋后盛传，艺术界津津乐道，以此为题的画作亦不少。如徐悲鸿、李可染、范曾等均作有同题的"怀素书蕉图"，作品意境甚好，点明了怀素携蕉叶"与风共舞"，范曾更是画出了怀素直接将蕉叶摁在地上书写这一精彩瞬间，但这些画作在情境方面也有瑕疵。徐悲鸿笔下，怀素似中年虬须大汉，头上烧有几点戒疤（又称香疤）；李可染画作上，中年怀素形貌沧桑并满脸络腮胡，书童侍旁；范曾笔端的怀素垂垂老矣。现实中，怀素蕉叶练字时属意气风发的青年，他的家境条件也养不起书童，其时也还未兴"戒疤"。[1] 戒疤，亦称香疤，元世祖时始传。

用芭蕉叶练字实则是无奈之举。芭蕉叶冬去春来，一年中只有夏秋季用得着，而且叶面不太规整，还不好控制。除了蕉叶，还有没有更适合伏案作书、更经济便利的替代品呢？这便产生了"盘板皆穿"的故事。为了寻找纸的替代品，怀素灵泛的小脑袋突发奇想，用木板漆了一个圆盘和一块方板，以作书写之地。木盘、方板经济又实惠，擦洗干净还能重复使用，就这样写了擦、

---

[1] 参考杨立新《"怀素书蕉"背后的秘密》。

擦了写，不知疲倦地擦擦写写，把圆盘和方板都磨出了窟窿，故有"盘板皆穿"之说。此典故与"铁杵磨针"的故事异曲同工。这种硬憨地"写"，是灵活变通的愚公移山，是长年累月的躬身自造，更是一种坚定信念之下的精神寄托和生命状态。

另外，草书作为欣赏艺术，在当时的中下阶层传播速度肯定不快，有个小故事很能说明当时的境况。有一次怀素寄住在一家古镇客店，因财物被盗，无钱付账，只好写下一幅字帖相抵，店家并不识货，好说歹说才勉强买账，事后店主也没当回事，把这幅字帖随手一丢了事。不料，字帖被一常来闲逛的穷汉顺走了，这个穷汉把怀素大作当成"师公画符"贴在自家门扉上。不久，有一秀才发现这是怀素的真迹墨宝，遂出价 50 两银子购走。于是，这名穷汉以 50 两银子起家做生意，最后成了当地大户。而那位有眼不识金镶玉的店主知道此事底细后，追悔莫及，气急而亡。真乃"有缘得赠"无福消受。①

很多事还得讲究一个"缘"字。生长于南岭的怀素，因机缘巧合，接触了草书，又适应了草书，还爱上了草书，进而又创新了草书，最后成就了草书。因心手相应、后天勤奋，得时局帮衬，怀素一手清新跳跃的草书，如坠入凡间的百变精灵，高级而经典，时尚而个性，逐渐受到各地名流热捧。

---

① 小故事参见魏佳敏《怀素——一个醉僧的狂草人生》。

第五节

草书天下称独步

中唐沙门怀素，中青年时狂得无边，乃中国书法史上最富于传奇色彩的人物。他是一名佛门弟子，却成为狂僧；他是一个和尚，却酷爱酒肉；他是一名划时代的书法宗师，却因不拘一格备受后世褒贬，等等。一色一调不足以形容怀素，但他励志成才的人文价值是永恒的！

李白《草书歌行》新辨

怀素首先是被谁宣扬出来的，已不可知。从时局推算，应该很早就有零陵当地的名人雅士为怀素唱赞歌了，至其二十岁时名声外溢，作品在湖南境内有所流传。但由于缺乏权威大咖的站台，书名影响不大，传播面也不够宽。而真正让怀素名扬九州的，应为当时的地方行政长官永州司户卢象。

曾在开元中期与王维齐名的江东才子卢象，才情、气节俱佳，晚年却受"安史之乱"所累。因被逼授安禄山伪官，于乾元初年（758）贬为永州司户参军，因此与怀素相识相交。卢象称怀素的书法"初疑轻烟澹古松，又似山开万仞峰"。卢象不但自己颂赞怀素，还将文坛巨星李白、东都吏部尚书韦陟介绍给怀素，这两人歌颂怀素后，令怀素声名大噪。

都说大唐如梦，当然不仅指它经济繁荣、国力强盛、思想多元、观念开放，这些只是撑起一个盛世之梦的现实基础罢了，最重要的，则是因为这个时代还有着太多喜欢追梦的人。仅仅在中唐，就有李白、杜甫、韩愈、柳宗元、张旭、怀素、吴道子、陆羽、公孙大娘、南岳怀让、青原行思、菏泽神会等大家，就是他们，绽放出了璀璨夺目的梦想之花，融汇成了这片辉煌灿烂的历史星空。在这片耀眼的星空中，李白与怀素，无疑是两颗极为闪亮的明星，而他们两人邂逅结下的奇缘，自然又在潇湘之滨抹上了一道最浪漫的绚丽色彩，直至千年后的今天，仍能照亮我们梦回唐朝的历历心路。

乾元元年（758），李白自寻阳长流夜郎。文献记载，夜郎是中国西南少数民族的先民建立的第一个国家，前后约300年。成语"夜郎自大"即出于此地。乾元二年（759），朝廷因关中遭遇大旱，宣布大赦，规定死者从流，流以下完全赦免，所以李白在流放夜郎的途中遇赦。那年三月，李白正在当年刘备托孤的白帝城。①

不得不佩服那个仙气飘飘的李白。他因死罪流放，途中遇赦。于是，便顺长江而下过江陵东返，借机到岳阳探望被贬为岳州司马的好友贾至，泛舟洞庭湖后，又赴零陵会挚交卢象。秋时至零陵，李白见到了怀素，后又兴致盎然地登临九嶷山。这一趟零陵之行，李白浪漫主义情怀大开，分别作《草书歌行》《赠卢司户》《悲清秋赋》。②

李白为怀素所作的《草书歌行》，由于语言率真，开阖大胆，引起历代学者的怀疑和争论。苏东坡曾以"'笺麻素绢排数厢'之句，村气可掬"为由，说此诗非李白所作。朱长文则认为"此诗本藏真自作，驾名太白者"。清人王琦认定"以一少年上人而故贬王逸少、张伯英以推奖之，大失毁誉之实……断为伪作，信不疑矣"。当代还有研究者又提出了几项质疑理由：一是宋代朱长文《墨池编》有些版本未收录此文；二是李白、怀素两人年龄相差很大；三是李白称赞怀素言词过火；等等。郭沫若则认为"李白与其他诗人每每有率直之句，这是不成其为理由的"，当为李白自作无误。

李白颂赞怀素的诗歌对宣传推介怀素的价值非常巨大。笔者通过仔细查索历史资料，深入分析唐中期社会时局及文人心理状态等方面作出商榷及辩驳，论证李白为怀素作《草书歌行》是历史事实。理由有五个，如下。

第一，李白与怀素有时间上的交集，这就是缘分。卢象被贬永州司户时约为758—760年，759年李白流放夜郎途中遇赦，折返游洞庭、游零陵，这一趟旅程可查证《李白年谱》。李白的一生是游出来的，此乃完全站得住脚的历史事实。恰好时值青年的怀素，尚未出外游历，家住零陵城东门外，书艺已有

---

① 参见览久美子《李白年谱》。
② 参见览久美子《李白年谱》。

小成，以瘦劲回环笔法为主要特色的草书挥洒自如，圈内名声不小，与地方长官多有交往。李白来游览，地方大员接待，怀素作陪，合时合地，合情合理。

第二，李白与怀素同为浪漫主义艺术家，惺惺相惜。李白好饮酒亦喜草书，他来到古郡零陵，好友肯定会热情招待，怎么招待呢？时值李白诗名震寰宇，中原虽有"安史之乱"，但南方时局稳定，歌舞升平，喝酒吃饭下馆子是免不了的，此外偶尔举行书法笔会、文学沙龙之类的，也是接待手册上的必备程序，所以主人肯定会邀约本地文化名人参与陪同。怀素可能是卢象制订"接待手册"时想到的第一个陪同人员名单。李白来到零陵也听人传颂怀素，怀素更是视李白为偶像。李白、怀素，两人诸多的习性相近，这正暗示着，在冥冥中，命运早就指引着他们在心灵的大地上相会了数次，他们的灵魂早就聚合、勾连在了一起。于是，怀素顺理成章地与李白走到了一起，坐在一桌推杯换盏，他肯定是用"大杯"敬李白的，两人在酒意浓浓中商定：饭后品茶互赠墨宝。酒高人胆大。在笔会现场，怀素面对唐代"第一网红"李白毫不胆怯，在一众名士眼前潇洒、自由地挥毫，如此"艺胆"深得李白赞赏。在南岭腹地偶遇少年狂僧，天真、率性、不拘一格的李白，捋须片刻即赋诗一首，落笔后可能还存意犹未尽之感，足见伟大诗人李白的惜才爱才之情。

第三，《草书歌行》符合李白所作诗歌的一贯格调。从诗的风格及表现手法比较，诗体豪迈，格调飘逸，想象丰富，音节错综，语言奔放，典型地表现了诗人"清水出芙蓉"的特色，符合李白的诗风特征。尤其是前四句"少年上人号怀素，草书天下称独步。墨池飞出北溟鱼，笔锋杀尽中山兔。"非常契合李白的浪漫主义情怀。诗中"须臾扫尽数千张""一行数字大如斗"，与"飞流直下三千尺[①]""燕山雪花大如席[②]"等有异曲同工之妙。从诗的创作状态分析，内存醉态酒香。诗中"墨池飞出北溟鱼，笔锋杀尽中山兔"，正是诗人醉态狂幻状态的表露。小小的墨池在诗人的醉眼里被幻化成苍茫的北海，书家所用笔毫之多竟然杀尽了中山之兔。这种狂幻式的语言，与传说中的李白"斗酒诗百篇[③]"的状态相契。因此，这首诗的创作状况和李白大量写有酒的诗歌风格极其一致。

第四，拿李白赞词贬低他人褒赞怀素为由，这种说法更是站不住脚。759年，

---

① 出自李白诗《望庐山瀑布》。
② 出自李白诗《北风行》。
③ 出自杜甫诗《饮中八仙歌》。

李白年近六十，怀素仅二十三岁，在李白眼中，怀素乃一少年。老人、长辈对少年、晚辈的褒扬，是不吝其词的。对品评者而言，该诗的妙处也即疑处在于，把王羲之、张芝等历史上的书法顶流，甚至于张旭这一狂草鼻祖都用来反衬怀素草书之高妙，拿如此高规格的褒赞放在怀素身上似乎太过了。因此，唱反调者对此提出质疑。其实诗界共知：李白的诗向来以夸张和超乎想象而出名，激情一来，性情豪放的李白将张旭等冷在一边，实不足为怪，且并非个例。再者，有人说李白称怀素为"吾师"合乎李白傲岸不羁的性格吗？深入一查可发现，李白并非对所有人均傲慢，对自己认可之人毫不吝啬溢美之词。此外李白称怀素为"吾师"是有规矩的。据汤用彤《隋唐佛教史稿》记载：唐朝僧人出家有严格规制，要朝廷发度牒准许，僧人社会地位也很高，俗众一般都尊称和尚为师。从陆羽《僧怀素传》也可发现，尊为"上柱国"的颜真卿，亦称怀素为师。只要了解唐朝的佛教制度，就能明白李白称怀素为"吾师"不足为奇了。

第五，应从大历史观看问题，不能以偏概全、以点带面。自中唐以来，论评怀素、为怀素作文著书者成百上千，仅凭苏轼、朱长文、王琦等几人的只言片语，就否定李白与怀素的风云际会是不切实际的。历史不止一次地演绎，名人、大家也有犯低级错误的时候。关于李白是否到过零陵，自宋以来国内六七种版本的李白年谱、年表、诗文系年及日本览久美子所著《李白年谱》等都做了肯定的答复。上述资料显示，李白不但到过湖南，而且这一行还游历了岳阳、长沙、衡阳、零陵等地，在相关史料上也可查证到这一路的痕迹。有老友卢象、新友怀素的陪伴，李白在零陵停留了一段时间。

怀素与李白有相见之缘、有相见恨晚之情，此作与李白诗风一脉相承，拔高赞美契合中国文化传统，后来怀素的成就也证明李白之词算不得拔高。李白与怀素，一个早已名动天下，一个小荷才露尖尖角。二人零陵偶遇，酒后稍憩片刻，怀素便开启了表演模式，手舞足蹈、叱咤风云、笔走龙蛇，如神棍，如二楞，如侠客。别人视为痴狂，但李白却极为震撼：独树一帜的瘦劲回环笔法让人眼前一亮，形态"嚣张"得仿如当年的自己。因此，无须怀素恳求，李白主动奋起，三步而作诗，"演技派书法"自中唐始盛。李白与怀素短暂的接触，如惊鸿一瞥，却给怀素创造了莫大的广告效应。李白写下了第一篇将怀素推上草书巅峰的浪漫主义诗作《草书歌行》：

少年上人号怀素，草书天下称独步。

墨池飞出北溟鱼，笔锋杀尽中山兔。

八月九月天气凉，酒徒词客满高堂。

笺麻素绢排数箱，宣州石砚墨色光。

吾师醉后倚绳床，须史扫尽数千张。

飘风骤雨惊飒飒，落花飞雪何茫茫。

起来向壁不停手，一行数字大如斗。

恍恍如闻神鬼惊，时时只见龙蛇走。

左盘右蹙如惊电，状同楚汉相攻战。

湖南七郡凡几家，家家屏障书题遍。

王逸少、张伯英，古来几许浪得名。

张颠老死不足数，我师此义不师古。

古来万事贵天生，何必要公孙大娘浑脱舞。①

    这首诗既有朴拙的一面又有炫彩的一面，整体刻画了怀素酒后挥洒的狂态，如骤雨旋风，纵横恣肆，给人以龙腾虎跃、奔蛇走马的艺术享受，全文喷薄出一种强烈的生命力。李白对少年怀素称为"上人"，除反映他求仙尊佛的思想外，还表达了他对怀素草书的极度心慕，故后句紧接着盛赞怀素"草书天下称独步"。李白与张旭均为"酒中八仙""唐代三绝"之一，他俩往来关系甚密，可说是忘年交。李白的书法曾受到张旭的亲自指点，称赞张旭"三吴郡伯皆顾盼，四海雄侠争相随"。当时张旭书名之大、影响之广可想而知。但李白赞怀素草书独步天下，未称"天下第一"，并无意贬低张旭草书的地位，他所感受到的怀素草书有一种破土的锐气、一股超然于张旭之外的新的浪漫主义。这样一位青年，这不能不使李白感到惊异，并想要赞叹。一篇《草书歌行》，相当于"涨粉神器"，后来几乎所有对怀素的赞美诗作，都是仿照《草书歌行》写的，并且连题目都相仿——《怀素上人草书歌》。李白的《草书歌行》使怀素的名号立马响亮起来。

重登九嶷作《悲清秋赋》

    李白终生未参加科考，因此也成为唐朝杰出诗人中的一个特例：没有学历，

① 见《全唐诗》卷167。

没有功名，但他的诗歌成就与对后世的影响，几乎无人能出其右！这一点与怀素又何其相似，怀素也无文凭、无功名，但怀素大草、小草直达草书之巅。

李白的一生是云游的一生，是喝酒的一生，当然最大的标签还是诗歌人生。开元十二年（724）春，二十四岁的李白仗剑远游，开始了不知疲倦的云游生涯。开元十三年（725）春，李白携新结识的伙伴吴指南原计划同游荆楚，深入岭南，但吴在洞庭湖时病情加重并突然病故。李白只好匆匆葬了朋友，独自前往，到达九嶷山时已经是初秋。在九嶷山盘桓数日，李白有感于舜帝与二妃悲凄的爱情故事，写了一首乐府诗《远别离》，此诗被康熙《永州府志》收录。

李白第二次赴零陵的初衷，就是看望好友卢象，当然此行的意外之喜是结识了少年怀素。李白此行为卢象写了一首诗《赠卢司户》：

秋色无远近，出门尽寒山。
白云遥相识，待我苍梧间。
借问卢耽鹤，西飞几岁还？

李白经过了流放，卢象经历了授伪官被贬，两人均有"同是天涯沦落人"之感，故诗中有"惺惺惜惺惺"之叹。诗点明见面的时间、地点，背景十分开阔，对友人寄托了美好的祝愿。卢象与李白一生挚友，心心相印，虽非同年生，却在同年死，圆了"金兰之缘"。根据李华《登头陀寺东楼诗序》记述，宝应元年（762）卢象"诏拜主客员外郎，道病留武昌"，是年与李白同卒。

在卢象、怀素两人 24 小时不间断的陪伴下，围绕零陵古城周围游历了多日后，李白再登九嶷山朝圣。第二次登九嶷，他写下了一篇颇有《离骚》意蕴的诗篇《悲清秋赋》：

登九疑兮望清川，见三湘之潺湲。
水流寒以归海，云横秋而蔽天。
余以鸟道计于故乡兮，不知去荆、吴之几千①。

这是李白第二次游零陵的大致过程及所见作品。

---

① 见《李太白全集》卷一。

此外还有三首诗可佐证当年李白确实到过零陵。第一首是《李太白集》中有贾至《洞庭送李十二赴零陵》："今日相逢落叶前，洞庭秋水远连天。共说金华旧游处，回看北斗欲潸然。""李十二"是李白的别称。这首送别诗中的"落叶""秋水"告诉我们，李白再赴零陵是秋季，正好与前述相合。第二首是李白的《答高山人兼呈权顾二侯》，这首诗共二十句，其中最后一句"明晨去潇湘，共谒苍梧帝"，表明此诗写于去零陵前夕。第三首乃李白的自作诗《秋夕书怀》，全诗八句，其中第二句"感此潇湘客，凄其流浪情"，意即客游潇湘，对此秋景感叹不息，其流浪心情与雁共鸣，此句与李白当时所处形势非常应情、应景，且又是秋季。

李白是继屈原之后伟大的浪漫主义诗人，现存诗千首。他因错误站队谋反的永王李璘犯下死罪，在被多人拯救下，保留性命，而判"流放"已是烧了高香，遇赦后彻底自由了。曾经的"白发三千丈，缘愁似个长"，还有一件件不堪回首的往事，统统被李白揣进了咆哮的长江。《早发白帝城》就是他遇赦返还时所作，晦暝转光明，欢快心情喷薄而出。到了零陵，畅快的"子弹"继续在飞，所思所想所写放得更开，俗气可入泥，雅意不着边，故写出什么样的词藻都不足为怪了。而一些专家拿词句的俗雅来说事，以证《草书歌行》非李白所作，则是忽视了时局因素，只顾一隅不谋全局。

李白的第二次零陵之行，当无可辩驳。至于还有人提出，李白之名未进《自叙帖》是个疑点，这就更明显地忽视了时局问题。从唐王朝官方来看，李白是"死罪可免，活罪难逃"之身，一直未得到朝廷的平反昭雪。应该也平反不了，李白附永王李璘可是雪白白的事实。时人求安身不受牵扯，规避"文字狱"，历来如此。同样的原因，《自叙帖》中也未记录诗人苏涣之名。

怀素会李白，可能不但得其名，另外还得其艺。明解缙《春雨杂述·学书传授》曰："旭传颜平原真卿、李翰林白、徐会稽浩。"如果这是真的，尽管李白从艺张旭在草书领域并未显名，但是在怀素与李白的交往中，李白肯定会将拜师张旭的观感、体会传授于怀素。这一次的星云际会，怀素收获的不仅仅是一张耀眼的名片。

韦公大赞"当振宇宙大名"

在怀素未走出永州时，除了卢象、李白，韦陟的推荐也非常给力。

韦陟是一名持才持财而傲的硬汉，他出身关陇望族，父韦安石乃左仆射荣退。韦陟自珍自尊，生活精致，本有宰相之资，却止步尚书。韦陟见过怀素草书无疑，何时得见难以确证，否则他也不会对怀素书法赞赏有加。有人说怀素年近二十时，给在洛阳的亲友写了一封信，韦公有缘得见，信上精美的书法受到韦陟的欣赏。此论没有相关佐证，也有可能是卢象的穿针引线。卢象在当时声名显隆，常与韦陟、崔颢、王维等人相游，在被贬永州司户之时，韦陟自然能借此目睹怀素草书笔迹。韦陟所见怀素其人其书，却也不一定是通过卢象，甚至于是韦陟先于卢象结识怀素，因为韦陟在卢象之前曾两过零陵。

从史料分析，韦陟因被贬与怀素真有可能见过面。《旧唐书》卷九载："十三载（唐玄宗天宝十三年）……冬十月壬寅……贬河东太守韦陟为桂岭（今广西桂林）尉。"宋司马光《资治通鉴》卷二一七云："……（韦陟）文雅有盛名。杨国忠恐其入相，使人告陟赃污事……贬陟桂岭尉。"实际上，从查索人物生平可知，韦陟还未到任桂岭尉，又再贬昭州平乐（今广西平乐县）尉，但不管是桂岭还是昭州，均与湖南道州相邻，韦陟赴任均需过零陵向南行。安史之乱后一年（756），唐肃宗起用韦陟为御史大夫、江东节度使，韦陟返回又得经过零陵。来回两次过零陵，韦陟极有可能见过怀素其人其书。此时怀素虽只是快到及冠之年，但已活跃在零陵城中，瘦劲回环笔法小成，书名在外了。如此看，不管通过何种途径得见，善于奖掖后辈的韦公确实对怀素给出了"此沙门札翰，当振宇宙大名"的高评。颜真卿《怀素上人草书歌序》中也充分肯定了韦陟对怀素的赞赏："睹其笔力，勖以有成"。

韦陟本就是一位著名的书家，吕总评其书法"如虫穿古木，鸟踏花枝"。经过卢象的推荐、李白的站台和韦陟的褒扬，二十多岁的怀素眼界和境界得到了极大的开拓，思想、观念、心境逐步走向成熟。然而，光环下的怀素却也因此更深刻地感觉到自身的劣势和不足——独学而无师，孤陋而寡闻。不突破瓶颈，就摸不准要领，这也进一步坚定了他走出去的信念和步伐。《僧怀素传》载："怀素心悟曰：夫学无师授，如不由户而出。"怀素《自叙帖》也说"然恨未能远睹前人之奇迹，所见甚浅。遂担笈杖锡，西游上国。"上两处可佐证怀素此间的心理状态。此时的怀素自诩自己为"野孩子"，这里的"野"所指的肯定不是缺少教养、质木无文之类，而主要是指自己学书根不正、苗不红，即未拜名师、未临古帖，只是基于自悟式的创新与突破。

自此，怀素迈出了他人生中至关重要的一步——西游上国。没有这一步，中国古代书法艺术史将遗失最为璀璨的一章。

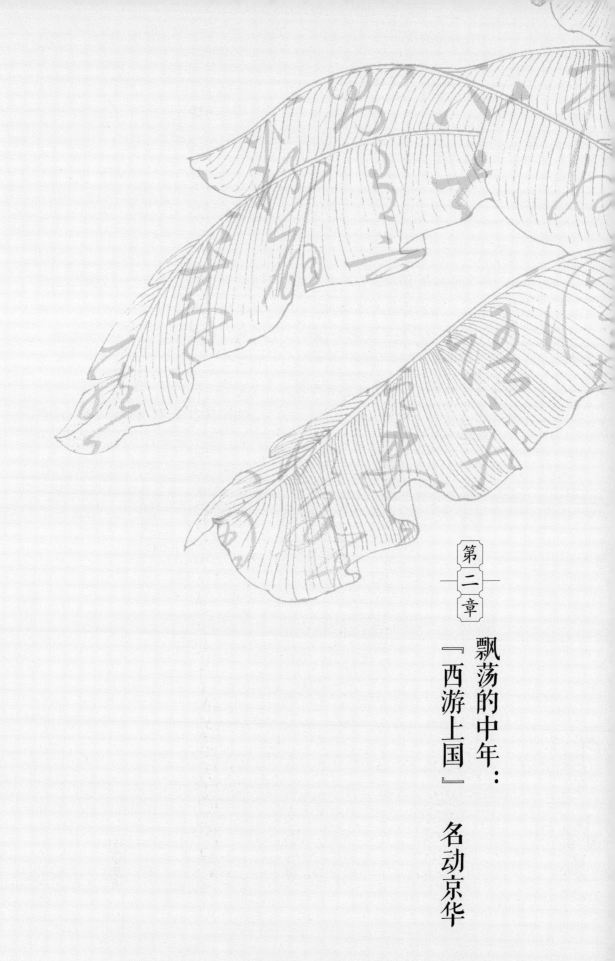

第二章

飘荡的中年：『西游上国』名动京华

唐宝应元年（762），安史之乱结束的前一年，怀素由零陵出发，作万里之行。这是筚路蓝缕的开始，从此，那个"颠张狂素"中的"狂素"，掀起了中国书法艺术史上波澜壮阔的一幕。

唐代文艺之事特别昌盛，诗歌、书法、绘画、音乐、舞蹈等莫不如此，尤以诗歌和书法为最。好书之风贯通整个唐朝，善书之人受到社会普遍重视，名人的书法更受到人们的追捧。初唐四家欧阳询、虞世南、褚遂良、薛稷不仅高官厚禄，且世人皆颂。在这样一种氛围下，怀素个性鲜明的书风，奔放狂逸、追求新奇、富于表演的书技，天真自然的气质，使其如鱼得水，以破竹之势冲出永州，走向湖南，走向全国。

第一节
不出湖南学草书

　　怀素得益于卢象、李白、韦陟的点拨，催发了他"萌动的心"，读万卷书不如行万里路。并且，其超常的宣传意识，使"西游上国"成为中国古代书法史上经典的营销案例。

　　怀素的"西游上国"应从走出永州起算，以中国地图方位论，更精准地讲是"北游上国"，现代用语叫"北漂"。怀素是中国最早的北漂族，北漂时间前前后后加起来有三十年，是一个真正的文化苦行僧。怀素"西游上国"堪比唐僧玄奘之《西游记》。虽然没有像玄奘那样历经九九八十一难才取得真经，但怀素历时三十年游历四方，其中，为求得艺术真谛内心经历多少彷徨，受了多少白眼与嘲讽，外人是难以理解和感受到的。

　　怀素第一次走出永州，首先北上衡州（今湖南省衡阳市），在衡州结识了朱遥。

　　朱遥（一说逷），生卒年和家况不详，可能是长期活跃在衡阳一带的名士，抑或隐士，也属于草根阶层。除了怀素《自叙帖》记述了他的诗句，《全唐诗》收有其作，其他史料难见其痕迹。朱遥喜读书，会作诗，估计也是一名草书爱好者。因久闻怀素的大名，心神向往。一日听说怀素到了衡阳，兴致所至，即往拜访。怎料二人相见，各言其志，十分投机。本想小酌几杯下次再会，不料席间，怀素放开胸怀狂饮，酒后兴致高涨，即兴玩弄笔翰。其状态之狂、运笔之速、线条之妙、气势之盛，这一幕深深地印在了朱遥的脑海中。[1] 朱遥就以《怀素上人草书歌》为题，记下了这场亲眼看见的艺术表演：

> 几年出家通宿命，一朝却忆临池圣。
> 转腕摧锋增崛崎，秋毫茧纸常相随。
> 衡阳客舍来相访，连饮百杯神转王。
> 忽闻风里度飞泉，纸落纷纷如趷鸢。
> 形容脱略真如助，心思周游在何处。
> 笔下惟看激电流，字成只畏盘龙去。
> 怪状崩腾若转蓬，飞丝历乱如回风。
> 长松老死倚云壁，簸浪相翻惊海鸿。
> 于今年少尚如此，历睹远代无伦比。
> 妙绝当动鬼神泣，崔蔡幽魂更心死。[2]

朱遥的诗描绘了一个生动的怀素。怀素一走出永州，即得到名士主动来客舍拜访，并赋诗相赞。这说明怀素的书法已经声名在外，他的艺术作品征服了当时的人们。

怀素《自叙帖》中，录有朱遥诗作中的一句："笔下唯看激电流，字成只畏盘龙走。"《自叙帖》中的"唯""走"两字与朱遥原作有异，但意思一致，应是怀素凭记忆而写的。从上述这句诗可以察觉，怀素走出永州后笔力随着见识进一步开阔，狂纵之势略有增长。

怀素游历了湖南的大部分地方，一生在湘生活四十余年，重点活动区域首先是永州，然后周游于衡州、潭州（今长沙）、岳州（今岳阳）等地，这是一条流淌着清晰文脉的水路。其中还专程去了一趟广州。按在湖南的赠诗分析，应是韦陟、卢象首先为怀素作，然后是李白。李白为怀素站台，将怀

---

① 参见王元军《怀素评传》第53—54页。
② 作品见《全唐诗》卷204。

素推向了全国。此时怀素在湖南影响不大，但因为李白褒赞怀素所有来湖南又喜爱书法的名流肯定会关注怀素。据现有资料统计，在湖南，先后有韦陟、卢象、李白、张谓、戴叔伦、王邕、朱遥、鲁收、窦冀、李舟、苏涣、马云奇等十多人为怀素写了诗歌。

有研究者认为，戴叔伦、王邕、朱遥、鲁收、窦冀五人书作是同时创作的，其中戴叔伦首唱，王邕、朱遥、鲁收、窦冀同作。王邕是怀素本州的刺史，怀素为这一众名士展示书法，导演是戴叔伦，主办者乃王邕。如此认定的理由是：钱谦益、季振宜递辑的《全唐诗稿本》，朱遥的诗附在戴叔伦《怀素上人草书歌》后，题作"又"，未标注作者。王邕、鲁收、窦冀三人《草书歌》均附在《戴叔伦集》后，题下却有小注"同戴叔伦作"，三人也没有作者小传，可见，朱、王、鲁、窦的诗，都是继戴叔伦而作，且因附在《戴叔伦集》中，而得以流传。① 以上观点，笔者并不苟同。

戴叔伦（约732—789），著名诗人，润州金坛（今江苏常州市金坛区）人。大历元年（766）得户部尚书充诸道盐铁使刘晏赏识充其幕下，负责湖南一带的盐铁转运。于是，戴叔伦从大历元年起，头顶"监察御史"官衔，在湖南干了十余年钱粮转运工作，与走出永州正在湖南活动的怀素相过从。戴叔伦自己就是一位书法造诣很高的人，不过他的书艺被诗名掩盖了。戴叔伦与怀素相交时的情形及怀素狂挥的精彩瞬间，被戴叔伦赋诗记载为《怀素上人草书歌》：

> 楚僧怀素工草书，古法尽能新有余。
> 神清骨竦意真率，醉来为我挥健笔。
> 始从破体变风姿，一一花开春景迟。
> 忽为壮丽就枯涩，龙蛇腾盘兽屹立。
> 驰毫骤墨列奔驷，满座失声看不及。
> 心手相师势转奇，诡形怪状翻合宜。
> 人人欲问此中妙，怀素自言初不知。

诗中的三句——"驰毫骤墨列奔驷，满座失声看不及。心手相师势转奇，

① 参见王元军《怀素评传》第51页。

诡形怪状翻合宜。人人欲问此中妙，怀素自言初不知"，被怀素录入《自叙帖》。

戴叔伦、王邕、朱遥、鲁收、窦冀五人中，王邕当属湖南境内的大官——永州刺史，官位比当时的戴叔伦要高几阶。

王邕，太原人，生卒年和家况不详。天宝十载（751）与钱起同登进士第，大历初任永州刺史，官至金部郎中，善诗赋，与元结、戴叔伦等亦有过从。王邕牧守永州，一来就喜欢上了怀素，此阶段怀素时常出游，王邕作《怀素上人草书歌》极有可能是他与怀素同游衡阳时所为。王邕对怀素喜爱有加、推崇备至，他的赞诗从山水到形胜到心境，细腻而深刻：

> 衡阳双峡插天峻，青壁巉巉万余仞。
> 此中灵秀众所知，草书独有怀素奇。
> 怀素身长五尺四，嚼汤诵咒吁可畏。
> 铜瓶锡杖倚闲庭，斑管秋毫多逸意。
> 或粉壁，或彩笺，蒲葵绢素何相鲜。
> 忽作风驰如电掣，更点飞花兼散雪。
> 寒猿饮水撼枯藤，壮士拔山伸劲铁。
> 君不见，张芝昔日称独贤。
> 君不见，近日张旭为老颠。
> 二公绝艺人所惜，怀素传之得真迹。
> 峥嵘蹙出海上山，突兀状成湖畔石。
> 一纵又一横，一欹又一倾。
> 临江不羡飞帆势，下笔长为骤雨声。
> 我牧此州喜相识，又见草书多慧力。
> 怀素怀素不可得，开卷临池转相忆。①

这首诗相对较长，其中一句"寒猿饮水撼枯藤，壮士拔山伸劲铁"，录入了《自叙帖》。另有一句"怀素身长五尺四，嚼汤诵咒吁可畏"，为查证怀素身高、形貌提供了珍贵的线索，后文有具体提及。这首诗运用烘托、摹状、博喻、排比、夸张等多种修辞手法，作细针密线式的描绘，既活现了怀素的

---

① 作品见《全唐诗》卷204。

典型形象，又把他的草书品格推向一个化境。诗的前两句写的是南岳衡山。诗中以山势之雄峻引出素书，并将几个重要的侧面作了细致描述，如怀素的身形，提笔酝酿之闲逸，挥毫之迅驰，作书形态之震撼，字势似暴风骤雨，无不抓住怀素作书之特点，形象传神。诗的最后两句更说，王邕对怀素印象颇佳，每当读书练字时常想起他。王邕在永州还曾作《后浯溪铭》，文中提及"元结寄住祁阳浯溪"，该文应写于元结作《浯溪铭》之后。

王邕任永州刺史三四年，与怀素交往不浅。值得注意的是，王刺史诗中所写的怀素，行为并不张狂，书法也不太狂，仅对其笔法骏奇赐墨不少，整体评价只不过是"多逸意"而已。现存最早称赞怀素的诗作，即诗仙李白的赠诗《草书歌行》，也反映了这种状态，虽然李白使用的仍然是大开大阖的浪漫主义诗风，但诗中的青年仍显青涩。这与后来的任华等所记入京后的狂僧，变化不少。这说明怀素在"行万里路"中获益良多。

唐代诗人鲁收写的《怀素上人草书歌》也很精妙：

> 吾观文士多利用，笔精墨妙诚堪重。
> 身上艺能无不通，就中草圣最天纵。
> 有时兴酣发神机，抽毫点墨纵横挥。
> 风声吼烈随手起，龙蛇迸落空壁飞。
> 连拂数行势不绝，藤悬查蠹生奇节。
> 划然放纵惊云涛，或时顿挫萦毫发。
> 自言转腕无所拘，大笑羲之用阵图。
> 狂来纸尽势不尽，投笔抗声连叫呼。
> 信知鬼神助此道，墨池未尽书已好。
> 行路谈君口不容，满堂观者空绝倒。
> 所恨时人多笑声，唯知贱实翻贵名。
> 观尔向来三五字，颠奇何谢张先生。[1]

该诗作虽未录入《自叙帖》，但其中有两句"自言转腕无所拘，大笑羲之用阵图""所恨时人多笑声，唯知贱实翻贵名"，被后世书论家广泛引用。

---

[1] 作品见《全唐诗》卷204。

窦冀，河南叶县人，生平与家况不详，官御史。他的《怀素上人草书歌》细腻且生动：

> 狂僧挥翰狂且逸，独任天机摧格律。
> 龙虎惭因点画生，雷霆却避锋芒疾。
> 鱼笺绢素岂不贵，只嫌局促儿童戏。
> 粉壁长廊数十间，兴来小豁胸襟气。
> 长幼集，贤豪至，枕糟藉麹犹半醉。
> 忽然绝叫三五声，满壁纵横千万字。
> 吴兴张老尔莫颠，叶县公孙我何谓。
> 如熊如罴不足比，如虺如蛇不足拟。
> 涵物为动鬼神泣，狂风入林花乱起。
> 殊形怪状不易说，就中惊燥尤枯绝。
> 边风杀气同惨烈，崩槎卧木争摧折。
> 塞草遥飞大漠霜，胡天乱下阴山雪。
> 偏看能事转新奇，郡守王公同赋诗。
> 枯藤劲铁愧三舍，骤雨寒猿惊一时。
> 此生绝艺人莫测，假此常为护持力。
> 连城之璧不可量，五百年知草圣当。①

其中有两句"粉壁长廊数十间，兴来小豁胸襟气""忽然绝叫三五声，满壁纵横千万字"，被怀素直接引用进了《自叙帖》。其中后面这一句把怀素的疾速、技法纯熟和爆发力作了极为形象地描述，成为狂僧的标签。

从上述几篇诗作中可发现，这五人与怀素均相交甚好。但为什么笔者认为，朱、王、鲁、窦的诗不是继戴叔伦后同时所作。首先，按相交的时间计，戴叔伦在这五人中与怀素接触不太早，戴与怀素相交最早当始于大历元年。其次，窦冀的诗明显引用了王邕诗中的"枯藤、劲铁、骤雨、寒猿"等词语。古人在诗会上作诗会避免用词雷同，都想自己的词句比他人更高古、典雅。此处，显然窦冀作诗是在王邕之后，窦冀看到了王邕的赠诗，认为王邕诗句中的这

---

① 作品见《全唐诗》卷204。

几个用词精辟、传神，所以直接引用了，如此反而显得窦冀为人更有心胸。或者，王邕、窦冀与怀素在一起搞沙龙也有可能，窦冀与王邕均现场作诗，王邕作在前，因为窦冀诗中有这么一句"偏看能事转新奇，郡守王公同赋诗"。再者，有多方面资料记叙，怀素出永州北上衡州首先结识了朱遥，可以认为，朱遥赠诗在先。笔者认为，这五人赋诗的顺序为朱遥、王邕、窦冀、鲁收、戴叔伦。

至于《全唐诗稿本》将朱、王、鲁、窦诗附在《戴叔伦集》后，原因可能有两点。一是当时这五人中确是戴叔伦诗名最盛。戴叔伦比怀素大五六岁，其时可与王昌龄、郑虔、杜甫、韦应物等并列。怀素所作《自叙帖》有两处引用戴叔伦的这首诗，一共六句，其中"戴"字更占据两行，可见戴叔伦的评语在怀素心目中的分量。这五人赠诗合编一起，以戴叔伦诗置先，与现在多人合作专版发文，最权威者排在首位的做法如出一辙。二是可能这五人虽作诗时间不同，但其中二三人与怀素聚会时，谈起当代名流为怀素赠诗之事，怀素将他们的赠诗拿出来一一展示，戴叔伦令其书童将这五首诗一并整理。戴之书童将戴叔伦的诗抄录在前，其余四人诗作附后，也未记作者小传。后人整理戴叔伦诗集时，认为此乃一佳话，遂将五人诗歌一并录入，于是便有了《全唐诗稿本》所记载的内容。虽然这仅是推测，但更符合历史本来面目。

还有一位诗人李舟，其与怀素相交于湖南并作有赞诗，《全唐文》中有资可查。唐代散文家梁肃写了一篇《虔州刺史李公墓志铭》，这个李公就是指李舟①。梁肃说李舟二十余岁时以"金吾掾"兼监察御史就职于孟皞湖南幕府。还有一条线索也可从侧面印证此事。永泰元年（765）元结作《茅阁记》，其中提到孟皞主政湖南已近两年，自此可知孟皞于764年来湖南。另还有资料显示孟于大历二年（767）还在湖南任观察使，因此，李舟与怀素就在此期间相交。李舟领教了怀素的颠、狂后盛赞：

　　昔张长史之作也，时人谓之张颠；今怀素之为也，余实谓之狂僧，以狂继颠，谁曰不可？

---

① 李舟人物资料参见练肖河《怀素〈自叙帖〉真伪考》，来源于《怀素书学研究文集》。"金吾掾"即左右金吾卫掾曹。

将怀素与张旭并列，怀素甚为欢喜，将这句话直接引用进了《自叙帖》。

可见，怀素虽出身草根，但他在青年时期就赢得仕族青睐，被奉为天人。但不为人知的是，其实在坊间怀素也大受欢迎，不少民众视其为精灵，湖湘地方民间还传闻他的书法竟达到"布匹十丈而一字，老米五斗而一撇"的高价！① 有一点遗憾的是，大文豪、名臣元结于广德元年（763）至大历三年（768）两任道州刺史，而怀素于宝应元年（762）走出永州。元结钟情于书法，且在永州开辟出三处震古烁今的摩崖石刻（现均为国家级文物保护单位），但二人均没有将涉及对方的作品留下来，可能真的是失之交臂。

在辗转湖南时期，怀素有幸结识对其一生有重大提携的张谓。张谓，生卒年和家况不详，字正言，今河南沁阳人，大历年间任潭州刺史。张谓善诗，辞精意深，代表作不少，尤以《早梅》为著，《唐诗三百首》多有辑录。张谓比怀素应该大二十余岁，两人结识当在张初任潭州刺史任上，因观感甚佳，遂结为忘年交。《颜真卿集》收录有张谓所作《赠怀素》：

稽山贺老粗知名，吴郡张颠曾不面。奔蛇走虺势入座，骤雨旋风声满堂。

这可能是一首残诗，但评价不可谓不高。这两句诗也被怀素分两处，分别录入《自叙帖》。后面这一句亦写妙了狂僧之"狂"，被怀素还引用到了别的书作中。

在湖南，这些文人雅士基本上都成了怀素的至交粉丝。因怀素年龄偏小，这些粉丝大哥对怀素更是关怀备至。当怀素提出要拜名师以进一步深造时，大家一致推荐了当时的全国书法界"一哥"——徐浩。

---

① 参见魏佳敏《怀素：一个醉僧的狂草人生》。

未能如愿的南下之行

767 年，刚满 30 岁的怀素决心走出湖南，南下广州，不是打工，而是拜师。介绍怀素求教于徐浩的是诗人苏涣。徐浩乃张旭与颜真卿之间空档期的书坛霸主。苏涣劝怀素：要拜就拜名师。徐浩职务堪比宰相，人称"亚相"，官位显赫，朝中大臣们称他的书法名冠古今。他与徐大人友善，可做介绍，只要徐肯扶持，保证名艺双丰收。

徐浩（703—782），字季海，今浙江绍兴人。历任工部侍郎、吏部侍郎、集贤殿学士，封会稽郡公。撰有专著《论书》，擅长各体，尤精楷书。《新唐书》《旧唐书》对徐浩的记述均比较详细。唐肃宗即位后，拜徐浩为中书舍人，当时诏令多出其笔，恩宠无与可比者。徐浩家学渊源，祖父徐师道、父徐峤之都是书法高手，张彦远《法书要录》卷一记徐浩即"传授笔法人名"者之一，唐吕总《续书评》称其为唐"真行书二十二人"之一。当时，著名的书家如张旭、贺知章已经去世，李邕被杖杀，颜真卿还在蓄势待发，徐成了名副其实的书界大佬。徐浩位重技高，声名远播，怀素非常仰慕，恰于此时，徐浩离开长安任广州刺史兼岭南节度使，所以怀素选择拜访他，也是经过深思熟虑的。

苏涣，生卒年不详，四川眉山人，是一个充满曲折坎坷、非常有故事的官员、诗人。他年轻时当侠盗，狂放不羁。后来改邪归正，转读诗书，登进士第入朝为官，累迁侍御史。他善作诗，《全唐诗》录有四首。古人通信喜欢写诗，从诗的题目来看，苏涣作《怀素上人草书歌兼送谒徐广州》既是赠给怀素的，更是写给徐浩的举荐信：

> 张颠没在二十年，谓言草圣无人传。
>
> 零陵沙门继其后，新书大字大如斗。
>
> 兴来走笔如旋风，醉后耳热心更凶。
>
> 忽如裴旻舞双剑，七星错落缠蛟龙。
>
> 又如吴生画鬼神，魑魅魍魉惊本身。
>
> 钩锁相连势不绝，倔强毒蛇争屈铁。
>
> 西河舞剑气凌云，孤蓬自振唯有君。
>
> 今日华堂看洒落，四座喧呼叹佳作。
>
> 回首邀余赋一章，欲令美价齐钟张。
>
> 琅琅诵句三百字，何似醉僧颠复狂。
>
> 忽然告我游南溟，言祈亚相求大名。
>
> 亚相书翰凌献之，见君绝意必深知。
>
> 南中纸价当日贵，只恐贪泉成墨池。①

这首诗把怀素此行的目的写得很直白："忽然告我游南溟，言祈亚相求大名。"画为心声，诗如其人。苏涣的诗热血偾张、天马行空，充满了浓烈的反叛精神，与怀素的某些心性相合。苏涣用心举荐，表明此行目的就是"言祈亚相求大名"，亚相应该会"见君绝意必深知"。苏涣恃才自负，诗作煽情炫技，未打动徐浩。

有学者认为，怀素广州之行未达到目的，笔者甚为赞同。怀素进京后不久，徐浩也卸任广州刺史回到京城，783年，徐浩病逝。应该说怀素在京城有非常多的机会面见徐浩，加之怀素"从父"钱起和徐浩同朝为官，一个为"大历十才子"之首，一个乃书法界头牌，两人交集肯定非常多，钱起为怀素引见徐浩是不成问题的。但怀素本人或别的资料中没有只言片语记录怀素与徐浩相交之事，有关徐浩的史料中也看不见怀素的影子。如果怀素在长安几年中都没有与徐浩相交，那么767年应该双方也没见面，并且互相观感"不咋的"。当时徐浩位高权重，书名大，并且比怀素大34岁，以他的地位和资历，拒见艺名不显的小和尚也是情理之中。

---

① 诗作见《全唐诗》卷255。

永州本地也有关于"怀素南下求教徐浩"的传说。讲怀素历经千辛万苦到达广州刺史府，正值午时，下人见是苏涣介绍的朋友，便招呼怀素说老爷正午休，先用膳等待。下人见怀素是个和尚，就问他吃什么，怀素说随便，荤的素的都行。下人吩咐厨师做了几个菜，其中有鸡肉、猪肉，还打了一壶酒，怀素一扫而光。饭后等了一会儿，下人说老爷写了张条子给他，怀素接过来一看，纸条上用稳健端庄的正楷写着一首诗：

沙门吃肉喝酒，佛门弟子少有。

书法较量科场，和尚勿须追求。

虽然这只是个传说，但口耳相传千余年，也可作参详。[①] 徐浩不待见怀素的原因可能有四点：一是觉得怀素吃肉喝酒不守戒律，不是个好和尚；二是认为书法乃士大夫所为，僧人专门从事书法不务正业；三是与个人偏好有关，徐浩精于楷书，不喜和尚玩草书；四是与徐浩的贪婪有关，《资治通鉴》记载徐浩因"贪而佞"，怀素凭一张宣纸敲门，不合浩意。当然，怀素的做派在当时也并不是人人都喜欢。鲁收就说："所恨时人多笑声，唯知贱实翻贵名。"徐浩不见怀素的原因应该是兼而有之的。

尽管第一次南下广州就吃了闭门羹，但怀素并没有为求教于徐浩而"长跪不起"。此处不留爷，自有留爷处。从广州返程途中，怀素应当顺道赴韶州（现韶关）曹溪，朝拜了佛教圣人、南禅宗鼻祖慧能大师。慧能是个令人仰望的传奇。瞻仰慧能使怀素心性更加坚定。此行对加深其领悟南禅也大有裨益。

拜师学艺，心诚则灵。南下不行，那就北上。767年底，怀素从广州回到湖南后，与一众名流同游于衡州、潭州、岳州等地，临赴长安前又结识了诗人马云奇。

信息丰沛的马云奇诗

敦煌是西域门户，乃古丝绸之路的一处重要节点。在开放、繁荣的大唐时期，这里可是非常的繁华与耀眼，但敦煌与湖南相距二千多公里，怀素西

---

① 此故事参见张社教《草圣怀素》及民间传说。

游上国未曾抵达过西域。怀素本与敦煌八竿子打不着边，却因当年的一位好友，与敦煌产生了关联，这位好友就是马云奇。

马云奇，生卒年、籍贯皆不详，可能官至敦煌太守，在唐代这个诗歌王国中声名并不显赫。他因工作调动或许还有别的一些原因，将于大历初在湖南与怀素等过往唱酬的《怀素师草书歌》随身带到了西域敦煌，并因故使该作留存在了敦煌千多年。马云奇所作《怀素师草书歌》于二十世纪初被法国人伯希和在敦煌千佛洞藏经室发现，现藏于巴黎图书馆。该作重新面世，对于书法界、史学界研究怀素提供了珍贵的第一手史料。

马云奇的《怀素师草书歌》诗文共 20 句：

怀素才年三十余，不出湖南学草书。
大夸羲献将齐德，功比钟繇也不如。
畴昔阇梨名盖代，隐秀于今墨池在。
贺老遥闻怯后生，张颠不敢称先辈。
一昨江南投亚相，尽日花堂书草障。
含毫势若斩蛟龙，握管还同断犀象。
兴来索笔纵横扫，满坐词人皆道好。
一点三峰巨石悬，长画万岁枯松倒。
叫喊忙忙礼不拘，万字千行意转殊。
紫塞傍窥鸿雁翼，金盘乱撒水精珠。
直为功成岁月多，青草湖中起墨波。
醉来只爱山翁酒，书了宁论道士鹅。
醒前犹自记华章，醉后无论绢与墙。
眼看笔掉头还掉，只见文狂心不狂。
自倚能书堪入贡，一盏一回捻笔弄。
壁上飕飕风雨飞，行间屹屹龙蛇动。
在身文翰两相宜，还如明镜对西施。
三秋月澹青江水，二月花开绿树枝。
闻到怀书西入秦，客中相送转相亲。

君王必是收狂客，寄语江潭一路人。①

前4句写怀素未出湖南时，勤学苦练，书法已相当精到。并形容他可比肩晋代大书法家二王父子，甚至相对于钟繇、贺知章、张旭等前辈大家也毫不逊色。这哪像一个年龄刚过30岁的书法家，简直是前世大德高僧的再生，世代隐居苦练书法，有墨池可以为证。"怀素才年三十余，不出湖南学草书"，这句诗也破解了"756年韦陟从昭州平乐尉调任江东节度使，过零陵时带走怀素拜邬肜为师"这一争议。包括"一昨江南投亚相，尽日花堂书草障"在内的以下6句，叙述怀素曾投奔徐浩的故事，并深入刻画了怀素书法的狂纵形态，极富表现力。还提到了怀素表演式的书写方式。包括"直为功成岁月多，青草湖中起墨波"在内的以下10句，写怀素今日之成就，是汗水、智慧、思想、意志等综合的结果，如此高妙的书法，获得皇帝的青睐也是完全有可能的。全诗内容丰富，结构严密，虚实融合，神形兼备。唐人写怀素的书法，都是极力书写怀素成功光鲜的一面，而对怀素为书法付出的艰辛，对创造这样高妙艺术的心境却很少写到，此乃马云奇诗的独到之处。

这首诗重视写实，故而为学界提供了丰富而重要的信息。如怀素的年龄：当时正值三十余岁。如在其身上发生了什么大事：刚从岭南求教徐浩归来。如对书法的迷恋程度：书兴勃发时主动索要笔墨以供挥洒。如创作时的形态：动笔时以叫喊声助势，声情并茂；创作时全身舞动，外表狂放夸张，内心则平静；言行充满自信。如对其文才的评价：文章翰墨皆高妙。如介绍怀素下一步计划：去年秋季自岭南归，今春将"西游上国"。如作者马云奇自己当时的心境：客舍中相交即分别，难舍难分。如作者对怀素的临别祝愿：此次进京定会得到君王的赏识，有好消息一定要及时告知。这些信息对于怀素的个性、第一次出湘进京的时间以及怀素生卒年的研究均极为珍贵。

马云奇与怀素的交情犹如铁哥们。他对其他诗人鲜少提及的怀素生平交游都很了解，不仅提到了怀素年龄，还有广州之行，并描述了怀素无限风光背后的艰辛，最重要的一点就是对怀素"文狂心不狂"的独特评价。作为敦煌遗书中唯一一件完整而又颇具文采的咏书诗，这不仅为从事具体研究者提供了极为珍贵的文献资料，也为读者呈现了一首极具鉴赏价值的优秀诗作。

---

① 《怀素师草书歌》见《全唐诗外编·敦煌唐人诗集残卷》。

尤为惊喜的是，诗文对怀素生平的精准记叙，成为后文辨识《清静经》为赝品的又一铁证。

难得一见的早年作品

768 年春，张谓奉诏回京，携怀素一路同行。怀素这次京都之行收获很大，除了开阔眼界、拜得名师、收获名声外，还有幸见到王羲之、王献之多幅真作，并于大历三年九月在《曹娥诔辞》（图 2-1）墨迹上题观款：

> 有唐大历三年秋九月望，沙门怀素藏真题。

这是难得一见的怀素早年墨迹，《曹娥诔辞》墨迹现藏辽宁省博物馆。

怀素早期墨迹除《曹娥诔辞》观款外，现可见的还有一幅被米芾评价颇高的行草作品《高坐帖》（图 2-2），又名《横行帖》：

> 横行破汉祖，又似关羽临战场，奇人辟易斩颜良。奔蛇走虺势入座，骤雨

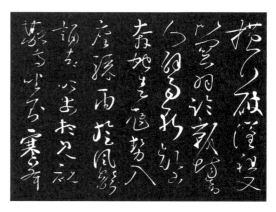

⊙图 2-1　《曹娥诔辞》卷怀素题记　　⊙图 2-2　《高坐帖》

旋风声诵却，眼前相见，祝融高坐到寒峰。

《横行帖》整体承袭了王献之的书风，虽说此作不免青涩，却正好说明此时怀素的笔法还不够老辣。帖中内容有点杂乱，有拼凑的感觉，但整幅作品书风前后一致，应为一次性完成。因有张谓诗句，书写时间不会早于大历元年，也不会晚于三十五岁。除《横行帖》与《曹娥诔辞》观款之外，怀素这一时期的作品还有几件留世，多为《千字文》，后再详解。

第一次来长安，怀素滞留了五六年时间。他内心是非常感谢张谓这位忘年之交的，在《自叙帖》中先后四次提到张谓，这是帖中唯一一人。

从走出永州，走向湖南，再到走向全国，既是一层层的空间跨越，更是一段段的心路历程。在家千日好，出门一时难。古时远行的难度超过现在何止十倍，怀素没有坚定的心性，是完不成"西游上国"之旅的。

第三节

名动京华

　　西安，古称长安，六朝古都，一座拥有神秘气息、辉煌光环、华夏气象、东方气韵的大都会。公元 8 世纪，她散发出万邦来朝、车水马龙的迷人魅力。在一个阳光明媚的初夏，一名和尚昂首阔步迈入这座繁花似锦的城市。他想在书法艺术上取得成就，与这座城市的辉煌气象相辉映。

　　楷书、行书自出现以来就成为人们交流的工具，而草书以欣赏性为主，并在唐朝越来越被上层社会所接受。这也与唐代佛教的发展密不可分，佛教丰富了人们的内心世界。怀素虽是一介沙门，却能游刃有余地穿梭于僧、俗双门，他深刻地体会到，各门各派各教从来就不曾隔绝，有人的地方就有江湖。

　　张谓复归长安后，得到朝廷重用，官拜礼部侍郎，并三典贡举（三次科举考试的主考官），这是一个非常有分量的大官。在京都长安，由于张谓的推介、提携，怀素声名大振。唐朝是一个热血澎湃的朝代，人们只要足够热血就会产生无限可能。这个朝代既崇尚浪漫，又重视艺术。怀素两者兼而有之，还如此年轻。特别是他将带有个人表演风格的书法艺术搬上京都，这无疑如一声爆雷，轰动全城，聚光灯一齐射来，怎不"名动京华"？原本埋于书案的个性书写，通过怀素高超、大胆、炫目的艺术创作，成了当众表演的行为艺术。这一创举，怎样赞美都不为过。尽管当众题壁自汉已出现，但怀素将其推到了极致。由此，长安的上流社会纷纷攘攘感叹这样一位奇才岂从"南蛮之地"中来，简直就是天外飞仙！但，此时的怀素头脑发热却并未发昏，他一直清醒地谨记"西游上国"的目的是什么。因此，在长安城中待的那段时间，他致力于寻访名师，不久即有幸拜师于邬彤。

邬彤点拨怀素

邬彤是江浙钱塘人，生卒年不详，他的老师是"草圣"张旭，同学是创"颜体"的颜真卿。邬彤的书法造诣也很高，曾以书法供奉翰林（"金吾兵曹参军"应是此间检校职务），在肃宗朝名噪一时，但此后很长的一段时间几乎被历史淹没。其行书、草书甚佳，草书被形容为"寒林栖鸦""平冈走兔"，备受后人看重。有《金刚经》《尊胜经》等作品传世①，但后世各类书评鲜有提及，当今也一直未见真迹。这无疑是一位书法高手，也许从他这里可以追寻"草圣"成功的秘密。于是，怀素拜邬彤为师，虔诚地学习笔法。其实，怀素与邬彤之间还有一层亲戚关系，他俩的母亲均出自刘氏家族，邬彤是怀素的堂姨表哥。所以，邬彤很热情地接纳了怀素，并用心指点他的书法。

有意思的是，邬彤老师教书育人的方法特别，多为随机点拨，重在自性自解、以心传心，这种形式对于怀素效果出奇地好。我们来看看他们精彩的对话。

怀素问：表哥，我现在练习草书，下一步不知道往何处走了，是什么原因？

邬彤手提毛笔，边示范边说："学习草书应向古人学习，草书古朴的笔势风格有很多种，你要全面思考，多做比较。本朝太宗皇帝认为王献之的草书，像冬天的枯树，冷硬孤寂，不需树叶来修饰。你觉得呢？"

怀素若有所悟。邬彤又说："我的老师张旭长史，曾经对我说'孤蓬自振，惊沙坐飞'，他由此领悟到草书的精髓。开始我觉得奇怪，后来才悟到草书要师从自然，凡是写得好的草书都是这样。"

怀素沉思良久。刹那间，恍然顿悟的他一时激动不已，形态张狂地连叫数十声"得之矣！""得之矣！""得之矣！"……这一点拨引起了怀素的高度共鸣，怀素何曾没有过类似的经历与感受呢？他曾观察那夏日的彩云，随风变化，形态各异，总感觉这夏云多奇峰与草书的表达有一种说不出的关系，听表哥这么一开解，终于明悟了。

如此这般，怀素跟着邬彤学习了一段时间。临近分别时，邬彤将自己的

① 见赵明诚《金石录》卷七。

珍藏送给怀素。邬彤说："表弟，一别万里，相见不易，这是王羲之的《恶溪帖》和王献之的《骚》《劳》二帖，共三幅，我一直当至宝，今天送给你。你要认真领悟二王笔法，草书笔画就像古钗脚，遒劲有力。希望你以后多加研习。"临行之时，邬彤又将自己最重要的诀窍叮咛怀素："别忘了，草书的转折笔画应该像折钗股，使转有力，才不失为绝妙的草书。"①

身为怀素的表兄兼老师，邬彤将张旭对草书的理解和自己对草书的感悟毫无保留地倾囊相授，甚至忍痛割爱赠送珍藏，是"以狂继颠"之间的重要传承者。

邬彤，千年以来一直活在传说里。因为怀素向好友陆羽说过这个故事，所以陆羽就把这段师徒之间的精彩对话记载了下来。邬彤的字怎么样，也一度任由人们想象。不过，21世纪以来，一块由邬彤撰并书的墓志（图2-3和图2-4）惊艳出土，让邬彤的书法走进了现实。

⊙图2-3 《唐侯知什墓志》碑盖

⊙图2-4 《唐侯知什墓志》局部

邬彤楷书《唐侯知什墓志》于2009年在河南省洛阳市孟津县朝阳镇出土。柳叶篆的碑盖，笔力淳厚，别具一格。墓志内容尽显邬彤楷书的神采，整幅作品端庄而不失灵动，挺拔而俏丽多姿。史料上说邬彤长于行草，他的行草

---

① 怀素与邬彤的对话参见《僧怀素传》。

书应该更惊艳。

与怀素一道向邬彤学习书法的不止一人，其中就有一名叫"律公"的同学。《珊瑚网》卷二二上记载了关于"怀素论笔法"的故事，有云："律公常从邬彤授笔法"。可知律公与怀素共同求教于邬彤。虽然是同班同学，但律公的书法远不及怀素，且律公凭借同学身份反复地向怀素索字。在怀素眼中，律公同学远没有现代歌曲《同桌的你》那般让人感怀，甚至还有点烦人。当时，怀素可能始发风疾，疼痛不适，需服药，心中烦闷。因而对于律公前来索要作品，即使病情不重，怀素也委婉地说"斯乃好事者也"。这些捕风捉影可以从怀素的《律公帖》（图2-5）中窥探一二。

⊙图2-5　《藏真帖》《律公帖》

《律公帖》分为两段。一段二十五字：

律公好事者，前后数度，遂发怀素小兴也，可深藏之箧笥也，怀素。

另一段六十七字：

贫道频患脚气，异常忧闷也，常服三黄汤，诸风疾兼心中，常如刀刺，乃可处方数服，不然客舍非常之忧耳。律公能抬步求贫道起草，斯乃好事也。辛复不尽垂悉，沙门怀素白。

六十七字这段又别称为《贫道帖》。此帖虽没有《自叙帖》那样名声显赫，但也是其壮岁书写较为成熟的一件作品。全帖九十多字，以草为主，夹带少量行书，既不同于他少年书法的天真烂漫，又不同于晚年的萧散平淡，而是承前启后、自成风格，达到了一定的草书境界。宋代之后，贬损怀素草书者有之，说他"狂野怪力""离经叛道"等，甚至于苏轼、米芾、王铎等书法高人，对他亦有微词。但观此《律公帖》，却没见多么狂怪，而是直追汉晋先哲，恪守法度，草法相对规范，应属异议较少的一件作品。《律公帖》受张芝的《冠军帖》以及二王的信札书函影响较大，其中的一些字，如拉长的"耳"字，同《冠军帖》上的"耳"字如出一辙，还有"数""也"等字，十分相像。全帖气息犹如二王行草，流动畅达，激越昂扬，风流潇洒；结字隽秀，美妙奇逸，龙虎气象；章法布白，似玉珠闪耀，如星辰燿灿，美不胜收。此帖虽为上等妙品，但仍属于接受邬彤点拨、尚在汲取前人风格、未能完全形成个人面貌的转折期作品。他四十岁以后的《自叙帖》《大草千字文》《四十二章经》等，个人风格独特，以篆入草，真力弥漫，鬼斧神工，佳构天成，才真正达到他草书的"巅峰"状态。至于晚年的《论书帖》，尤其是《小草千字文》等，由追求险绝转归平淡，又回到"看山还是山"之境了。

任华《怀素上人草书歌》

初来长安，怀素就已大量"吸粉"。期间经过邬彤点拨、观前人胜迹，书艺更显精进，几年来可谓光环耀眼，刮起了一股旋风。怀素在长安的爆炸式影响力和受欢迎程度，到底有多盛？这里有一诗家写的《怀素上人草书歌》，描述最为细腻、深刻，形容最为生动、传神，可谓费尽心思、搜肠刮肚，花心思到极致了。诗的作者就是任华，其生卒年不详，青州乐安（山东博兴县）人，曾任桂州刺史参佐，肃宗时任秘书省校书郎、监察御史等职。性情耿介，狂放不羁，自称"野人""逸人"，仕途不得志。与高适友善，与李白、杜甫互有赠诗，文学成就较高。任华诗如下：

> 吾尝好奇，古来草圣无不知。
> 岂不知右军与献之，虽有壮丽之骨，恨无狂逸之姿。
> 中间张长史，独放荡而不羁，以颠为名倾荡于当时。
> 张老颠，殊不颠于怀素。
> 怀素颠，乃是颠。
> 人谓尔从江南来，我谓尔从天上来。
> 负颠狂之墨妙，有墨狂之逸才。
> 狂僧前日动京华，朝骑王公大人马，暮宿王公大人家。

谁不造素屏，谁不涂粉壁。

粉壁摇晴光，素屏凝晓霜，待君挥洒分不可弥忘。（以上为第一段）

骏马迎来坐堂中，金盆盛酒竹叶香。

十杯五杯不解意，百杯已后始颠狂。

一颠一狂多意气，大叫一声起攘臂。

挥毫倏忽千万字，有时一字两字长丈二。

翕若长鲸泼刺动海岛，欻若长蛇戎律透深草。

回环缭绕相拘连，千变万化在眼前。

飘风骤雨相击射，速禄飒拉动檐隙。

掷华山巨石以为点，掣衡山阵云以为画。

兴不尽，势转雄，恐天低而地窄，更有何处最可怜，袅袅枯藤万丈悬。

万丈悬，拂秋水，映秋天；或如丝，或如发，风吹欲绝又不绝。

锋芒利如欧冶剑，劲直浑是并州铁。

时复枯燥何褵褷，忽觉阴山突兀横翠微。

中有枯松错落一万丈，倒挂绝壁虇枯枝。

千魑魅兮万魍魉，欲出不可何闪尸。

又如翰海日暮愁阴浓，忽然跃出千黑龙。

天矫偃蹇，入乎苍穹。

飞沙走石满穷塞，万里飔飔西北风。（以上为第二段）

狂僧有绝艺，非数仞高墙不足以逞其笔势。

或逢花笺与绢素，凝神执笔守恒度。

别来筋骨多情趣，霏霏微微点长露。

三秋月照丹凤楼，二月花开上林树。

终恐绊骐骥之足，不得展千里之步。

狂僧狂僧，尔虽有绝艺，犹当假良媒。

不因礼部张公将尔来，如何得声名一旦喧九垓。[①]（以上为第三段）

怀素在长安的几年中，与任华肯定接触密切，否则任华难以写出此诗。
此歌行体长诗可分为三段。第一段写怀素草书成就超越前人，在京师的王公

---

①　诗作见《全唐诗》卷261。

大人中极受欢迎。请怀素来家作草书，在达官贵人间，这是很时尚的事。第二段写怀素作草的颠狂之态和怀素草书的种种奇妙之感。第三段写怀素草书技艺绝妙及其声名之显赫，"声名一旦喧九垓"。我们选第二段略做分析。

第二段句式长短参差，有三言、四言、五言、六言、七言乃至九言，如疾风骤雨，天外飞来，气势逼人。诗中运用了多个比喻，如长鲸长蛇、巨石阵云、枯藤万丈、欧冶剑、并州铁、枯松错落、绝壁枯枝、魑魅魍魉、千条黑龙、飞沙走石、万里西北风，一系列形象纷至沓来，目不暇接，从视觉、听觉、触觉等多角度、全方位感受怀素作草时淋漓酣畅、纵横挥洒的气势，以及怀素草书所呈现的种种神奇形态。此种丰富、奇特、贴切、新鲜的比喻，与李白《蜀道难》中对于蜀道艰难的描写有得一比。后来韩愈《送石处士序》中"决河东注，轻车熟路，烛照龟卜"的博喻也许受到此诗的启发。苏轼《百步洪》中的连续比喻，或许也源于任华的这首《怀素上人草书歌》。

如果要给向怀素赠歌者开展一次系列评奖的话，任华起码可以拿个"最佳人气奖"。米芾在《宝章待访录》说曾亲见怀素所书的《任华〈怀素上人草书歌〉》，可知，怀素对这首诗的喜爱程度。但怀素《自叙帖》未引用此诗的只言片语，却也是个奇怪的地方。

唐朝的题壁题屏之风

首次游历长安的几年，是怀素人生中最快乐惬意的时光。

在长安，怀素自然不会当"宅男"，尽管来长安两三年后患了风疾，行动略有不便，但他时刻谨记远游京师关键是拜师交友、结识名流，睹"遗编绝简"。这个过程中免不了要切磋技艺，展示才艺。古时，在纸、绢上书写是一种奢侈，展示创作的主要方式就是题壁、题屏风屏障。唐朝题壁风气很盛，张旭、贺知章两狂人已挥洒在先。宋代施宿《嘉泰会稽志》记载：张旭、贺知章二人如果一起出游越发疯颠，见不得人家好墙壁好屏障，古之张（芝）、索（靖）不如也。题壁、题屏风是成就怀素高名的一种重要方式，这实际上就是古代的书法展览。

来到长安，文雅之风更重，怀素的浪漫旋风受到当时人们的追捧。当时的情况是"谁不涂粉壁""谁不造素屏"，众名流纷纷呈上邀请函，戚戚然等待着怀素的到来。而墙壁尚没有得到怀素挥洒的人们，早就放出风来，说"待君挥洒兮不可弥忘"，此过程中，主家们自然忘不了以好酒好菜雅室相待。

可以说，这段时间，怀素"好嗨哟，感觉人生已经到达了巅峰"，自信心爆棚。怀素在"绿天蕉影"中练就的观赏式书法，从永州走出，经过衡州、潭州、岳州、洪州等地，抵达长安，一路无所不尽其妙地挥洒，就好比国际巨星举办"巡回演唱会"，赢得满地尖叫，揽下无数铁粉。更甚的是，怀素的题壁多在达官显贵之家，且往往是在华堂之上众目睽睽之下进行的，相比于现在的书法展览更具有现场感、仪式感和冲击力，这对于狂僧形象的塑造，对于展示草书的奥妙，在古代来说无可替代。怀素喜欢题壁，不仅因为人们喜好用书法作为装饰品，还因为墙壁上的挥洒更能抒发他的才情和豪气。

传播手段贫乏的古代，不要小看了这些粉壁和屏风。《宣和书谱》卷九记载，严肃板正的徐浩也受此等氛围感染欣然题屏，司空图曾得徐浩的真迹一屏。名动京华的怀素所题屏风更是唐代的时尚奢侈品，诗书造诣均精深的名臣韩偓所作《草书屏风》诗记述了此事：

何处一屏风，分明怀素踪。
虽多尘色染，犹见墨痕浓。
怪石奔秋涧，寒藤挂古松。
若教临水畔，字字恐成龙。①

从父钱起与狂来轻世界的怀素

因家道中落，且远离祖籍，怀素的亲戚本就不多，但在长安却有一位名流叔父——"大历十才子"之首的钱起，对他提携不少。

钱起，其生卒年与怀素一样也是颇有争论。生辰时间有 710、718、722 年三种之说，卒年有 780、782 年两种之说，钱起的族谱网认定为 722—780。字仲文，吴兴（今浙江湖州）人。天宝十载（751）进士，初授秘书省校书郎，安史之乱后任蓝田县尉，终尚书考功郎中。与郎士元、司室曙、李益、李端、卢纶、李嘉祐等合称"大历十才子"。著有《钱考功集》《全唐诗》存诗四卷，其中混入其曾孙钱珝五律《江行一百首》及若干篇章。中晚年长居蓝田县，在蓝田存诗 130 多首。擅长五律，七绝亦含蓄清丽，为大历诗风的杰出代表。诗多应酬之作，尤长于钱送。其时达官贵人出京，若没有钱起、郎士元写诗相送，

---

① 见《全唐诗》卷 682。

就认为脸上无光，当时人谓"前有沈、宋，后有钱、郎"。

钱起写给怀素的诗《送外甥怀素上人归乡侍奉》，就营造了这样的氛围：

> 释子吾家宝，神清慧有余。
> 能翻梵王字，妙尽伯英书。
> 远锡无前侣，孤云寄太虚。
> 狂来轻世界，醉里得真如。
> 飞锡离乡久，宁亲喜腊初。
> 故池残雪满，寒柳霁烟疏。
> 寿酒还尝药，晨餐不荐鱼。
> 遥知禅诵外，健笔赋闲居。①

叔侄之情意融合在聊白当中，诗文大致是说：怀素是钱氏家族的骄傲，清透聪慧，既精通梵文，又善书艺。为了拜得名师，像南来北往的雁鹤孤独地翱翔于浩渺的天空。酒是他领悟自然万象的催化剂，挥毫作狂草时如入无人之境。四海云游这么多年，如今在这腊月喜庆之时回乡探望双亲是件喜庆之事。在这残雪满天、寒柳萧疏的时节，怀素既要精心侍奉父母，又要注重自身保养。虽有万里之遥，我也能感知到你那诵经坐禅、笔走龙蛇的悠闲生活。

这首诗是钱起为怀素饯行而作，既充满鼓励，又饱含深情寄语。诗中诸多佛家用语，切合怀素僧人身份。全诗意境清新，蕴藉丰富，言有尽而意无穷。

怀素应是在第一次游历长安时就结交了钱起，并且这一期间怀素一是依附于带其进京的张谓，二是投靠"从父"钱起。正因如此，钱起在赠诗中才会有"飞锡离乡久，宁亲喜腊初"明显带有嘱咐意味，及"寿酒还尝药，晨餐不荐鱼。遥知禅诵外，健笔赋闲居"明显带有规劝意味的句子出现。而且，在表扬、嘱咐、规劝之中，透露了其他重要信息。

"宁亲"，说明怀素家中父母双亲或其中一位还在，作为儿子应尽孝道；"梵王字"，表明精通印度梵文，佛经研究及文化修养比较深；"伯英书"，说明草书功力精妙，可比肩草圣东汉张芝；"无前侣""孤云"，说明怀素是"单身"；"离乡久""腊初"，表明怀素离开家乡已经很久，腊月初期

---

① 见《全唐诗》卷238。

启程回家探亲；"酒""药""鱼"，表明怀素身体上的病（即《律公帖》上所提频患脚气之病）一定要高度重视，且需注意饮食；"禅诵""健笔"，说明怀素参禅诵经之余，仍要勤练书法。

由此可知，钱起与怀素的关系比较密切，活脱脱一幅长辈对晚辈的嘱训画面。钱起的这首诗记述了一条重要信息，就是怀素的亲人。老实巴交的父母，守着东门外的一方土地勉强度日。大历七年（772）末，生病的父母给远游的儿子来信了，怀素遂计划腊月回乡探视，以侍汤药。这首诗估计写于颜真卿与怀素"洛下论书"之后。

钱起与怀素是亲人无疑，但他们到底是"舅甥"关系还是"叔侄"关系，争论很大。钱起诗作标题上写的是"外甥"，而《自叙帖》中怀素非常明确地称钱起为"从父"，争论即在于称呼。如果仔细一分析，这个问题容易辨别。从父就是父亲的兄弟，即伯父或叔父，钱起生于开元十年（722），比怀素大十五岁，可以肯定比其父年龄小，当为怀素的叔父。《送外甥怀素上人归乡侍奉》中钱起把怀素叫"外甥"，虽然看不到手稿，诗的题目也可能是作者自拟的，但两相比较，"从父"可能性更大。陆羽《僧怀素传》记载：乡里人称怀素和伯祖父惠融禅师为"大钱师小钱师"，可见怀素姓钱无疑。钱起诗云"释子吾家宝"，吾家即我的家族、我的同宗。《晋书·顾朗载记》中苻坚夸其族侄苻朗曰"吾家千里驹"，《晋书·顾和传》顾荣雅重其侄顾和曰"此吾家麒麟"。据上例可知，钱起称怀素为"吾家宝"，只能说明他们是叔侄关系。此外，《僧怀素传》记述"邬亦刘氏之出，与怀素为群从中表兄弟"，这句话证明怀素与邬彤的母亲均为刘氏，说明怀素的舅家姓刘而不姓钱。这一句话为裁定钱起与怀素的"叔侄关系"提供了"铁证"。而且我们要相信怀素那么用心地作自叙，其内容应该更准确。

自此，我们也看到，同期的诸多诗人、名流形容怀素的性情基本上趋于一致，怀素就是这样一位激情而超然的艺术家。

怀素不是空有一腔热血之士，他性格浪漫、随意，作书恣肆、敢秀，但他行进在艺术之路上还保有一项极为优异的品质，就是守正创新。坚定师法高古，有迹可循的被怀素观摩、临帖真迹和领悟笔意的前辈书法大家有钟繇、张芝、王羲之、王献之、欧阳询、张旭、邬彤、颜真卿等。在创新上，怀素大胆锐利，敢于超越，这就是怀素人格中最值得称道的地方。他承认古代书家的艺术成就，并虔诚地学习，但最终的目的则是突破和超越。王羲之书在

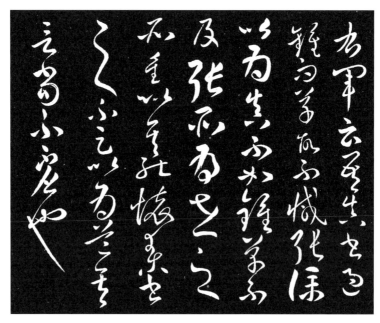

⊙图 2-6　真书《过钟帖》

唐初备受推崇，唐太宗李世民视其为书法的楷模，称为"尽善尽美"。但怀素却将王羲之视为阶梯，敢于拾级而上，欲与天公试比高，怀素的真书《过钟帖》（图 2-6）即体现了这种人格魅力。此帖现藏美国弗利尔美术馆。帖文如下：

　　右军云吾真书过钟，而草故不减张，仆以为真不如钟，草不及张，所为世之所重以其能。怀素书之不足以为道，其言当不虚也。

　　言语之狂，是怀素内心自信而凝成"狂意"的外化展露。显而易见，在怀素眼中，王羲之的书法并不是不可超越的。随张谓赴京过南昌时，怀素作《洪州诗》（洪州即现南昌）也曾大发豪情，诗言"汉家聚兵楚无人"[1]。还有一首诗则将怀素之"狂"展现无遗，鲁收诗中记述怀素"自言转腕无所拘，大笑羲之用阵图"。在唐代，讥笑王羲之是需要非凡胆量的。不过，有唐一代敢于狂纵的名士真不少。从杜甫的《饮中八仙歌》就能管中窥豹，"饮中八仙"谁不狂放？

　　怀素在京都风光无限的消息传回了故里零陵。人们把他当成了传奇，都

———————————

① 此语记载于董逌所作《广川书跋》。

说他已经得道成仙。传说有一回他与求雨的师公斗法，竟凭借手中笔毫那雷霆万钧般地挥洒，而引来云雨，降下甘霖，化解久旱之苦。又传说，怀素每天都是晚上骑着一只白色的仙鹤，腾云驾雾回到永州绿天庵来住。清晨鸡一叫又会飞回都城长安，在皇宫与皇帝吟诗作对、写字作画。怀素的笔画出什么就能变成什么，画鸟、鸟能飞；画水，水自流；画龙，只要点上眼睛，就能从纸上蹦出来，电闪雷鸣间蹿上天空；等等，人们传得神乎其神。①

"诗与远方"一直紧紧地伴随着怀素。唐代给他大唱赞歌的有颜真卿、韦陟、邬肜、王邕、窦冀、李白、杜甫、陆羽、张谓、卢象、王岊、朱遥、鲁收、李舟、许瑶、戴叔伦、钱起、任华、苏涣、马云奇、叶季良、皎然、高闲、晉光、亚栖、梦龟、贯休、杨凝式等，根据清代《明一统志》卷六五记载："赠以歌者三十九人，皆当世名流，颜真卿作序。"（王琦注《李太白全集》引作三十七人，恐误）可知当时与怀素交往并赠以歌诗的当世名流之众，然实际交往的到底有多少人，则无从统计。

今存《草书歌》有《文苑英华》卷三三八所收一组共八首，作者分别为王邕、戴叔伦、朱遥、鲁收、窦冀、苏涣、任华、释贯休；《文苑英华》卷七三七载颜真卿《怀素上人草书歌序》；《李太白全集》卷八有《草书歌行》一首；敦煌残卷 P2555 存有马云奇《怀素师草书歌》一首。以上十一首草书歌（含歌序），首尾均完整。释贯休《草书歌》云：

张颠颠后颠非颠，直至怀素之颠始是颠。师不谭经不说禅，筋力唯于草书朽。颠狂却恐是神仙，有神助兮人莫及。铁石画兮墨须入，金尊竹叶数斗餘。半斜半倾山衲湿，醉来把笔狞如虎。粉壁素屏不问主，乱拏乱抹无规矩。罗刹石上坐伍子胥，蒯通八字立对汉高祖。势崩腾兮不可止，天机暗转锋铓里。闪电光边霹雳飞，古柏身中龙死。骇人心兮目眊瞟，顿人足兮神辟易。乍如沙场大战后，断枪橛箭皆狼藉。又似深山朽石上，古病松枝挂铁锡。月兔笔，天灶墨，斜凿黄金侧锉玉，珊瑚枝长大束束。天马骄狞不可勒，东却西，南又北，倒又起，断复续。忽如鄂公喝住单雄信，秦王肩上著枣木槊。怀素师，怀素师，若不是星辰降瑞，即必是河岳孕灵。固宜须冷笑逸少，争得不心醉伯英。天台古杉一千尺，崖崩劁折何峥嵘。或细微，仙衣半拆金线垂。或妍媚，

---

① 传奇故事见魏佳敏《怀素：一个醉僧的狂草人生》。

桃花半红公子醉。我恐山为墨兮磨海水，天与笔兮书大地，乃能略展狂僧意。常恨与师不相识，一见此书空叹息。伊昔张谓任华叶季良，数子赠歌岂虚饰，所不足者浑未曾道著其神力。石桥被烧却，良玉土不蚀，锥画沙兮印印泥。世人世人争得测，知师雄名在世间，明月清风有何极。

贯休（832—912），唐末五代前蜀画僧、诗僧。从诗句"伊昔张谓任华叶季良，数子赠歌岂虚稀"，可知时人叶季良写有《草书歌》。此外，怀素《自叙帖》中还存有张谓、李舟、卢象、许瑶四人所写《草书歌》残句。另据《宣和书谱》记载，刺史周巘亦写有《赠怀素草书歌》（卷十八），释亚栖也留下《观怀素草书歌》一首（卷十九）。以上十七位《草书歌》作者，应包括在三十九人中。历代书法家中，获得如此数量名家诗文赞誉者仅怀素一人。其中李白、卢象、韦陟、王邕、张谓、戴叔伦、窦冀、朱遥、鲁收、苏涣、李舟、马云奇等均是在怀素青年时期给他写过几乎同题的《怀素上人草书歌》，这在中国古代书法史上空前绝后。①

无论是当时还是后世，怀素其人被说得神乎其神，怀素之字被传得神乎其技，这应归功于诗人们的论书诗。有作用力就会有反作用力，中唐诗人们无所不用其极地大赞怀素草书，自会传播、放大怀素的书名。但怀素草书中所表现出的那种丰富的意象感悟，那种浓郁的浪漫主义色彩，对当时的诗歌艺术的影响也是显而易见的。

永州和怀素，要感谢中唐之韵，感谢唐代的诗人们。

① 参见周平《湖湘历代书法选集·怀素卷》第30页。

第四节

洛下论书

　　正值盛年的怀素没有迷醉于长安的灯红酒绿。继续搞流于形式的书法表演，除了声名日隆，书艺恐难再提高。所以，风靡西京长安五年后，他坚定地迈向了下一处人生驿站。离开长安，来到洛阳，这是怀素锚定的旅程。东都洛阳是文化重镇，怀素通过在长安的几年了解到，洛阳有长安都难以见到的书法遗迹，且另一狂草大师张旭在洛阳的影响很大，他是奔着张旭而去的。

　　唐朝是中国历史上不多的"双都并立"的朝代，长安为主都城，号西京，洛阳为副都城，也叫陪都，号东都或东京。洛阳，是怀素西游上国极为重要的一站，在这里，他当面学到了前辈书法大师的笔技，而且在心境上也有所得，为其奠定个人草书面貌产生了里程碑式的意义。这一场著名的拜师学艺，在书史上被称为"洛下论书"。"洛下论书"涉及的重要人物主要有怀素、颜真卿、邬彤、张旭、陆羽等。

狂草鼻祖张旭

　　草圣张旭，虽然早在唐肃宗乾元二年（759）仙逝，但他的大名一直闪耀在历史的天空中。张旭，字伯高、季明，家中排行第九，吴郡（苏州）人，生卒于685—759年（另有675—750年之说）。张旭母亲家学渊博，他从小耳濡目染，擅草书，好饮酒，世称"张颠"，与怀素并称"颠张醉素"，与贺知章、张若虚、包融并称"吴中四士"，又与李白、贺知章、李适之、汝阳王李琎、崔宗之、苏晋、焦遂等人并称"饮中八仙"。

据天津师范大学人文学院教授阮堂明先生查证：开元二十三年（735），张旭尚任常熟县尉，时年约五十岁。第二年，张旭应太子侍读、太子宾客、礼部侍郎及集贤院学士的贺知章举荐调任京师，任太子左率府长史（即皇太子卫队领导）。在常熟时的张旭，其书法成就已经名传天下，诗歌上的声名也广为传播。开元元年（713）即位列"吴中四士"，时年二十八岁左右。史料上无法查证张旭何时离开苏州出任常熟县尉，但可以推测，他在常熟驻留较长，应有十年以上，是举家迁居。

常熟古城现在还有因他形象而命名的"醉尉街"；醉尉街南边"方塔园"内有个纪念张旭而建的亭子叫"醉尉亭"，亭子周围的池塘名"醉尉池"；张旭古宅后原有一方池塘名曰"洗砚池"，可惜20世纪70年代已被填土建楼。①

张旭母亲陆氏为初唐书家陆柬之的侄女（虞世南外孙女），张旭曾向堂舅陆彦远学习书法，学有所成后应举或荐举、征辟而入仕。张旭生活上很粗放而从艺上却非常细心，勤于观察，善于领悟，勇于创新，并登上盛唐狂草高峰。代表作有《肚痛帖》（图2-7）、《古诗四帖》、《草书心经》、《郎官石柱记》等，另有《严仁墓志》《王之涣墓志》石刻传世。

⊙图2-7　张旭《肚痛帖》

---

① 参见王晓明《醉尉街》一文。

唐卢携《临池诀》记载，张旭自言："自智永禅师过江，楷法随渡。永禅师乃羲、献之孙，得其家法，以授虞世南，虞传陆柬之，陆传子彦远，彦远仆（我）之堂舅，以授余。"可知其书法在唐为虞世南一脉。又据颜真卿《述张长史笔法十二意》载张旭所述，陆彦远曾向褚遂良请教用笔之法，得知"用笔当须如印印泥"。可知张旭的书法通过陆彦远又受益于褚遂良。从其传世的《郎官石柱记》来看，正是以虞法为本，略含褚法之意。

张旭的书法谱系明了、流变有序，其真书（也称楷书）与草书功力皆深厚，而以草书享盛名。但颜真卿《述张长史笔法十二意》记载，张旭与颜真卿论笔法，却将真、草二体并提，如"书之求能，且攻真、草""真、草用笔，悉如画沙，点画净媚，则其道至矣"。可见他对真、草二体内在关系有深切的感悟。尽管张旭有深厚的真书功力，但其艺术追求却指向高难度的大草。他天才式的发挥达到了大草的极致之境——狂草。张旭之能非常人之能，正因为狂草书有赖于特异天性的创造，故自古以来以狂草成就者仅数人而已。

笔者认为，怀素溯邬彤、颜真卿而追张旭，除了同为草书师外，还有就是怀素在张旭身上发现了与自己契合的独特的东西，这个东西就是"气"。所谓"一颠一狂多意气""气成乎技者也"，道家炼气、儒家养气、佛家戒气，这都说明"气"的存在。张旭的豁达，怀素的疏放，其心专一于书法，用气于书法。故他们书由气而生，妙在气韵。朱遥诗"笔下惟看激电流，字成只畏盘龙去"，高度概括了怀素狂草艺术的惊人气势。上半句是形容笔在飞动，气在奔流，是写"气"；下半句则说明势已形成，盘龙欲走，是写"势"。前者是因，后者是果，很显然，势是从气产生的。清代梁同书《频罗庵论书》中指出："写字要有气，气从熟中来，有气则自有势。"故此，每当我们阅读古人的书法精品，除了欣赏其精到的笔墨功夫之外，对于通体完美的气势，总不免要发出"一气呵成"的赞叹。

《藏真帖》与颜真卿

颜真卿是中国书法史上和研究怀素绕不开的一个人。

颜真卿（709—785），字清臣，京兆万年（陕西西安）人，祖籍琅玡临沂（山东临沂）。开元二十二年（734），颜真卿登进士第，历任监察御史、殿中侍御史。后因得罪权臣杨国忠，被贬为平原太守。安史之乱时，聚义抗贼有大功。后授宪部尚书（即刑部尚书）。唐代宗时官至吏部尚书、太子太师，封鲁郡公，人称"颜鲁公"。兴元元年（784），被派遣晓谕叛将李希烈，凛然就义。颜真卿书法精妙，擅长行、楷。初学褚遂良，后师从张旭，得其笔法。其正楷端庄雄伟，行书气势遒劲，创"颜体"楷书，对后世影响极大。与赵孟頫、柳公权、欧阳询并称为"楷书四大家"。又与柳公权并称"颜柳"，号"颜筋柳骨"。善诗文，宋人辑有《颜鲁公集》。颜真卿在书史上以"颜体"缔造了一个独特的书学境界，将楷书从秀美推向了壮美。他的书法既以卓越的灵性系之，境界自然瑰丽；又以其坚强的魂魄铸之，境界自然雄健；还以其丰富的人生育之，境界自然阔大。范文澜《中国通史简编》说：

> 初唐的欧、虞、褚、薛，只是二王书体的继承人，盛唐的颜真卿，才是唐朝新书体的创造者。

颜楷已形成一种范式，后世学书者流传有"学书当学颜"之说。

史评颜真卿"孝于家、能于军、忠于国，是武之英""富于学、守其正、全其节，是文之杰也"。后人还评其书法"人以艺进，公以德兼；凛其高风，气压万千"。颜鲁公，以自己一腔丹心碧血与浩然正气，一生伟业与森严壮美的楷书呈现出日月同辉的壮观景象，如此的忠烈英魂，如此的内圣外王，注定为人类的人性之美抹上了一道最壮丽的色彩。颜真卿是楷书大家，也是行书高手，他的《祭侄文稿》被称为"天下第二行书"。此外，"天下第一草书"《自叙帖》与颜真卿也有深刻的关联。颜真卿是张旭的嫡传弟子，张旭是怀素的偶像，三人之间遂生出一段因书结缘的故事。

综合多版本颜真卿年谱、年表可知，颜真卿曾师从张旭两年。天宝五载（746），颜真卿由醴泉县尉升任长安（今西安市长安区）县尉之际，赴洛阳拜访金吾长史张旭，求教笔法。张旭当时住在裴儆家已月余，包括裴儆在内的很多人都在讨教书技。颜真卿问裴儆收获几何？裴儆说最大的收获是得书作数十轴，先生也曾论其笔法，但只说勤学苦练自可领悟。于是，颜真卿在裴儆家住了月余，天天与裴儆一起向张旭请教，离开前颜仍不忘讨教，张旭不言，左顾右盼良久，拂然而起，颜紧随其后，来到竹林院一小堂。张细心对颜说："笔法玄微，难妄传授，非志士高人，无法跟他说妙处何在啊！现在我将这妙绝之处传授于你，你要好好琢磨。"自此，颜多次去洛阳向张旭求教，深得真传。① 颜真卿《述张长史笔法十二意》的主要内容就是依据张旭所谈的记录整理。张旭和颜真卿均为聪明绝顶之辈，他们很善于在两个根本不可能联合的极端中走钢丝。端正的《大唐中兴颂》与灵动的《祭侄文稿》是如此奇妙地统一于颜真卿的笔下；张旭则将"脱帽露顶"的狂草风格与庄严肃静的《郎官石柱记》并置，让人匪夷所思。

怀素万分推崇张旭，遗憾的是无缘得见，只好通过张旭的弟子探寻"张颠"的绝妙。所以，身在京都的怀素心心念念地搜寻着张旭的得意弟子们。怀素和颜真卿一生至少有两次交集，最为人所知的是"洛下论书"，这也是他们的第一次相交。

大历七年（772）秋末，已罢抚州刺史年余的颜真卿计划将其母殷夫人的灵柩从洛阳迁到京兆万年凤栖县。恰好此时，怀素从长安来到洛阳，两人得以在洛阳相见。虽属偶然，但怀素却是有备而来，遂向颜真卿请教笔法。于是，同样在洛阳，颜真卿将老师张旭的"十二笔意"又传给了怀素，留下书坛佳话。颜真卿的教授方法与其师张旭几乎一致。

颜真卿对怀素说："学书除得老师传授之外，还要有自己的体会。张长史观看到孤蓬自振、惊沙坐飞，掌握了草书的低昂回翔之状。邬彤曾向你讲过他的心得吗？"

怀素回答："邬师认为，从折钗股中可以体会草书的笔法。"

颜真卿听了，微笑不语。自此，他许久没有和怀素谈论书法。怀素悻悻然，欲辞颜而去。颜真卿没作挽留，却出其不意地问了一句："邬彤教你从'折钗股'中领悟笔法，那么你以为'屋漏痕'怎么样？"

这句话给怀素以巨大冲击。多天的沉寂后，怀素才恍然大悟。雨水随着漏屋的墙壁蜿蜒而下，因墙体是泥质，水滴由于自身的重力在往下滴淌的过程中，受到泥土的吸引与牵制，不能迅速下行，形成了凝重、曲折之美。这是书法避免流于圆滑无力增强凝重感的有效途径，难道不是草书的诀窍吗？

颜真卿又问："你自己又有什么心得呢？"

怀素随口而答："贫道观夏云多奇峰，因风变化，没有常势。从夏云随风中，我领悟到了草书的变化不居。这种变化到了痛快处，如飞鸟出林、惊蛇入草，

---

① 颜真卿拜师张旭资料参见《述张长史笔法十二意》和《颜真卿年谱》。

笔画间的牵丝，就像墙壁的自然裂缝，完全没有人工雕琢的痕迹。"这是怀素对自然万物的细心观察和慧心领悟之后的独特认识，既不同于张旭"低昂回翔"所关注的揖让与畅达，亦不同于颜真卿"屋漏痕"和邬彤"折钗股"所注重的筋骨与力度，怀素之妙悟着意于狂草特有的"势"与"气"所形成的整体节奏。

颜真卿听了怀素的一席话后，不禁感慨万千：草书的奥妙，代代不乏高人得悟。只是你的高见，真是闻所未闻啊！ ①

可见，颜真卿对怀素的引导重在心悟。大师之间的对话以开悟与自悟为指归，一句"闻所未闻"则表达了颜真卿对怀素的认同与期待。

这就是著名的"洛下论书"，所以习草书者聊起"洛下论书"总是津津有味。此次论书二人各有一幅作品存世，这又是成就《自叙帖》的一个重要组成部分。颜真卿创作了《怀素上人草书歌序》，怀素留下了《藏真帖》（图2-8）。颜作《怀素上人草书歌序》时，张谓正执掌贡举，而韦陟已归道山，故有"今礼部侍郎""故吏部侍郎"之称。序中这一表述正印证了颜真卿《怀素上人草书歌序》作于本次交集。颜真卿在序中对于怀素的评价，与李白一样，都已超越了书法艺术本身的范畴，提升到品格的高度。

《藏真帖》，行草书，共 6 行 51 字。用笔瘦劲而字形圆浑。"颜尚书"三字雄健高标，特立独出，映衬了怀素对颜真卿的敬仰之心。作品后三行快意书写，显露出怀素"若有所得"的喜悦之感。《藏真帖》虽简短，却是证明"洛下论书"这一精彩片段、怀素西游取经有所得的重要物件。帖文如下：

→ 图 2-8 　《藏真帖》《律公帖》

---

① 　颜真卿与怀素对话资料参见《僧怀素传》。

怀素字藏真，生于零陵，晚游中州。所恨不与张颠长史相识。近于洛下偶逢颜尚书真卿，自云颇传长史笔法，闻斯八法若有所得也。

《玉烟堂法帖》收录有《律公帖》，原系安师孟所藏绢本之帖，宋元祐三年（1088）曾经米芾鉴定为真迹，五年后陕西官员游师雄将《律公帖》与《藏真帖》合刻于一石。游师雄在碑刻最后作《自序》，记载了此两帖的刻石经过。碑石现立于西安碑林第三室，为竖长形，纵140厘米、横49厘米。此帖笔法瘦劲，顿挫鲜明，线条飞动，极有力度，富有神采，前人称为"游丝笔"。王世贞跋云："怀素《藏真》《律公》二帖，乃游丝笔，萦回悦渺中有挽强饮石之劲，至不易得。"点画粗处如坠石之势，细处如闪电遗光，迅疾骇人，不时有狂癫之态，然左绕右旋而不离法度。

怀素作品中提到颜真卿的有两件，一件《藏真帖》称其为"颜尚书"，另一件《自叙帖》称其为"颜刑部"。根据颜真卿年谱，从756年至777年，鲁公曾任工部尚书、宪部尚书、刑部尚书等尚书之职，同期还兼任了御史大夫、河北招讨采访处置使等一些重要官职。无论称"颜尚书"还是"颜刑部"，均没错。

《藏真帖》比较于《自叙帖》，行笔迟涩，方笔较多，转折顿挫处可见二王面目。"颜尚书"三字颇为醒目，结字外拓笔力雄健，大类颜书。纵观全篇或可猜测书者乃有意为之，流露出对颜真卿书法风格的倾慕景仰，追仿不辍。我们或许可以将此帖看作怀素的追仿之作。之后的《苦笋帖》精熟婉丽、用笔坚实、结体开张雄阔，皆得力于颜真卿笔法的影响。从怀素与颜真卿相交的历程，及《藏真帖》与《自叙帖》笔法比对，即可推断出《藏真帖》先于《自叙帖》，这一点对于研究怀素作品风格成因与流变及考察颜真卿对怀素书风的影响至为重要。

《大唐中兴颂》

除了怀素的成长得到了颜真卿的助力，颜真卿与永州亦有较深的渊源，为永州文化传承发展赋能至巨，其不朽功勋主要来自现立于祁阳浯溪碑林的《大唐中兴颂》（图2-9、图2-10）。

颂文撰写者元结，唐代古文运动先驱、著名文学家，曾连续两任荆南节度判官、道州刺史。在安史之乱临近平息时，元结有感于唐王朝"戡除妖灾，瑞庆大来"，为"歌颂大业，刻之金石"，写下此文。十年后，即大历六年（771），他丁母忧隐居浯溪，看到"湘江东西，中直浯溪，石崖天齐，可磨可镌"，又勾起了镌石旧念。于是请颜真卿书丹，"刊此颂焉"。这就是浯溪摩崖皇皇巨制、楷书经典名作《大唐中兴颂》的由来。

此处石壁石层紧密、不现层缝、平坦如削、质理紧细，加上元结文、颜鲁公书，及与这境象清绝的山光岚气，并称为"三绝"。因而《大唐中兴颂》位列全国十大三绝碑之一。北宋仁宗皇祐年间在碑前建"三绝堂"，现在碑前置有一座钢筋水泥二层凉亭，游人可以登上亭子细细观摩高处的碑文。颜真卿书写《大唐中兴颂》时正处于其书法风格成熟期，超越了形式技术锤炼、雕琢的层面，书法由生命自然运化。气象峥嵘，但圭角不露，风格平和、内敛，区别于他早期在造型上特别用意的颜体特征，一点一画间，着意追求点线的造型美。《大唐中兴颂》中有一部分字，延续了前期作品对造型美的追逐。这些和上面的作品气息相通，一脉相承。但大部分字表达了脱略点线雕琢、追求大朴之美的意向。其以雄浑朴茂、烂漫天骨的趣味，开颜真卿书法新境，这是颜真卿艺术走向巅峰的先声。宋代黄庭坚、元代郝经、明代王世贞、清代杨宾、杨守敬等一致认为，"这是颜真卿书法的极品，法书第一"。

《大唐中兴颂》还有一项其他三绝碑未有的特色。颜鲁公罕见地从左向右书写，呈现了一大奇观。为什么要与当时的书写习惯反其道而行之？笔者认为，这体现了颜真卿的匠心独运。本颂的主题就是希望重现大唐昔日荣光，书写顺序倒置，也带有"重返"之义，映衬主题。如果时光可以倒流，那么"安史之乱"则可避免，他的那么多亲人、数以十万计的将士、数以百万计的百姓就能避过血光之灾。这样分析也是基于颜真卿的人格特点。《大唐中兴颂》之后，宋代永州通判赵不意撰《大宋中兴颂》（图2-11），明代永州知府丁懋儒撰《大明中兴颂》（图2-12），自此，浯溪以"中兴"为主题，铸成皇皇中华气象，傲立于湘江南畔，成为中国碑刻文化中的一朵奇葩。①

---

① 参见鄢福初《解密中兴颂》。

⊙图 2-9　浯溪碑林及《大唐中心颂》

⊙图 2-10　《大唐中兴颂》拓片

⊙图 2-11　《大明中兴颂》拓片

⊙图 2-12　《大宋中兴颂》拓片

第五节

第二次"西游上国"

怀素 35 岁至 50 岁这一期间,唐王朝因宦官专权,奸相残害忠良,民怨四起,中央王权日趋薄弱,导致岭南、云贵、中原、西北等地频繁出现反叛现象。大时代小环境,人只是其中的一叶轻舟。幼而事佛之后,怀素牢牢地操控着这一叶轻舟。所以,他回乡省亲后不久,即开启了第二次游历。这一次游历视野主要放在了东南和湖湘本地。因此,怀素到了书香气浓郁的江浙大地。

怀素的诗才

"洛下论书"后,怀素回到零陵侍奉双亲,值时父母已年迈,身体枯衰,不久即仙去。这样,怀素再也了无牵挂。773 年底或 774 年初,他又开启了闲云野鹤般的生活,成为"行云流水一孤僧"。

第二次远行仍然首先北出衡阳。这次怀素又登临了闻名天下的衡山,衡山是怀素的一处心灵港湾。怀让大师曾在此山般若寺修行,其传心印于著名的马祖道一大禅师。马祖道一诞生于 709 年,圆寂于 788 年,正与怀素处于同一时期。无论是诞生中国禅宗的韶关曹溪,还是怀让、马祖道一传道布法的南岳衡山,都为永州的南北邻居,且同属泛岭南文化板块。因此,永州大地从古至今,便香火缭绕,佛道盛行,寺庙道观遗址比比皆是。可知,怀素从小恰是生长于一个佛光普照、禅慧氤氲的文化环境中。

说起怀素,大家想到的是他的草书,还有多少人读过他的诗呢?怀素留存至今的有两首完整的诗,其中一首即作于此行。中年怀素在云游四海,名满天下后，心境更辽阔。再次来到闻名天下的南岳衡山，他被衡山灵动飘逸、潇洒肆意的气质所吸引，并结识了一位志趣相投的道友，遂将此番游山感受凝练成七言诗《寄衡岳僧》：

祝融高座对寒峰，云水昭丘几万重。
五月衲衣犹近火，起来白鹤冷青松。①

诗境展示出来的，不是两位挚友表面浓烈的真情，而是透露出一种灵魂内在的互相观照与交融。整首诗都是如此的冷峻清静，绝尘离世，不沾染一丝人间烟火气。寒峰、云水、衲衣、白鹤与冷冷的青松，构建了一幅高古幽旷的水墨丹青，弥漫散释出一种绝寂孤独的空灵气象。怀素《寄衡岳僧》的墨迹在宋代仍有流传，米芾对其十分欣赏。

怀素另一诗作《题张僧繇醉僧图》（图2-13），也是七言诗：

人人送酒不曾沽，终日松间挂一壶。
草圣欲成狂便发，真堪画入醉僧图。②

张僧繇，南朝梁代画家，善画人物、佛像，人物造型富有肌肉的丰腴感。这首题画诗写得非常幽默风趣。诗的前两句是说醉僧虽然嗜酒，但别人送酒给他，却从来不曾沽饮过。为什么？因为他自己有酒，"终日松间挂一壶"。怀素是亲自看到过张僧繇《醉僧图》的，全诗便从画面上实写的醉僧形象入手。怀素观画入神，不禁由"醉僧"联想到自己，又由酒醉而联想到书法艺术。第三句"欲成"是全篇的关键，表现出怀素对"得酒发兴"构思特征的自我认识和对自己书法艺术的自我评价。最后一句"真堪画入醉僧图"，怀素自己是个僧人，又嗜酒如命，酒酣挥毫，便成神品，所以他自嘲可画入《醉僧图》。结尾的诗意，拍合第三句，暗点诗人的身份。全诗虽短而结构完备，完全合乎绝句诗的法度。这首题画诗呈现出明显的艺术特征，具体描绘画面的笔墨很少，没有品评张僧繇的画艺，也没有阐发绘画艺术三昧，它只是将《醉

① 见《全唐诗》卷808。
② 见《全唐诗》卷808。

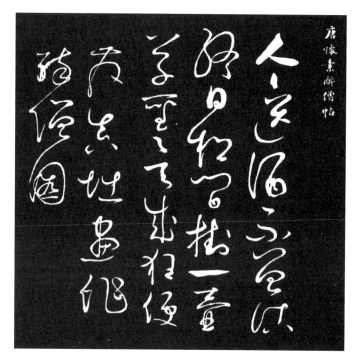

⊙图 2-13 　《醉僧图帖》

僧图》作为拓开文思的由头，诗的转句突然从题画转折到自我形象的描绘上，自己似乎变成画上的醉僧，诗也似乎变成自题画像的篇章。"题画"与"自题"融二为一，成为题画诗中别开生面的一首佳作。

　　据传，怀素为颜真卿曾作有一悼诗。784 年，颜真卿遭叛贼杀害，怀素闻讯，在万分悲痛中，用饱蘸血泪的笔写下了一字一泣的《秋风辞》：

　　　我有数行泪，不落十余年。
　　　今日为君尽，并洒秋风前。①

　　《宣和书谱》卷一九所载怀素诸帖中就有这一首《秋风辞》，另外，岳珂《宝真斋法书赞》卷五记载有怀素书作《秋风帖》。

　　有据可查的，还有两首残诗也是怀素所作。一首是第一次随张谓京都之行过南昌时作《洪州诗》，此诗已佚，只留下了"汉家聚兵楚无人"一句。另一首是唐朝的诗人们经常引用的，即"醉来信手两三行，醒后却书书不得"。

────────────

① 参见谭洁《唐僧怀素〈秋风〉诗释疑》和魏佳敏《怀素：一个醉僧的狂草人生》第 121—123 页。

这是许瑶赠诗中的句子。有研究者认为，这可能为怀素自作诗中的两句，因写得极妙，故为诸多诗人引用了。

还有资料记载，怀素曾漫游岷山，并有作品存世，具体是不是自作诗就难以确定了。宋董逌《广川书跋》中记载有怀素《北亭草笔》。董逌说：

> 北亭所书，适当其逐鸿蒙而问太虚时矣，至其会处，乃假浪岷山，放乎江之津也。

这句话是否向人们展现了怀素书艺提升历程中的一种跨越？如果属实，这是一条十分重要的线索。有人说怀素在岷山"白观彩云、夜闻嘉陵江水，草书益进"。宋郭熙《林泉高致》曰："怀素夜闻嘉陵江水声而草书益佳。"可见，怀素草书不仅具有天然的音乐美，而且更易于与天地合一。至于怀素怎么观云星听怒涛而得妙悟，这是只可意会不可言传的化境，它是经典艺术深蕴着一种永恒生命之美的魅力所在。据查，清《佩文斋书画谱》曾记载怀素书帖《北亭草笔》，但至今《北亭草笔》的诗作、书作均无记载。笔者推测，怀素应到过岷山，且属于第二次远行的旅途，董逌所言"逐鸿蒙而问太虚"恰到好处地点到了怀素在此期间书艺修炼的境界。

另可见，《宣和书谱》还记载怀素书作中的诗歌作品有《劝酒诗》《酒船诗》《狂醉诗》等 12 首，说明怀素能作书、会作诗，还通梵文，多才多艺。

湖州论书

刘备请诸葛亮出山，不厌其烦，三顾茅庐。怀素向颜真卿求教，情真意切，当不止一次"洛下论书"。且从相关著作、资料中也可查证，"洛下论书"后怀素又去找过颜真卿求教笔法。当然这种请教可能并不完全是单方面的，还有颜真卿与怀素之间的相互探讨。因为"洛下论书"对怀素的启发极大，要悟深悟透，非一日之功；而颜真卿也惊讶于怀素对草书创作的心得之奇异，两人互有倾慕之心。所以，作《自叙帖》之前，怀素应该是紧紧地跟了颜真卿一段时间，这也是怀素与颜真卿的第二次交集。

颜真卿于 772 年 9 月告假，抚母灵柩从洛阳迁京兆后，当年 11 月被任命为使持节湖州诸军事、本州团练守捉使、湖州刺史。773 年正月至湖州赴任，公务之暇，召集文士讨论《韵海镜源》，与僧皎然过从甚密。从多人所作"陆羽在湖州时期与文化名流交游考察"结果来看，774 年，38 岁的怀素曾在颜真卿的湖州幕府羁留。大历十二年（777）4 月颜真卿回京，8 月任刑部尚书。或许怀素从湖州一直追随到了长安，苏子美藏本《自叙帖》也极有可能就在长安所作，但此次怀素在长安仅短暂停留即离开。778 年，怀素离开长安后独自畅游雁荡山，这一年的 9 月 15 日，在雁荡精舍作《四十二章经》。从以上历程笔者可以推断，历史上确实是存在"湖州论书"的。并且，从 38 岁的怀素曾造访颜真卿的幕府，到颜真卿调离湖州的第二年怀素即游雁荡山这两个细节，可以大胆地猜测，"湖州论书"的过程并不短，甚至第一本《自叙帖》极有可能是在湖州写成的。通过"湖州论书"，怀素笔法大成，心境逐步圆满，回想过往种种，加之日日得见颜大家，此情、此景、此人，于是怀素提笔挥就蜀本《自叙帖》。

　　唐代时湖州作为江南环太湖地区的重郡，颜真卿在湖州期间身边聚集了几十上百名各界名流，形成了一个较为固定的文人集团。怀素肯定是借机结识了一批名士，其中有两位留下了有关此段时期的历史遗存，现在还有据可查，这两位好友即茶圣陆羽和诗僧皎然。怀素与著名诗僧皎然交游的记录，今存皎然《杼山集》中有诗《听素法师讲〈法华经〉》：

　　　　法子出西秦，名齐漆道人。
　　　　才敷药草义，便见雪山春。

　　西秦，指关中陕西一带秦之旧地，在这里即京师长安。此诗正好与马云奇诗形成互证。马云奇赠诗在怀素赴京前，说"怀书西入秦"；皎然赋诗则值怀素离京之后，感叹怀素"出西秦"时已名动京华。这也佐证了颜真卿与怀素"湖州论书"是真真切切的历史事实。

　　在湖州，怀素与茶圣陆羽的交往至为重要。当时，陆羽恰于这几年深入颜真卿幕府内，积极参与编书建亭、雅集唱和。正是如此巧遇，陆羽与怀素都在湖州，两人又是如此地志投意合、惺惺相惜，陆羽才有可能熟悉了解怀素和颜真卿交流书艺的情况，从而创作出《僧怀素传》这样的千古绝唱。可以明确，怀素与颜真卿"湖州论书"的时间就在洛阳二人相识之后和怀素书写《自叙帖》时间之前，即大历八年（773）至十二年五年之间。这一时段，也正是颜真卿在湖州任刺史期间，同时也是颜真卿一生中最为舒畅的"诗酒嘉年华"快乐时光，这是他晚年动荡生活中仅有的相对安定的一段时期。①

　　吴兴乃湖州治下，怀素在湖州逗留期间，应当顺便探访了祖地吴兴。

　　颜真卿是影响怀素书风定型的关键人物。《僧怀素传》中关于怀素与颜真卿的对白引发后来者无尽的猜想，其中"飞鸟出林、惊蛇入草""夏云多奇峰""低昂回翔""屋漏痕"等名词更是成为书家参悟张旭、怀素、颜真卿等人笔法的重要媒介。从对白可以想见两人因书交往的过程没有繁文缛节，轻松而单纯。其中对答互动时而抱脚唱叹时而徜徉而笑，怀素对颜真卿的钦佩与颜真卿对怀素的循循善诱依然生动鲜活。这是怀素"西游上国"拜师学艺收获最大的一段旅程，这一段包含了"洛下论书"和"湖州论书"。

　　其实怀素自己也是这么说的。元郑杓《衍极》载怀素帖云：

　　张长史书法独步当世，唯洛下颜尚书得之，零陵僧怀素近得尚书札翰，大有开发。

　　这是怀素自言颜真卿对其书风影响最直接的记录。怀素对古法孜孜以求，颜真卿亦毫不保留，而且颜真卿精心引导怀素追求书法"自得"，一脉相承地将张旭所言书法当自悟倾囊相授。正是得益于这种倾囊相授，怀素没有停留在追摹古人的藩篱中，而是一路高歌猛进地将草书推向一个前所未有的境地。与颜真卿的交往、探讨、求教，是怀素一生最重要的书学经历。这个时期的怀素学习探索积极进取，书学与书名蒸蒸日上，可谓志得意满。

怀素草书的势成

　　势，乃万物生长的自然环境。草书在中唐大放光芒，既有张旭、怀素横空出世并孜孜以求的偶然性，更有一个特定时代内在需求的必然性。

　　汉末魏晋南北朝，玄学兴盛，人性崇尚自由，书法艺术也出现了观念上的转变，法度受冲击，气韵得提倡。至唐代，书法得李氏一脉从上而下、从内而外地洗牌、规整、提携，重视程度前所未有，法度森严前所未见。这一现象，非常集中地表现在了初唐四大书法家欧阳询、虞世南、褚遂良、薛稷身上，他们均精楷书，举为楷法的典范。而且这一期间出现了众多的楷法教

---

① 参见丁国强《湖州时期陆羽与文化名流交流考》。

科书，欧阳询、虞世南甚至李世民也著书立说，对楷法技巧作全面而具体的论述，一直至盛唐颜真卿，法度达到了极度谨严的地步。物极必反。法度过于森严，势必导致气韵难以畅达。加之，唐代中前期长期的富足生活滋生了社会的逆反心理，这种逆反心理反映在书法上，就变成了对楷书的审美疲劳，时势呼唤对法度森严的冲破。自由、洒脱、浪漫的狂草书风的出现，既有天作之合的偶然，也是艺术形势发展的必然。张旭和怀素以改天换地的艺术实践履行了时代赋予他们的使命，实现了其"志在新奇无定则"[①]的艺术追求。这种狂草以变幻的线条、灵活的章法、恣意的形态，把人们的眼光从法度成规中，拉向了耳目一新的境地，迎合了民众的心理，必然受到人们的青睐与追求。因此，怀素草书能得唐人欣赏，绝不仅仅是因为法度上的更新，从更深层的文化含义上说，是因为狂草书法的出现，使"雅"的儒家意义上的书法绝对主宰地位发生了动摇，又契合了为艺术而艺术的书法审美者的偏好。

书法至汉末，篆、隶已登峰造极，故此后的书家只有在真楷、行草中施展才华。从古代书法史的脉络来看，适时出现的钟繇楷书和二王行草书，都是彪炳千古的。到了唐初，楷书的发展空间基本封闭，行草书的进程也以孙过庭、贺知章等的出现基本宣告终结。正在这山穷水尽的境地，狂禅飓风席卷天下，书坛受冲击最甚，彷徨犹豫的中唐书家经受了这禅风佛雨的洗礼后反而显得清醒冷静，他们蓦然回首，发现书法园地中那块狂草地只有张旭刚刚挖了一锄头，前景十分美妙，于是纷纷投入这块生疏之地上辛勤地耕作。

恰于此时，浸润在南禅氤氲中的怀素被历史推着走，当然他自己也是特别卖力地走向了前台。其狂草一出现，便以崎峻的异态美冲破了儒家在书坛的绝对统治地位，加之怀素作书时极具观赏价值，以及以佛僧身份出场而不拘于佛门清律的率性之形象，一如现今的"超级网红"效应。可以说，怀素赋予书法新的生命力，征服了人们的好奇心。

怀素入禅悟道、放荡不羁，却并没有失去进取精神。他为追慕先贤，不畏严寒酷暑，作万里之行，求取真经；为了写好字，种万株芭蕉以蕉叶代纸消耗，还不够就再漆圆盘、漆方板练字，直至"盘板皆穿"；还有勤奋如王羲之、智永式的墨池、笔冢。这些"自强不息"故事通过传颂，使怀素书法又增添了几分神秘光环。所以，怀素狂草能被人所接受，不仅是因为适应了

---

①　见许瑶《题怀素上人草书》。

人们的审美情趣，突破了书法实用的局限性，还在于其"狂"本身蕴涵着积极的文化内涵。"狂"不仅有道家任情恣性的一面，也有其积极入世的正面意义，就是儒家对于"狂者进取"也给以高度评价。如果说怀素的书法只是迎合反常背俗者之口味，那就大错特错了，它同样在更大层面上满足了传统欣赏者的口味，否则也就不会有那么多当世名流为他唱赞歌了。

当然，这一切归根结底还得是怀素自身功力深厚。怀素在书堂寺、龙兴寺，首先研习了篆、隶、楷、行，回到零陵城的家中时还在继续临帖，而且练篆书深入了骨髓，临楷书临出了心得。尔后，自我领悟、西游上国、师法自然，逐渐打通了"任督"二脉，创造出具有生命力的艺术形象。

如果说远游得古人笔法、悟前人奥妙，是怀素从一位"草根"书家转变为"草圣"的重要基石的话，那么"参悟自然"，就是其转凡成圣的关键所在。

第六节

《自叙帖》

怀素之狂的标志是《自叙帖》（图 2-14）这一传世之作的成功。据绍兴二年（1132）曾纡跋：怀素自叙，世传有三，一是蜀中石阳休藏本，一是绿天庵本，一是苏子美藏本。《自叙帖》是怀素在四十岁前后创作的狂草书法作品，现可见的多为宋代苏子美藏本，纸本墨迹卷。三本书帖均为长卷，苏本纵高 28.3 厘米，横长 775 厘米，126 行，共 698 字。自唐末以来，此帖在草书领域流传最广，在中国草书史上承前启后，被广大书家及书法爱好者追捧、临习，在书法艺术领域影响深远。另两种也有拓本传世。

天下第一草书

通俗地讲，《自叙帖》就是怀素写的一篇充盈激情的自传，其中收录了诸多当世名流对其所作赠诗赞歌之佳句。文中怀素自己的语言不多，主要篇幅让给了颜真卿的序文及其他名士名句，以达"他山之石可以攻玉"之奇效，事实证明也确实达到了这一效果，由此可见怀素的文学素养也是功夫了得。《自叙帖》通篇为狂草，笔笔中锋，如锥划沙盘，纵横斜直，无往不收；全卷强调连绵草势，运笔上下翻转，忽左忽右，起伏摆荡，有疾有徐，有轻有重，通幅于规矩法度中，奇踪变化，神采动荡，实为草书艺术的极致表现。《自叙帖》是怀素留传下来尺幅最长的作品，世称"天下第一草书"，准确地讲，应为"天下第一狂草书"。《自叙帖》原文如下：

怀素家长沙，幼而事佛，经禅之暇，颇好笔翰。然恨未能远睹前人之奇迹，所见甚浅。遂担笈杖锡，西游上国，谒见当代名公。错综其事，遗编绝简，往往遇之。豁然心胸，略无疑滞，鱼笺绢素，多所尘点，士大夫不以为怪焉。

颜刑部，书家者流，精极笔法，水镜之辨，许在末行。又以尚书司勋郎卢象、小宗伯张正言，曾为歌诗，故叙之曰："开士怀素，僧中之英，气概通疏，性灵豁畅，精心草圣。积有岁时，江岭之间，其名大著。故吏部侍郎韦公陟，睹其笔力，勖以有成。今礼部侍郎张公谓，赏其不羁，引以游处。兼好事者，同作歌以赞之，动盈卷轴。夫草稿之作，起于汉代，杜度、崔瑗，始以妙闻。迨乎伯英，尤擅其美。羲献兹降，虞陆相承，口诀手授。以至于吴郡张旭长史，虽姿性颠逸，超绝古今，而（模）楷精法详，特为真正。真卿早岁，常接游居，屡蒙激昂，教以笔法，资质劣弱，又婴物务，不能恳习，迨以无成。追思一言，何可复得。忽见师作，纵横不群，迅疾骇人。若还旧观，向使师得亲承善诱，函挹规模，则入室之宾，舍子奚适。嗟叹不足，聊书此，以冠诸篇首。

其后继作不绝，溢乎箱箧。其述形似，则有张礼部云："奔蛇走虺势入座，骤雨旋风声满堂。"卢员外云："初疑轻烟澹古松，又似山开万仞峰。"王永州邕曰："寒猿饮水撼枯藤，壮士拔山伸劲铁。"朱处士遥云："笔下唯看激电流，字成只畏盘龙走。"叙机格，则有李御史舟云："昔张旭之作也，时人谓之张颠，今怀素之为也，余实谓之狂僧。以狂继颠，谁曰不可？"张公又云："稽山贺老粗知名，吴郡张颠曾不面。"许御史瑝（应为"瑶"）云："志在新奇无定则，古瘦漓骊半无墨，醉来信手两三行，醒后却书书不得。"戴御史叔伦云："心手相师势转奇，诡形怪状翻合宜。人人欲问此中妙，怀素自言初不知。"语疾速，则有窦御史冀云："粉壁长廊数十间，兴来小豁胸中气。忽然绝叫三五声，满壁纵横千万字。"戴公又云："驰毫骤墨列奔驷，满座失声看不及。"目愚劣，则有从父司勋员外郎吴兴钱起诗云："远锡无前侣，孤云寄太虚。狂来轻世界，醉里得真如。"

皆辞旨激切，理识玄奥，固非虚荡之所敢当，徒增愧畏耳。时大历丁巳冬十月廿有八日。

《自叙帖》是一篇情愫奔腾激荡、大写意风格的抒情散文，主要由三部分组成。第一部分，怀素以八十余字的篇幅，自述其生平大略；第二部分，节录颜真卿《怀素上人草书歌序》，二百五十余字，借以展示"纵横不群，迅疾骇人"的"草圣"气象；第三部分，怀素摘录张谓、卢象、朱遥、李舟、许瑶、戴叔伦、窦冀、钱起等八人赠诗中的精要，按内容分为"述形似""叙机格""语疾迅""目愚劣"四个方面，列举诸家的评赞。在文章结尾处，怀素担心人们说他借重名公之口揄扬自己，特意写了一句谦虚之语："固非虚荡之所敢当，徒增愧畏耳"。为便于理解，白话译文如下：

怀素家住长沙，幼年入佛寺，念经参禅之余，喜好书法。然而我遗憾未能亲眼观阅古人书法精品，深感见识浅陋。于是挑着书箱，挂着锡杖，沿途赴西京长安游学，拜见当代名公。此过程颇为错综复杂（对"错综其事"，有不同理解，"其事"应为"谒见当代名公"这件事情，"错综"形容这一过程）。我通过与这些名人雅士交往，有时能观赏到他们珍藏的古代书法珍品。经名士教诲指点，我过去深感困惑的疑问迎刃而解，心胸为之豁然开朗。（经过大量的书写实践），在鱼笺绢素（"鱼笺""绢素"均为唐代书法家书写材料的称呼）上，留下许多墨迹（各人对"尘点"一词有不同理解。"尘点"应是书写的另一种说法，应该是怀素自谦之词，不可理解为"鱼笺和素绢上多有墨迹污点"）。对于这种与众不同的爱好，当时的名人和士大夫并不感到奇怪。刑部尚书颜真卿，是著名书法家，笔法精到，具有很高的艺术鉴赏能力（"水镜"指明鉴之人，或指"明鉴、明察"），对我的书写作了赏评。加之尚书司勋郎卢象、小宗伯张谓曾写过赞美本人书法的诗歌，于是颜尚书作了如下的序文（"叙"同"序"）。

高僧怀素是僧侣中的英杰，气概爽朗洒脱，性灵开朗豁达；长期忘我地追求草书的最高境界，从长江到五岭之间，名声很大。过去吏部侍郎韦陟看到怀素的草书作品，勉励他要在艺术上有所成就。现今礼部侍郎张谓赏识怀素的狂放洒脱，与其密切交往并大力引荐。爱好书法的名流为其书作的赋诗非常多。（这段为颜真卿序文的第一层，说明他写此序文的缘由）

草书起源于汉代，到杜度、崔瑗，草书才开始以美妙而闻名。到了后汉的张芝，他的书法实践，使草书在众多书体中脱颖而出，独擅其美。后来又

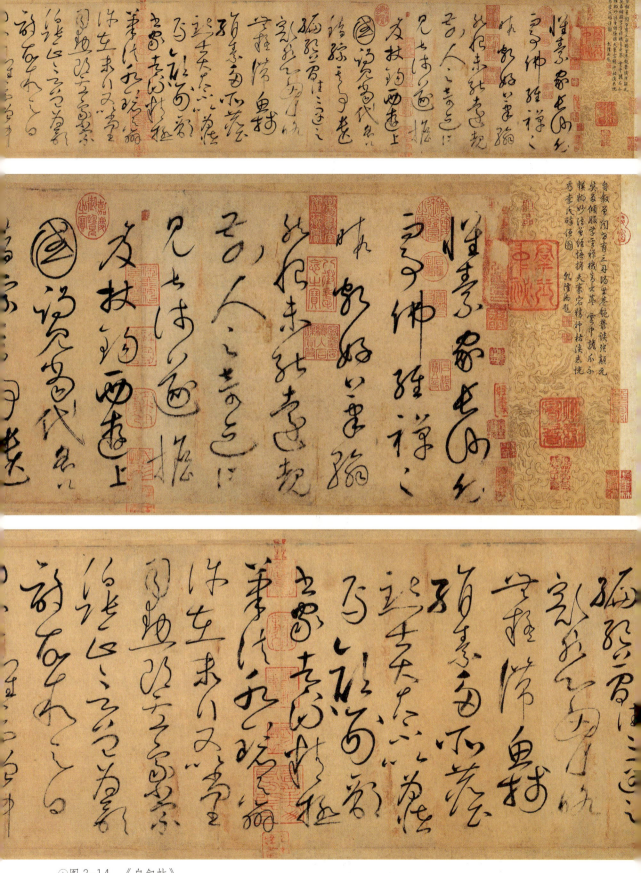

图 2-14 《自叙帖》

有王羲之、王献之父子，继承了草书的传统，到唐代虞世南口传手授陆柬之草书笔法，一直延续到吴郡长史张旭。他虽纵情任性、颠狂放逸，超绝古今，而他的书法作品足可作楷模，其用笔之法极为详备是书法之集大成者。（这段为颜真卿序文的第二层，简要介绍草书的发展历史，并引出颜真卿的老师张旭）

　　颜真卿年轻的时候拜师张旭，受到老师的帮助、教诲、激励，并习他用笔之法；其觉自己禀性欠佳，天资不好，又被诸多俗事羁绊，不能认真潜心学习书法，至今还没有取得什么成就。如今想到老师的教诲，渴望有老师指导，但哪里还有这种机会呢。（这段为颜真卿序文的第三层，颜怀念老师张旭对自己的教诲，并自谦自身成就不显）

　　忽然看到怀素创作的草书作品，其笔势纵横张扬，不同凡响，其运笔迅疾刚劲，令人吃惊。如果怀素能像我过去那样，得到老师张旭的指点，学习法度规范，那么，能在书法上取得一定地位的人，除了怀素还有谁呢？这些感叹还不足表达我的感受，于是暂且写下这些话，以放置在篇首。（这段为颜真卿序文的第四层，既赞扬怀素的书法造诣，又委婉地指出不足，同时更表达了期盼他的草书创作勇攀顶峰）

　　从那以后，赞美怀素草书的诗歌就没有停止过。这些诗文多得把箱子都装满了。

　　其中赞美书法字形的，有张礼部的诗句："（素之线条）好像受惊吓的长蛇在草地飞驰，又好像旋风骤雨突然吹来，满屋全是风雨声。"卢员外赞叹说："（观怀素写字）有时觉得像朦胧轻烟在古松间缭绕，有时又觉得是仰望高峻的悬崖峭壁。"永州王邕讲："那笔画有时像猿猴饮水攀援的枯藤，有时如力大无比的壮士刚劲有力。"（"壮士拔山伸劲铁"不好直译，此诗句意思较为朦胧，与"力拔山兮气盖世"意思相仿，"伸劲铁"形容笔画刚劲）朱遥则说："（怀素作书）笔下雷霆闪电，字写成以后，仿佛是条条蟠龙，令人生畏。"

　　评价概括个人性格和书法风格的有以下诗文。御史李舟说："过去张旭写草书，时人称他为'张颠'；今日看怀素作草书，实在要称其为'狂僧'了。以狂继颠，谁说不行呢！"张公又说："稽山贺知章只是略知其名也，吴郡张颠只曾未见过面。"御史许瑶说："（怀素作书）意在心中，追求新奇而没有固定的规则，笔法既古瘦又淋漓酣畅，用墨浓淡互见。醉酒后信手拈来随意挥洒有如神助，醒后再照原样写，却写不出醉中的神韵。"戴御史叔伦说："手随心走，笔法新奇，虽奇形怪状却反而相合适宜。人人都在探问此中奥妙，怀素却说自己也不清楚。"

评价赞扬书写速度的有如下诗文。御史窦冀诗句："看到白壁长廊数十间，怀素兴致一来，想小试牛刀，挥毫宣泄草书创作的强烈冲动。只听他大叫几声，片刻工夫，几十间白壁上就纵横交错，布满狂草书法。"戴公又说："怀素挥毫泼墨，下笔快如奔腾的骏马，惊得满屋观者尖叫连连，大家感觉眼睛都跟不上迅疾的运笔。"

说我愚劣的，就有叔父司勋员外郎吴兴钱起："怀素如远飞之鹤，却没有同行的伴侣；像一片孤单漂浮的云，把自己托付给浩渺的天空；'轻狂'起来时，整个世界都可以不放在眼里，可以说'狂'到极致；但他是酒醉心不醉，借以探寻常人难以获得的真知灼见。"

上面所引的诗文，都蕴含着热情的鼓励和深奥的道理。这些美好的评价和鼓励固然不是我这种人能够承当的，只增加了我的惭愧与敬畏罢了。

大历十二年十月廿八日（怀素写）。

怀素作《自叙帖》将心境告之于世，由于追捧者众多，历代无不重视。

此帖前有明李东阳篆书引首"藏真自序"四字，后有南唐邵周等重装题记。钤有"建业文房之印""佩六相印之裔""四代相印""许国后裔""武乡之印""赵氏藏书""秋壑图书""项元汴印""安岐之印""乾隆""宣统鉴赏"等鉴藏印。另有宋代苏辙、蒋璨，明代吴宽、李东阳、文徵明，清代高士奇、安岐等题跋。①

《自叙帖》妙绝天下。到底妙在何处？我们可以从笔画、结体、线条、墨色、意境、气势等方面进行全景式解析。

一、笔画。笔画的幅度、方向、位置对狂草书体影响很大。《自叙帖》中"不"字出现的频率很高，基本上由四个点构成，也有横竖连笔书写或者后两点连笔书写的。不管怎样的书写方式，大小、曲直、粗细、牵丝映带以及笔画的行笔轨迹均呈现出不同的姿态。尤其是，《自叙帖》神融笔畅，明显强化了流畅用笔，大量地掺入篆书笔意，即中锋用笔，少作提按，逆势起笔，落毫

---

① 《自叙帖》装裱、治印、题跋相关资料参见罗峰林《唐·怀素书法选集》上卷。

较浅。在转折处，把篆书的"曲转回环"融入了狂草之中，使线条轨迹圆转流畅，使转纵横。同时又精准地控制住一笔行带、多折提按的笔画，在曲圆转上进行强调，制造出一种完全含有篆意的狂草面貌，形成了笔画匀称圆转、如锥画沙、盘纡旋滚、奔放流畅的艺术效果。

二、结体。怀素处理字形部件非常大胆，长短大小、穿插错落，灵活搭配一任自然。字的外观空间与字内空间处理以圆为主，间用方、尖、多角等不规则空间布局和分割，结体取势自然万变。通篇看，怀素善于处理大小、方圆、粗细、曲直、疏密、转折、疾涩等一系列对立因素，在体势上不以字形、线条、墨色等强烈变化取胜，而是平中见欹，静中生动。主要依靠纵逸的笔势、笔画的聚散、虚实的呼应和上下字之间的映带，来创造出柔和舒展的节奏变化，给人以思虑通审、自然率意、不激不励之感。方圆变体是怀素草书的一个特点，在结字上大胆突破汉字方型形式，将大量的字化方为圆，使作品显得生动活泼。其笔连绵，盘曲萦绕，一笔就之，有流畅绵延不绝之感，一系列连动节奏以增强全篇的动能，充满对立、反差，唯见神采，不见字形。

三、线条。通篇呈现出圆润之态。比之张旭，怀素线条明显偏瘦，有着不一样的"骨感美"。帖中表现出的笔迹肆放连绵，被人评为"殊过枯诞"。这种净化的线条，它貌似单纯，却蕴意丰富，遵循和追求着的是高古、简远、平淡的美学原则。从存世的《圣母帖》《大草千字文》中可知，怀素并非不会"肥"。"瘦"是怀素的追求，也是其有别于张旭的个性和风格。总体上怀素书瘦劲，但线条仍有粗细之分，粗劲与瘦劲相结合。流动线条中参之粗笔点画，在粗细变化中使人有顿之则山安之感。首倡草书中锋笔法者应归功于张旭，而将草书中锋笔法提炼到精绝的程度则勋属怀素。《自叙帖》不只是线条的飞动，更是灵性的飞翔。

四、墨色。本帖多用渴笔，但不刻意寻求视觉冲突感。相反，怀素的渴笔正是他在任意挥洒过程中，一气呵成来不及蘸墨几个字连书所致。所以在这里，墨淡处不但没有力弱之感，反觉苍劲，更能显现墨迹的真实与巧妙。狂草本运笔极快，但此帖疾中有缓、缓后愈疾，此起彼伏、变化无穷。上一行书写速度明显变慢，但下一行笔速突然加快，就像下雨时忽然狂风大作一样。这种情况很自然地带动了墨色的变化。

五、意境。《自叙帖》相比于历史上所有狂草大作的独特之处，就是它将写意性发挥到了最大，达到了至高至纯至善至美的境界。尤其是后半段，简直到了一种无所遮掩的醉狂状态。帖中那些疾速书写的大字——"张颠""戴""醉来""狂来"等，书者挥毫时已不觉得世界的存在而是只有自身——自己的意愿、自己的志向，故而达到"我手写我心、我笔抒我情，人与字一体、书与意一态"之意境。这就是怀素的"醉"——非"酒醉"而是"心醉""意醉""情醉"。怀素一边吸取张旭将晋唐古法抛之于把笔纵横自由挥写之外的迷狂精神，一边更注重于自我意识、主观世界在艺术创作中的自我宣泄。正因为这样，怀素才写出了"新奇"得令一代宗师颜真卿也嗟叹"纵横不群，迅疾骇人"的狂草。可以说在意境的创造上，怀素狂草的艺术感染力要比张旭草书来得更猛烈些，这一点也正是怀素草书的艺术价值和艺术魅力之所在。

六、气势。《自叙帖》的气势在历史上达到了一个新的高度。有气必有势，但气势有赖于速度，而速度则建立在熟练的基础上，所以《自叙帖》是怀素狂草成熟期的作品，而且此作的势又是多姿多彩的。主要表现为四种形式。第一，收放呼应。字形忽大忽小，有斜有正，突破了前人较为匀整的草书布局，势的收、放尤为明显。似蝙蝠翻飞从不撞壁，疾飞是放，不撞壁是收，翻飞得那么快，收得那么突然，目不暇接，动人心弦。第二，奔流连贯。《自叙帖》的笔势，无一字无一笔不灵动。全文126行，有20多次都是一笔连写到底，如激电奔流。笔断意连处，也是脉络分明，气势通畅，灵动之极。第三，奇正相倚。字与字之间、行与行之间的顺势、借势、补势，帖中多有体现。笔画少的字写大、笔画多的字写小，将斜势改直势，去正势取倾势，变拓势为敛势，再通过承上启下、兼左顾右，形成大小让就、刚柔曲直、倾侧多姿、意态飞扬之感，以增加上下左右之动能。第四，浪漫飘逸。帖中众多非常规的梦幻布局，就是怀素浪漫个性使然。戴叔伦说"心手相师势转奇，诡形怪状翻合宜。人人欲问此中妙，怀素自言初不知"。这两句诗说明怀素一点也不装腔作势，字势的表现的确出乎意料，他自己都感到莫名其妙。窦冀云"粉壁长廊数十间，兴来小豁胸中气。忽然绝叫三五声，满壁纵横千万字。"这是一首绝妙的描写气势陡然爆发的传神之作。一个为自己创作充满自信而失声绝叫的狂僧形象，跃然纸上。这种神境，非内外兼修大成者不可为。

总的来说，怀素的《自叙帖》开创了天外飞仙式的狂草笔法、呈现了超脱虚无意味的狂态疾书、构建了恣肆狂逸气势的梦幻布局、营造了大开大阖襟度的浪漫之风。它在大草领域达到了自汉末魏晋以来的第二个高峰，与张旭的狂草作品共同构成了唐代狂草的制高点。以今天来观照历史，《自叙帖》

所创造的就是当下所倡导的"时代精神"，一种充满个性创造力和突破前人审美原则的人格力量。当今书法的实用性早已退居其次，审美属性反而日益彰显，以《自叙帖》为草书代表，影响将更为有力。

《自叙帖》曾经南唐内府、宋代苏舜钦、邵叶、吕辩，明代徐谦斋、吴宽、文徵明、项元汴，清代徐玉峰、安岐、清内府等收藏，现收藏于中国台北"故宫博物院"。首六行早损，为宋代苏舜钦补书。旧有米元章、薛道祖及刘巨济诸名家题识，已佚。《自叙帖》在宋代之后的众多书画著作中皆有著录。[①] 2011 年 11 月，中国台北"故宫博物院"举办名为"精彩 100 国宝总动员"特展，《自叙帖》为其中展品之一。

狂僧之"狂"

怀素"狂"的代表作要属《自叙帖》。《苦笋帖》《食鱼帖》等也属于狂草，但尺幅较小，没有《自叙帖》磅礴壮丽。《圣母帖》《藏真帖》等则较平稳精细，大草《千字文》走向内放，小草《千字文》复归平淡。加之《自叙帖》所载内容耐人寻味，因此，从这段自叙中，我们读出了加持在少年之狂基础上的狂僧之"狂"。

《自叙帖》中的诗文道出了怀素创作方法上的狂。许瑶："志在新奇无定则，古瘦漓骊半无墨。"戴叔伦："人人欲问此中妙，怀素自言初不知。"讲怀素作书没有定法，下笔之初连自己也不知道会达到什么样的效果。确实如此，写狂草如果事先框定字数和行数，或折好纸，规规整整写下去，哪来的新奇玄妙。戴叔伦又曰："楚僧怀素工草书，古法尽能新有余。"说明怀素的新奇是在通晓古法的基础上创新突破而出的，并不是为追求狂而无视法度，他在章法上没有定则而在笔法上是讲究定则的。一概无定则，便失去了传统，不可能写出出类拔萃的杰作。中锋用笔，而兼具古淡之妙，岂可轻易能就？

《自叙帖》中的诗文道出了怀素创作状态上的狂。窦冀："粉壁长廊数十间，兴来小豁胸襟气。忽然绝叫三五声，满壁纵横千万字。"李舟："昔张旭之作也，时人谓之张颠。今怀素之为也，余实谓之狂僧。以狂继颠，谁曰不可？"这些诗文把怀素的狂性狂态描绘得淋漓尽致。为什么会有如此形

---

① 《自叙帖》递藏、题识相关资料参见罗峰林《唐·怀素书法选集》上卷。

态？许瑶的另一句诗给出了答案："醉来信手两三行，醒后却书书不得。"说明怀素的狂态已经进入了一种醉态。文人墨客与酒结缘，似乎是在寻找一种个人的精神世界，促发一种冲动模式。而钱起的评价"狂来轻世界，醉里得真如"，肯定了怀素喝酒是有度的，以饮酒而通神。

《自叙帖》中的诗文道出了怀素运笔及字形上的狂。张谓："奔蛇走虺势入座，骤雨旋风声满堂。"卢象："初疑轻烟澹古松，又似山开万仞峰。"王邕："寒猿饮水撼枯藤，壮士拔山伸劲铁。"朱遥："笔下唯看激电流"。诗人用风雨、雷电、龙蛇等形容怀素动笔疾速，用轻烟、古松、枯藤等形容字的形态，让人浮想无限。《自叙帖》中的一笔书和字形的极度简化，可以看出了书者的狂放、大胆。如果笔画复杂，提按较多，停顿频繁，行笔就快不起来。而书者创作进入了深度的自我状态后，以致笔画的简化开一新局，字形诡异，变化多端，大小参差，连绵不断。相当一部分字不连贯识读，根本认不出来，还有极少几字"大如斗"，大为突兀。这种狂劲已进入了"我非我""字非字"的非理性意境之中。

《自叙帖》全篇的起伏变化衬托了作者内心之狂。本帖的创作节奏感非常明显。"苏本"前六行虽为苏舜钦补写，但应符合怀素笔意，往后节奏逐渐加快，呈现出一浪高过一浪的势头，在全篇三分之二处，进入高潮，在最高潮处收尾落笔。前后起伏变化之剧，在大幅狂草中绝无仅有。是何原因促使书写者如此兴奋不已呢？酒的作用是次要的，书写者内心的状态才是关键。《自叙帖》的叙述方式平铺直叙，创作者本体没有带有多少抒情色彩，不像颜真卿的《祭侄文稿》那样回忆往事心愤难平，极度伤感。其引用了多位"当代名公"的赞美诗文，足以令书者心潮澎湃，虽然书者最后表示"不敢当"，但其内心的自豪早已洋溢在笔中。还有，书者对自己草书高度自信也是必不可少的因素，高明的草书与颂扬的美文融合在一起，相得益彰，美不胜收！书者在此心境驱动下，笔随意走，有心也好，无意也罢，潇洒地完成了不可再现的旷世杰作。

《自叙帖》既是自叙更像"他叙"，通篇缀满他人对自己的表扬。"他山之石可以攻玉"，这就是怀素的智慧。对于这部杰作，历千年而不淡，诸多业内行家穷其一生仍觉雾里看花，实非来之不易！幼而事佛、经禅，继而蕉叶练字、盘板皆穿，而后西游上国、观前人圣迹、悟大师笔法，可想而知，一路走来，怀素的学识、艺术涵养绝非等闲。追求适宜自然的浪漫个性和感悟客观世界的所得，抒发在《自叙帖》里，就形成了虚与实、浓与淡、缓与急、枯与润、向与背、刚与柔、敛与放等既对立又统一的气质、风采。这是否契合"负阴抱阳"八卦论呢？当然，无极而有太极！它似一部节律鲜明的狂想曲，似一支抑扬顿挫的伦巴舞，既激越又和顺，一洗胸中累年尘土，不是"神"操作却似神作。

虽然怀素人狂字狂意也狂，且得到当时及后世的广泛认可，但他的心里还是留有遗憾，这个遗憾就是一直未曾走进"天庭"。马云奇所作的"自倚能书堪入贡""君王必是狂收客"两句诗，明显地体现了怀素是渴望得到皇帝的诏见和钦封的。而与怀素齐名的"张颠"虽然后世影响不如他，但却受到皇帝青睐，两位帝王将其书位列"三绝"。坊间传说唐玄宗中前期，人民安居乐业，百姓富足，艺术成就也发展到了巅峰，人们把"画圣"吴道子代表的绘画艺术，"草圣"张旭的书法艺术，"剑圣"裴旻的剑舞艺术并称为"盛唐三绝"。另《新唐书·文艺传》记载：文宗时，诏以李白歌诗、裴旻剑舞、张旭草书为"三绝"。可知，后一版"三绝"的称号出自晚唐唐文宗。但论在后世书法界的影响，历代书论家的论著无不大谈特谈怀素其人其书其事。

唐朝另有书僧高闲、亚栖、昙光，因善草书而得帝心，获赐紫袍，类同翰林待诏，荣宠一时。唐代较为著名的书僧还有怀仁、辩才、行敦、齐己、景云、贯休、梦龟、文楚等，他们大多擅长草书。怀素后"释子往往喜作草书"，故有人认为草书既易写，又可以自由地表现自我。真的是这样吗？纵观历史，"草书大成者寡"，这证明草书是一种极不容易写出成就的书体。它既需要极熟练的技法、极严格的法度，又与时代的思潮、书者的个性及心态有着密切的联系。只有书写者自己的心态、个性和情绪适应草书，才能写好它。而草书的格调更和个人审美情趣相联系，审美观又是文化艺术素养的体现，所以写草书必须具备高度的文化艺术素养。只有综合具备这些条件，才会造就优秀的草书作品。

当然文学艺术也是不断发展进步的。由于时代的变化，当前的书法创作，不能完全按传统标准来衡量，如对艺术形式的追求。书法已成为一门独立的观赏艺术，要求形式感更强，更富于变化，更能打动人。这与完全出于作者抒发个人逸兴的角度是不完全相同的。所以，书者仍然要根据自己的个性、心态、情感的特点，来选择草书和追求草书的神韵风貌。

狂草开派于张旭，至怀素而臻化境。怀素继张旭，在"一笔书"的基础上，悟张旭通篇之雄境，吸取颜真卿"墨迹淋漓""正面开张"的行法，糅合"蕉叶练字"所得，进一步突出瘦利怒张、纵逸狂放的个性色彩，别出新致，走向更加波澜壮阔的艺术境界，开创出自己所独有的艺术风格，使狂草达到了前无古人的地步，从而提高了草书的美学价值，巩固并发展了草书的地位，使中国书法艺术的动态之美、无声之音乐美享誉千秋，进而影响并推动了宋代尚意书风的形成。

《自叙帖》就是化境之下的巅峰之作，当然，怀素的精彩并未止步于此。

第七节

游雁荡山

　　游子的脚，终生朝着故乡。在怀素眼中，大江大河、名山古刹就是故乡。潇洒挥就《自叙帖》后，怀素心境豁然开朗，眼中多了风轻云淡。大历十三年（778），怀素在奇山秀水的召唤下，背上简单的行囊，悠哉悠哉地晃荡到了雁荡山。

神秘的《四十二章经》

　　怀素与雁荡山的缘分是怎么产生的？史料中无记载，可能与颜真卿相关联。怀素追随颜至湖州，并对附近的佛经中曾有美妙记述的雁荡山产生了兴趣。从后来看，此行不虚，雁荡山是怀素清涤心性和书风转变的重要承载地。

　　秋意渐浓时，怀素云游至有"中国东南第一山"之称的雁荡山，他来到的是南雁荡，投宿于雁荡精舍（可能即今之雪洞），受到僧侣们热情而周到的款待。雁荡山有"花村鸟山"之美名，他尽情地观赏雁荡山的奇花异草、奇峰怪石、巨嶂飞瀑、飞禽走兽，与高僧深入探讨佛经，品尝生态美食，心境十分惬意。当仰慕怀素大名的精舍住持索书留念时，他欣然以擅长的狂草抄写了小乘经典《四十二章经》。名经、名僧、名迹组成的狂草《四十二章经》，被喜爱书法的僧人们奉为"三绝"。画家徐悲鸿在《怀素书蕉图》中说：

　　藏真四十二章经，前无古人，后无来者，诚当以书佛目之。

评价之高，无出其右。这是迄今可见怀素草书中唯一的佛经作品。

怀素笔下诞生了有"三绝"之称的草书作品《四十二章经》，虽名头响亮，却在历史上相当一段时间销声匿迹，神迹更添神秘。怀素大作《四十二章经》今何在？要说清这个问题，颇费一番周折。

历史穿越到 20 世纪，1922 年，江苏无锡人周濂、浦水清偶得书作《四十二章经》，遂公示于众。此帖后被编入中华书局于 1928 年 8 月出版的《古今名人墨迹大观》第一函第三册，俗称民国刊印本（图 2-15）。编辑者高野候，生卒于 1878—1952 年，现代画家、鉴赏家，浙江余杭人，1913 年任中华书局董事、美术部主任。此卷后附有大觉禅师跋文一篇："师书妙绝古今，落笔纵横，挥毫掣电，怪雨狂风，随手变化，隐见莫测……"书卷中还有北宋名臣富弼题记，近人周漏跋文，俞复题记。钤有"翰林学士院""大觉""水镜庵"等十六方鉴藏印。目前未知此卷收藏何处。

对于 1922 年发现的落款为怀素的狂草书作《四十二章经》，社会一直有质疑，认为该作运笔生硬，布局凌乱，缺失大师作品的神韵风范，虽有多位名人力挺赞誉，还有文章跟风热捧，但是遮掩不了作品明显的瑕疵。原以为

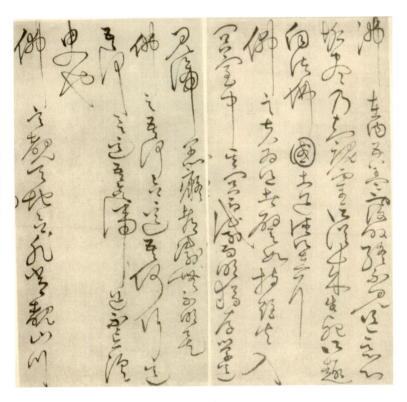

⊙ 图 2-15　《四十二章经》民国刊印本

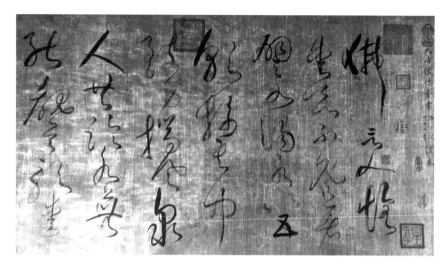

○图 2-16　《四十二章经》民间收藏书卷

怀素之作《四十二章经》真伪辨别是一件悬案，未料前些年民间收藏惊现另一版本《四十二章经》（图 2-16），与民国刊印本《四十二章经》出入很大。民国刊印本的《四十二章经》，规格纵高与卷长未知，影印全文有 52 页，2600 余字，其中第 21 至 24 页文字与民间收藏书卷内容相同。民间收藏书卷，纵高 65 厘米，卷长 830 厘米（含题跋），单字均高 15 厘米，书写约二百字。

民国刊印本是照葫芦画瓢摹写怀素书迹。此外，民国刊印本中诸多字与怀素书写技法存在较大差异，如"佛""作""耳""也"等。另外民国刊印本中上下字的气韵贯通明显逊于民间收藏书卷，但其作者也基本掌握了怀素的瘦劲回环笔法，殊为不易。

2019 年初，在北京对民间收藏卷《四十二章经》使用量子文物年代检测仪进行科技鉴定，对怀素及题跋人物书迹信息的鉴定结果显示，多位作者书迹年代鉴定数据均符合历史人物的生卒年份，现代科技手段亦可证明民间收藏卷《四十二章经》是真迹。①

东南是形胜之地，怀素在此肯定会遍访名山大川。大小雁荡山、天姥山、赤诚山等，都有去的可能。江南西道首治杭州、灵隐的佛光、西湖的胜景、钱塘的海潮、剡溪的水光山色，怀素不可能不去。他的《梦游天姥山》《神仙帖》《游山帖》《寻道帖》《下山帖》《仙杖帖》等作品（均见《宣和书谱》），虽然我们已无法知道它的具体内容，但从帖目看，可能相当一部分作于此行。

---

① 参见罗明端《怀素书迹〈四十二章经〉百年骗局》。

《论书帖》之辨

佳作天成之后赴雁荡山，怀素只想领略名山秀水、品尝特产吗？当然不仅于此，既是散心，也是修心。

西游上国告一段落，《自叙帖》创作完成，对于怀素来说，相当于现在的高考学子刚从考场出来，成绩尚未发布，自我感觉良好，心境与在校学子已然完全不同，对于人生何去何从，又有了一番新的理解。怀素就是在这种既放飞自我、又心存纠结的志忑心情下上雁荡山的。这次雁荡山之行，怀素待了相当长一段时间，少则数月多则年余。在雁荡精舍，与住持论道，经禅之暇，练练书法，没有了长安、湖州的繁华，少了人来人往的俗务，怀素狂放的心慢慢归于沉静。这一心境表现在此后的作品上，相比于《自叙帖》甚至于《四十二章经》都显得收敛了很多。这是怀素心境与书风转变的重大信号。此种心境和书风的延续，催生了另一件伟大的作品《论书帖》。《论书帖》现可见的有两个版本，内容基本相同，但书风差异不少。现存怀素所传作品中，《论书帖》的成作时间之争最为激烈。

第一版本是《论书帖》墨迹本（摹本，图 2-17），著录于《宣和书谱》。它高 28.6 厘米、长 40.5 厘米，9 行 85 字。帖前有宋徽宗金书签题"唐僧怀素行书论书帖"，帖后有乾隆皇帝行书释文，赵孟頫、项元汴等人题跋。卷中钤有"宣和""政和""绍兴""秋壑图书""内府图书之印""项子京家珍藏""旷奄""乾隆""嘉庆""宣统御鉴之宝"等鉴藏印，现藏辽宁省博物馆。虽然墨迹本是古代摹本，但不影响他在书法史上的重要地位。第一版本释文：

为其山不高，地亦无灵；为其泉不深，水亦不清；为其书不精，亦无令名，后来足可深戒。藏真自风废，近来已四岁。近蒙薄减，今亦（一作"所"）为其颠逸，全胜往年。所颠形诡异，不知从何而来。常自不知耳。昨奉二谢书，问知山中事有也。

第二版本是《论书帖》碑帖本（清拓，图 2-18），又名《论书帖》法帖，著录于清代高士奇《江村销夏录》。经折装。总高 31 厘米，长 113.8 厘米，10 行 85 字（缺两字）。书法豪迈洒脱，灵动多姿，略有行草韵味。帖上有"唐

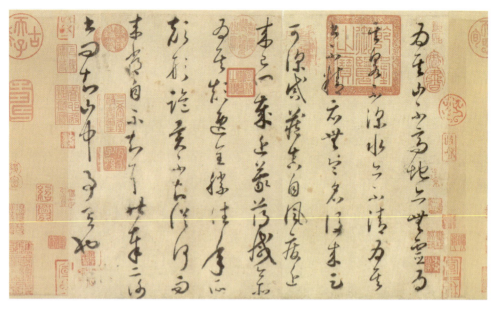

⊙图 2-17　《论书帖》墨迹本

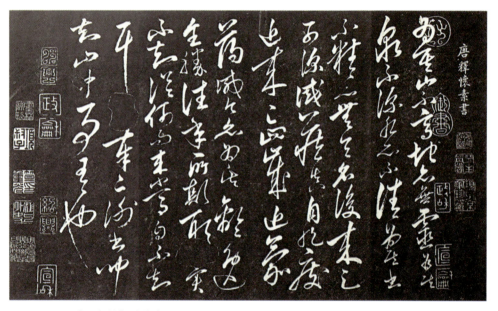

⊙图 2-18　《论书帖》碑帖本

释怀素书"款，帖后有项元汴、陆树藩题跋。又经著名藏家高士奇、梁清标、
笪重光、王鸿绪等鉴定。帖中钤有"宣和""政和""绍兴""御书""平
生真赏"（米芾印鉴）"项元汴印""项子京家珍藏""墨林秘玩""项叔子""笪
重光印""江上外史""周寿昌荇农氏所藏""高士奇图书印""俨斋秘玩""陆
树藩印"等鉴藏印。第二版本释文：

　　为其山不高，地亦无灵；为其泉不深，水亦不清；为其书不精，亦无令名，

后来足可深戒。藏真自风废，近来已四岁。近蒙薄减，今亦为其离逸，全胜往年。所颠形诡异，不知从何而来。常自不知耳。昨奉二谢书，闻知山中事有也。

此版本书写内容有两处地方与第一版本有所不同。一是"离逸"二字不同于第一版本的"颠逸"二字；二是"闻知"二字不同于第一版本的"问知"二字。第二版本中书法题跋（图2-19）的信息更多，脉络也更清晰。

项元汴题跋：唐释怀素，字藏真，俗姓钱，长沙人，徙家京兆，（玄）奘三藏之门人也。初励律法，晚精意于翰墨，追仿不辍，秃笔成家，一夕观夏云随风顿悟笔意，自谓"得草书三昧"。斯亦见其用志不分，乃凝于神也。当时名流如李白、戴叔伦、窦臮、钱起之徒，举皆有诗美之，状其势以谓"若惊蛇走虺，骤雨狂风。"人不以为过论。又评者谓"张长史为颠，怀素为狂，以狂继颠，孰为不可？"及其晚年益进，则复评其与张芝逐鹿，兹亦有加无已，故其誉之者亦若是耶！考其平日得酒发兴，要欲字字飞动，圆转之妙，宛若有神，是可尚者。此论书一帖，出规入矩、绝狂怪之形。要其合作处，若契二王，无一笔无来源，不知其肘下有神，皆以狂称之，殆亦非会心者。予昔购之，虽行草不伦，其笔法与此帖一同，但有肥瘦之异，正不解真草各有态，执而论书，鲜不失矣。汴也何幸观此奇观，千百载之下，吾谓"君子有三乐，此帖与存焉后人其宝之"。墨林项元汴在双树敬题。

陆树藩题跋：怀素《论书帖》，宋徽宗内府物，为《书谱》所载八十七种之一。《江村消夏》著于录：是帖世有二本，一刊于"三希堂"，完善无缺，后有赵文敏（赵孟頫）跋；一即此本中缺"两字"，前明为项墨林（项元汴）所藏，康熙中归高江村（高士奇），又经梁蕉林（梁清标）、笪江上（笪重

◉图2-19　怀素《论书帖》碑帖本（全貌）

光）、王俨斋（王鸿绪）鉴定者也。光绪十五年（1889）季夏归安陆心源识（男）树藩书。

陆树藩题跋的信息量巨大，当中提及的高士奇、梁清标、笪重光、王鸿绪、陆心源都是清代赫赫有名的鉴定家和收藏家。另外，著名金石学家陆心源在识文中明确指出：

怀素《论书帖》存世有二个版本，其一是三希堂刊本完善无缺（指不缺字），后有赵文敏（赵孟頫）跋；其二即此本缺"两字"，前明为项墨林（项元汴）所藏，康熙中归高江村（高士奇）藏……

而写此题跋之人正是陆心源长子陆树藩。第二个版本（旧拓本）中确缺少"两字"，即"诡"字和"昨"字，与陆心源的识文相符。

无论是第一版本还是第二版本，其鉴赏递藏和题跋都非常清晰明了。我们再来探讨此帖的创作时间。康熙年间顾复考定《论书帖》为怀素"早年所作"，而当代的周宗岱先生研究认为此帖为怀素中晚年时期作品。笔者认同周老观点，且进一步认为墨迹本、碑拓本两件作品均为怀素书写，可能两帖书写时间间隔有几年，碑拓本创作在前。

首先，从年龄方面分析，道理显而易见。《论书帖》中的"风废已四岁"，表明怀素生病的时间至少比书写此帖时还要往前提早四年。清朝时期我国的人均寿命大约为33岁，结合怀素63岁的寿辰，按照顾复所定，"早年"应指不高于35岁的年龄。怀素入长安时32岁，此前多年他几乎一直在湖南境内，只在31岁夏秋间有一趟广州之行，这期间有诸多的赠诗留存，却查不到怀素这段时间患有风疾的蛛丝马迹，有长达4年的风疾而丝毫不提及，似乎不太符合常理。况且，如果不是患有严重的风疾，怀素还能很快在潭州与广州间往返吗？张谓还会带他远离故土、跋山涉水吗？这也说不过去，最早是到达长安以后才出现"脚痛"症状。如果说怀素入京（768年春）前风疾已治愈，那么他开始患病的时期至少是入京前的六七年，因为从开始患病、病情加重，到风废四年，然后病愈、康复，直至可以长途跋涉，至少又得二三年，掐指一算，怀素患风疾最迟也要在26岁以前了。南方丘陵地区，易得风湿病是事实，可在如此年轻时期就患严重风疾的极少。怀素刚好是26岁时走出永州，如果此时患严重风疾，那他即便走到了衡阳、走到了长沙，也会马上返程，因为一个名头不响、靠书法吃饭的年轻小伙子，拿不动笔还去闯江湖只能是一个笑话。事实上，怀素二十六七岁至三十一二岁的几年间，正活跃在衡阳、长沙、岳阳这一带。况且，二十多岁就病到风废程度的人，还能三十出头就以极富动感的挥毫名动京华吗？还能在 40 岁时挥就那一系列震撼人心的巨幅狂草吗？这两件大事都必须身体敏捷与体能俱佳才能成就。因此，可断定《论书帖》非早年所作，怀素患病也定非入京之前。又有人说《论书帖》是怀素于 795 年所作。笔者判断，《论书帖》不会作于 795 年，因为怀素 793 年还赴江苏、长安，与"风废四年"不符。再者，如此年纪加上"风废"怎么还能长途奔波？

其次，从艺术造诣来分析，《论书帖》呈现了怀素中晚期的风采。尽管两个版本书风有异，但总体来看，均精熟二王法度，沉着自如，火气消散，当非早年之作，而是"复归平淡"过渡期的作品。同一作者同一阶段写出两件书风差异较大的作品，本属正常现象，况且《论书帖》墨迹本与碑拓本在笔法、章法、墨法等方面存在诸多类同之处。从 777 年写《自叙帖》与 778 年《四十二章经》的书风变化也可印证，同一时期同一书法家是可以写出两件书风差异较大的作品的。《论书帖》与怀素早期作品《横行帖》、瑞石帖《千字文》、神迹帖《千字文》（后文可见）的笔法对比发生了很大的差异。再与怀素 63 岁所书之小草《千字文》（千金帖）比较，则用笔劲锐，使转多硬折，稍逊闲适自然之气，《论书帖》介于《自叙帖》与小草《千字文》（千金帖）之间，恰恰契合这个时间段。两作的字形结构均没有《藏真帖》《律公帖》的开张洞达而略显拘泥紧促，笔力亦不及《自叙帖》沉厚劲健，某些牵连映带之笔还有怯力之感，应是风废治愈之后抑或风废康复期的勉力而为。另外，从"近蒙薄减，今亦为其离逸，全胜往年"（第二版本）来看，没有了"狂怪"的外形，却多了一份自由书写的清逸。至于两作中"颠与离""问与闻"两个字的区别，则可能是怀素写碑拓本时是照文字书写，而作墨迹本是凭记忆书写。从个例来看，墨迹本中"为"字于其小草《千字文》（千金帖）中的写法如出一辙，而与《自叙帖》中的"为"字书写大有区别。故可以看出，《论书帖》之于小草《千字文》（千金帖）的笔墨情景，《论书帖》为其肇端，至小草《千字文》（千金帖）成终极。

最后，从创作心境方面来推测，比较契合怀素中晚年之情境。为什么说《论书帖》非怀素早期作品？人过中年世事洞明，其身心、性情也萌发了新的变化，即与"四十而不惑、五十知天命"一个道理。经历了苦涩的童年、勤奋的青少年、坎坷的中年，《自叙帖》大功告成，却始终未达天庭，走过辉煌淌过泥坑，病症也如影随形，尝尽酸甜苦辣，本是"985的才学"却考了个"二本"。如今再修佛门经典，问道禅茶，怀素躁动的心慢慢抚顺，草书结构、笔法、线条也逐步去燥回润，故《论书帖》趋于平和。①

《苦笋帖》与禅茶一品

《论书帖》是一个时期书风的反映。体现这一时期佛风道境书风的还有一件非常精悍的短作，此作与山、与佛、与茶均颇有关系，但成作时间、地点难考。

饮茶对人体有诸多裨益，而茶本身的淡与雅，又为人的修身养性提供了一个重要的文化载体。怀素在雁荡山肯定是喝了不少好茶，雁荡山之游是否增强了怀素对茶的兴趣呢？我们从《苦笋帖》（图2-20）这件作品中可探寻到蛛丝马迹。

怀素大草《苦笋帖》，绢本墨迹，2行14字：

⊙图2-20 《苦笋帖》

苦笋及茗异常佳，乃可径来。怀素上。

用白话文说："苦笋和茗茶两种物品异常佳美，那就请直接送来吧。怀素敬上。"原作现藏上海博物馆。苦笋是一种生态绿色食品，属素菜类，笋肉色白，寻常做法为炒、拌、泡，清香微苦，回口爽甜，口感与喝茶相似。竹笋品类繁多，苦笋乃其中较为特别的一种，我国黄河以南的广大地域均有栽培。苏东坡、黄庭坚、白居易、陆游等人都爱吃，各人均有此类诗文传世。

---

① 参考王元军《怀素评传》第150—151页和周宗岱《怀素之狂与病》（《怀素书学研究文集》）。

现代人更爱吃笋，且繁衍出来的种类和花样目不暇接。因此，该作乃怀素在南方或东南方游历时所作，时间当在游览雁荡山之后。此作的成因，据推测应是之前有熟人来信询问怀素，而且来信之人为制茶的行家里手，手头有苦笋和茶，如果要的话就送来。怀素于是回信一便笺，只14个字，无一废话。从这幅作品也可看出怀素洒脱的性格，寻常生活，一副短字，看到后只觉得简单了然，潇洒清淡。心无俗尘，坦荡率性，人际交往淡如茗、甘如笋，令人向往。所以《苦笋帖》又有一个诨名曰《乞茶帖》，深得文人雅士喜爱。

《苦笋帖》不如《自叙帖》那样清秀狂怪，但点画粗细浓淡对比强烈。笔法流畅中时露古朴和顿挫的笔意，奇豪跌宕，精练流逸，点画变化多端，奇姿异态，而不失法度；章法紧密，字字相连，上牵下带，虚实结合，轻重起伏如同山峦叠起，神采超逸，另有一番趣味。

《苦笋帖》用笔速度较快，挥洒自如，且增加了提按对比。比如"笋"与"常"二字，反差鲜明，但无论其速度变化还是轻重变化，都基本上控制在中锋运行的状态，故其线条细处轻盈而不弱，重处厚实而不拙。同时，字形上也相应增加了外形轮廓大小对比和内部空间疏密对比。整体上观照，全文上疏下紧、上轻下重、上放下收，形成了一种"两段式"的视觉感受，这种章法形式颇具特色，极显个性。另外，《苦笋帖》出现了两字之间空间过渡开始向单字内部空间渗透的特性节奏变化特征，主要表现在"常佳""来怀"两处，即字与字的穿插避让关系已进入到两字之间的字内空间。

《苦笋帖》是目前可考的最早的与茶有关的佛门书法，也是禅茶一味的产物。苦笋与茶的特性，同佛道中人有许多相通的地方，怀素通过书法艺术充分体现了茶与禅的种种缘分。《苦笋帖》尽显清逸之态，有古雅淡泊的意趣。凭此帖，可为怀素冠上中国书法史上首倡"禅茶一品"的代表人物。这可能也是怀素与陆羽成为好友的重要因素。

"双圣"之会

时人为怀素写诗歌者达39位，而为怀素作传记者仅陆羽1人。

陆羽的身世至今是一个谜，《唐国史补》和《因话录》均有相关记载，《全唐文》也有《陆羽传》，但民间传说更显人情冷暖。

据传，在唐开元年间一个寒冷的清晨，复州竟陵（今湖北天门）龙盖寺住持智积禅师，路过西湖时，忽然听见湖边草丛有群雁的阵阵哀鸣声，走近一瞅，只见一群大雁用羽毛拱护着一个在严霜里冻得瑟瑟发抖的男婴。智积既无比惊讶又万分感动，男婴虽然丑陋，但智积不假思索立即将他抱走，先寄托于方外挚友李孺公家哺育，至3岁时接回寺院，精心抚养。于是，这个"轻如鸿毛"的生命得以长存天地。智积本姓陆，为感恩并纪念充满灵性的大雁用羽毛呵护，遂为男婴取名陆羽。在龙盖寺，陆羽健康而快乐地成长，不但识得文字，还学会了烹茶。尽管从小寄入佛门，但他不愿削发为僧皈依佛法。所以随着一天天地长大，他积极寻思着为自己找出路。12岁时，陆羽主动来到了一个戏班子里学唱戏，虽其貌不扬，又有些口吃，但却幽默机智，演丑角很成功，后来还编写了三卷笑话书《谑谈》。于是，戏班子就成了他的新家。此后的一路，陆羽又有缘得到竟陵太守李齐物、大儒邹夫子、竟陵司马崔国辅等人的教导和提携，遂走出湖北，巡游全国。760年，陆羽游抵湖州并在此长住，先与僧皎然同住杼山妙喜寺，不久又移居苕溪草堂潜心著述，其间结识了孟郊、刘长卿等众多名士。761年，陆羽根据三十二州、郡的实地考察资料和多年研究所得，写成世界上第一部茶叶专著《茶经》初稿，一代茶圣在玄幻而动听的故事中闪亮登场。①

陆羽潜沉湖州十多年后，怀素循着颜真卿的足迹也来到了湖州，他们在颜真卿幕府相识相交。怀素与陆羽的交往绝不是偶然的，他们两人在很多方面都有相似之处。陆羽生于733年，卒于804年，字鸿渐（一名疾、字季疵），号竟陵子、桑苎翁、东冈子，又号茶山御史。一生多闭门著书，诏拜太子文学，徒太常寺太祝，不就。以嗜茶而闻名，著《茶经》三篇，是我国关于茶的最早著作，后世民间称他为"茶圣"。陆羽比怀素大4岁，生活的时代几乎一致。

与怀素交往之人，多在文学、书法上有出众的才华。陆羽也不例外，他词艺卓著，是当时知名的文学家。据权德舆《萧侍御喜陆太祝自信州移居洪州玉芝观诗序》说："太祝陆君鸿渐，以词艺卓异，为当时闻人，凡所至之邦，必千骑效劳，玉浆先馈。"陆羽所到之处，当时的名流必要"千骑效劳"，人还未至，慰劳之酒已到。陆羽《陆文学自传》说："上元初，结庐于苕溪之滨，闭门读书，不杂非类，名僧高士，谈宴永日。"周愿《牧守竟陵因游西塔著三感说》云："天下贤士，半与之游。"怀素于大历中期在东南游历时，也成了陆羽的座上之宾。唐德宗贞元三年（787），国子司业斐胄为潭州刺史、

---

① 陆羽人物概况参考周志刚、周洁琳《陆羽年谱》。

湖南都团练守捉观察处置使（唐广德二年即764年从江南西道划出而设置的地方衙署，"湖南"之名从此出现，764年建立时治所在衡州，768年迁到潭州），陆羽跟随斐胄从事于潭州。斐胄在大历年间曾为浙西观察使李栖筠从事，是陆羽的旧识，此时陆羽赴湖南可能是应辟。陆羽在湖南并没有滞留多久。这时候，故人李齐物之子李复由容管经略使调任广州刺史、岭南节度使，而且，当年湖州诗会的故交周愿已在李复幕中从事，于是陆羽又离开湖南，赴广州依附李复，入其幕府。正是在这个时候，陆羽才由太祝迁太子文学，故有可能乃李复为其表授。

陆羽和怀素，虽然他们的职业道路各异，但他们的出身家境相似，性格相投，精神追求一致。灵魂上的碰撞、交织，使得他们"一见钟情"，正可谓惺惺惜惺惺。从陆羽创作的《僧怀素传》可以得知，怀素对陆羽毫不保留，陆羽对怀素十分了解。陆羽不是书法家，但是他借用当时书法名流邬彤、颜真卿等对怀素书法的专业论述，简洁精辟地记叙了怀素的学书过程及书法艺术成就，至今还是研究怀素的第一手且最权威的史料。

《僧怀素传》全文如下：

怀素疏放，不拘细行，万缘皆缪，心自得之。于是饮酒以养性，草书以畅志。时酒酣兴发，遇寺壁里墙，衣裳器皿，靡不书之。贫无纸可书，尝于故里种芭蕉万余株，以供挥洒。书不足，乃漆一盘书之；又漆一方板，书至再三，盘板皆穿。怀素伯祖，惠融禅师者也，先时学欧阳询书，世莫能辨，至是乡中呼为大钱师小钱。吏部韦尚书陟见而赏之曰："此沙门札翰，当振宇宙大名。"怀素心悟曰："夫学无师授，如不由户而出。"乃师金吾兵曹钱塘邬彤，授其笔法。邬亦刘氏之出，与怀素为群从中表兄弟。至中夕而谓怀素曰："草书古势多矣，惟太宗以献之书如凌冬枯树，寒寂劲硬，不置枝叶。张旭长史又尝私谓彤曰：'孤蓬自振，惊沙坐飞，余师而为书，故得奇怪。'凡草圣尽于此。"怀素不复应对，但连叫呼数十声曰："得之矣。"经岁余，辞之去。彤曰："万里之别，无以为赠，吾有一宝，割而相与。"先时人传彤有右军《恶溪》、小王《骚》《劳》三帖，拟此书课，以一本相付。及临路，草书竖牵似古钗脚，勉旃。至晚岁，颜太师真卿以怀素为同学邬兵曹弟子问之曰："夫草书于师授之外，须自得之。张长史睹孤蓬、惊沙之外，见公孙大娘剑器舞，始得低昂回翔之状。未知邬兵曹有之乎？"怀素对曰："似古钗脚，为草书竖牵之极。"颜公于是倘佯而笑，经数月不言其书。怀素又辞之去，颜公曰："师竖牵学古钗脚，何如屋漏痕？"素抱颜公脚唱贼。久之。颜公徐问之曰："师亦有自得之乎？"对曰："贫道观夏云多奇峰，辄常师之。夏云因风变化，乃无常势；又无壁折之路，一一自然。"颜公曰："噫！草圣之渊妙，代不绝人，可谓闻所未闻之旨也。"①

　　这篇传记，惜墨如金，却充满了一种玄妙的神趣。陆羽以追魂摄魄之笔，直入心扉，文中充斥着诸多恍若梦呓咒语般的对话，灵魂交融，心印相契，皆似一种暗示、一种隐语。通篇都弥漫着一种如幻如梦的氤氲之息，令人如临神境。这样的奇文异字，自然也只有圣手才写得出，也的确只有配给开士怀素才称得上名副其实。有趣的是，陆羽、怀素两位高士，在民间底层，也一直流传着关于他们如何得道成仙的神奇故事。

　　相传，茶圣陆羽在写完《茶经》后，心中隐约有一种莫名其妙的感觉，虽已尝遍世上名茶，但总觉得还应该有更好的茶。为了寻找这种茶中极品，陆羽带上茶童，四处游山玩水，寻仙访道。一日，他来到一座山上，只见山顶有一片开阔的平地，地上长满了一种从未见过的茶树，虽然此树外形与别的茶树相差无几，但是摘下的芽尖却是白色的，晶莹如玉，甚是好看。陆羽惊喜不已，立即命茶童采摘炒制，就地取泉水烧煮烹茗，斟试一杯，茶水清澈透明，清香扑鼻，陆羽顿感神清气爽。他品饮一口，仰天惊呼：幸哉，幸哉，此生不虚也！话音未落，只见陆羽轻飘飘地向天上飞去，因茶得道羽化成仙。②

　　怀素得道的故事则更为曲折离奇。传说小怀素当初在永州书堂寺出家时，师傅为怀素师兄弟轮流安排了一项功课，即每天早上敲钟前要为寺庙水缸挑满水。水缸很大，离水井不近，要装满水难度不小。说也奇怪，别的和尚三更起床挑水，晨钟敲响时也难以完成，而轮到怀素时，钟声敲响前却就轻轻巧巧水满缸。师傅问怀素为何？怀素说自己最初也无法完成，可不久后的一天清晨他又去挑水时，有一个穿红肚兜的孩童从井里跳出来要跟他玩耍，怀素不愿，说完不成挑水任务要受罚的。那顽童却说不要紧，我会帮你想办法，等会回去庙里水缸早已满了。孩童拖着怀素嬉闹一阵后便一溜烟地跳回井中不见踪影。怀素回寺庙一看，果真水缸已满。而且，此后次次如此。寺里其

---

① 见《全唐文》卷433。
② 故事参见魏佳敏《怀素：一个醉僧的狂草人生》。

他和尚知道此事后，就想用法术将井中孩童捉住，说要将他熬成汤，喝了可长生不老。怀素心地慈悲，便偷偷地将仙童放跑了。仙童为感谢怀素的救命之恩，便求其师尊为怀素易骨伐髓、点化慧根，此后怀素如得神助，直达圣境。①

善有善缘，福有福报。神仙做事，也是有迹可循的。那么，陆羽撰写《僧怀素传》的动机是什么？也许是情感至深，心之所向，瞬时催发的无意识行为；也许是震撼于怀素高超的书艺，文以载道，以传怀素其人其艺；也许是怀素的邀约，作为挚友陆羽承下了这一应情之作。这些都不重要了，唯一遗憾的是，《僧怀素传》很不完整，仅记叙了怀素创作《自叙帖》之前的简要事迹。

有学者认为，陆羽跟随斐胄从事于潭州时，怀素与陆羽有了第二阶段的交往，并且《僧怀素传》也创作于此时。笔者通过追溯怀素生平，并查证《陆羽生平（游历）年表》，认为陆羽的潭州之行可能并没见着怀素，此期怀素因"风疾"行动不便而趴窝在故里零陵或邻近的衡阳，即便得以相见也是匆匆一瞥，他们的密切交往止步在了《自叙帖》创作前，并且《僧怀素传》应在大历十年（775）左右所撰。笔者的考证理由主要有二：一是史料中记载《僧怀素传》出处的因果关系不符合逻辑，经不起推敲。《陆羽生平（游历）年表》明确记载："贞元二年（786）陆羽为纪念怀素故世周年作《僧怀素传》。"这里以认定"怀素死于785年"为前提，事实上，怀素死于800年左右。前提是错的，结果当然就不会对。二是《僧怀素传》文本内容也提供了证据。如果《僧怀素传》真的是786年左右所作，那么这里面不可能不记述怀素创作的《自叙帖》，这是怀素狂草的标志，没有《自叙帖》就没有怀素的荣耀后世。

陆羽从十四五岁开始著书，至29岁左右撰《茶经》三卷及《陆文学自传》，文采已誉满天下。他一生著作丰厚，书品上佳，至贞元二十年（804）冬72岁时逝于湖州，葬杼山，陆羽把湖州视作了自己的原乡，独有一番情感。如果是786年陆羽为纪念怀素故世周年作《僧怀素传》，文笔精湛的陆羽，为感情深重的怀素撰写传记，怎么会遗忘《自叙帖》呢？那么只有一种可能，就是《僧怀素传》的创作先于《自叙帖》，故笔者认定陆羽撰写《僧怀素传》是在775年左右。这个时候，怀素、陆羽、皎然等人均集聚在颜真卿幕府，大家品茶论道、心情愉悦，正在从事或策划一系列的经典创作，所以《僧怀素传》写于此期，也是恰逢其时。

---

① 故事参见魏佳敏《怀素：一个醉僧的狂草人生》。

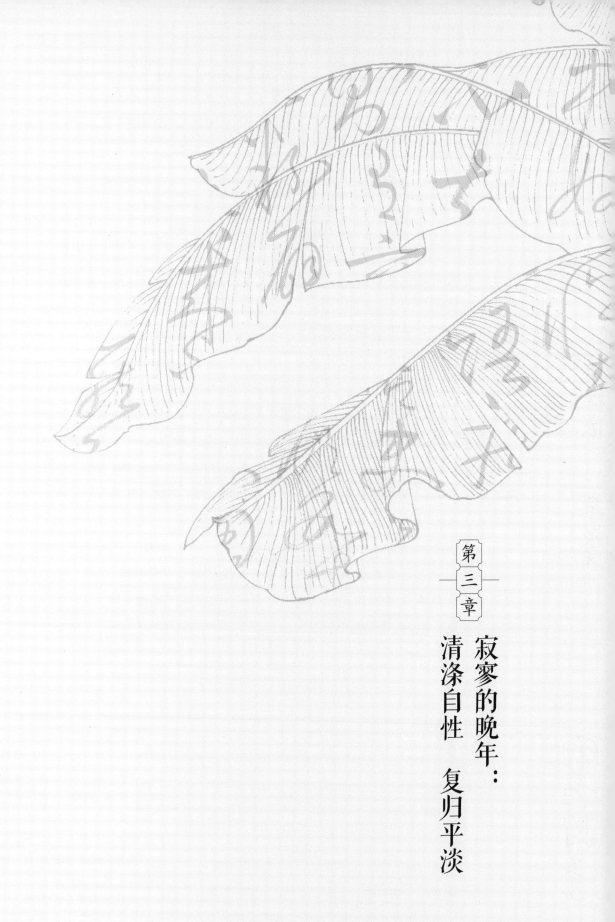

第
三
章

寂寥的晚年：
清涤自性　复归平淡

怀素暮年之作复归平淡，可谓心与境的交融！

45 岁后，怀素身体每况愈下，而德宗时期的朝政也是十分不堪。唐德宗时期，奸佞常当道、枭雄屡得逞，导致一众大忠臣白白送死，众生皆苦，社会呈现一片萧然。对于怀素来说，李白、卢象、张谓、戴叔伦、钱起、韦陟、苏涣等好友的远去，特别是国之柱石颜真卿的惨死，使他感到前所未有的孤独。可见，雁荡山之行后的一段时间，为怀素人生的重要转折期。他开始步入了人书俱老、返璞归真的阶段。

这期间，他除了有一趟复游长安等地的旅程外，大部分时光都在湖南度过。此时的他能熔张芝、王羲之、王献之、张旭诸草法于一炉，且可做到随心所欲不逾矩，用笔瘦、肥、圆、方兼而有之，挥洒自如，炉火纯青。此期代表作，有既神采纵横又谨守墨规的大草《千字文》，有圆润古健、匀稳清熟的《圣母帖》，更有圆熟灵秀、神完气足的小草《千字文》，中年时那种英气勃勃的神采慢慢化为了一种平淡古雅的意境，别有一番浑然天成的妙趣。

第一节

大草《千字文》

　　因无文史和作品溯查，怀素一生主要有两个时间段盲区，即 45 岁至 55 岁的中晚年和撰小草《千字文》（千金帖）后至圆寂时，且具体在何地圆寂也有诸多争论。因此，怀素在中晚期创作的另一狂草大作，引发了后世激烈的争论，这就是历史上多名书家均有临摹的千字文，历代书家普称怀素此作为大草《千字文》。大草《千字文》《自叙帖》均为怀素的狂草名迹，但一千二百多年来，《自叙帖》在书史上一直独享崇高地位，被誉为"天下第一草书"，为历代书家所膜拜。而大草《千字文》，却声名不著，影响远逊《自叙帖》。千百年来人们对此褒贬不一，优焉劣焉，真焉伪焉，众说纷纭，莫衷一是。

　　大草《千字文》创作年代难考，且有多本。流传较多的版本有三：群玉堂本（图 3-1）、西安本（图 3-2）、绿天庵本，风格各有差异。

　　群玉堂本是指收录于《群玉堂帖》（共十卷）卷四中的怀素大草《千字文》，现为美国安思远收藏。

　　西安本由西安知府余子俊于明成化六年（1470）摹刻于西安碑林，现陈列于西安碑林博物馆第三展室西侧，《西安碑林全集》有著录，藏石编号 669 号。拓本曾为明代于景瞻、文徵明、文彭、项子京等收藏；清代张照、吴荣光、

113

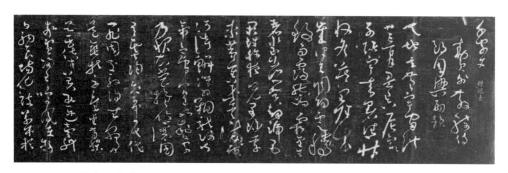

⊙图 3-1　群玉堂本大草《千字文》局部

⊙图 3-2　西安本大草《千字文》局部

吴云、潘仕成、赵烈文等钤印；清吴荣光、吴云、沈尹默等作跋。

　　绿天庵本到底指哪一幅怀素《千字文》，颇有争议，最为神秘。有人认为，现存零陵怀素公园的绿天庵瑞石帖《千字文》残碑（图 3-3）即为绿天庵本大草《千字文》。永州当地学者经过认真研究、分析认为，该残碑破败虽然已达五分之三，但少部分碑文仍然保持完好，特别是零陵文物所收藏的此作清拓非常清晰，从其中的点画相连、回环缠绕、通篇呼应等方面来看，与群玉堂本和西安本在笔法上均差异较大，且尾题"唐大历元年六月既望怀素书"12字，其时怀素年仅 30 岁，可判定绿天庵瑞石帖为小草《千字文》。笔者认为：绿天庵本大草《千字文》要么是另有其作，原作不知所踪；要么就是一场美丽的误会，历史上一直在误传瑞石帖《千字文》为绿天庵本大草《千字文》。

　　其实，对比群玉堂帖怀素大草《千字文》、西安碑林怀素大草《千字文》与零陵绿天庵瑞石帖《千字文》残碑，我们可以发现三者的巨大差异。以三幅书作中的文字草法，做最简单而直白的比对。群玉堂帖怀素大草《千字文》

⊙图 3-3　绿天庵瑞石帖《千字文》残碑

与西安碑林怀素大草《千字文》的排版出现了变化，例如正文第五行起就发生了变化，这种变化可看出群玉堂本在装帧中出现了错误，再除去开篇和印章有差异外，此两个版本其余基本等同。尽管群玉堂本大草《千字文》存在刻工不良、线条粗拙等缺点，仍不掩其笔法的老辣。另一版本零陵绿天庵瑞石帖与这两个版本差别可就大了。西安碑林怀素大草《千字文》起头就展露了狂草本色，如碑文标题"千字文"、正文第一竖行中的"宇宙洪"、正文第三竖行的"来暑往秋"、正文第四竖行的"闰余成"、正文第六竖行的"致雨露结"等，碑文中这些三个字四个字的一笔书、连体字，不绝于缕，通篇用笔也是极尽张扬、狂放，又显《自叙帖》中"寒猿饮水撼枯藤，壮士拔山伸劲铁"的豪强，展露出我笔舞我心的吞云之气展露。反观零陵绿天庵瑞石帖《千字文》残碑，字字亭亭玉立，基本上未出现三字连体现象，少量存在的一笔二字，也是双璧并立，极个别的字有狂形却也笔下自敛，整篇沉静、淡雅。一狂放一敛收，亦可判定一为大草一为小草。两者的美学追求也发生了较大变化，笔法上明显地从早期的俊秀走向了晚年的朴拙。

自宋以来，多有评者对怀素大草《千字文》进行评论。褒奖者有清代吴荣光、吴云，他们分别在跋文指出，碑刻和字帖上的作品来源于真迹，刻工也精妙，笔法狂放中有收敛，字迹明断实连，一笔一画精准纯熟，规矩法度隐藏在线条的转环之中，有如神明在操控，乃宋拓之精品也。现代学者水赉佑先生、当代书论家姜寿田先生等对其也有很高的评价。贬损者如明代孙矿评，怀素虽然有铁腕之力，却笔法不古，未脱缁流气；清代杨守敬批，西安所刻大草《千字文》，丑恶低俗，确实就如米芾所说的"酒肆书"；清代包世臣直接认定，所谓醉僧怀素所传下来的大草、小草《千字文》，都是伪作。

　　统而观之，自古学者对怀素大草《千字文》的真伪和艺术水平褒贬不一，此中除了对怀素的书艺品评眼光不一之外，可能也与历朝历代书写千字文众多有关。褒者无须赘言。持伪者的观点不外是失之清逸、诡怪、流俗、丑恶等，而包世臣和杨守敬两位清代学者却恶贬，何以如此？这不能不联系到清代书法的变革和别样的草书审美趋向。清代书法突破了宋、元、明以来帖学的樊笼，开创了碑学。尤其是在篆书、隶书和北魏书体方面颇有成就，形成了雄浑、苍劲、肃穆的书风，书坛活跃，流派纷呈，一派兴盛。明代以祝允明、王铎为代表的狂草书风在清代没有得到发展。康熙时期学董，乾隆时期崇赵，肇始清代的馆阁体盛行。狂放的草书与清代的禁锢文化政策格格不入。包、杨与怀素书风趋向南辕北辙，加之大草《千字文》刻工略显粗拙，而包、杨二人极可能未目睹怀素不同时期所作的瑞石帖、神迹帖、千金帖三款小草千字文，故而视其为俗品。还有一个猜测，怀素当年创作大草《千字文》的时候，估计是用了笔尖脱毛、即将废弃的秃笔来书写，因而字迹粗糙、略显凌乱，与其他"瘦劲古雅"的作品貌似不同。

　　当然，持伪者中亦有不否认其美学上"恣肆沉雄"的强烈艺术感。另有书家认为，怀素狂草继《自叙帖》后，继续深化、发展、沉淀，直至临界衰年变法之际才达到最高化境，而大草《千字文》就是怀素狂草晚年臻于化境的杰出体现。

　　历代对怀素狂草的评论往往纯从书法角度展开，而忽视了怀素首先是高僧，其次才是书家这一基本事实，只把握了怀素狂草的书法艺术内容，而疏漏了怀素狂草所蕴含的禅理禅境以及佛学思想的发展演变，因而影响对怀素狂草的认知，难以从根本上、全局上认清怀素狂草。如对大草《千字文》《自叙帖》的评判，无不是从其书法外部形式着眼的，把外部形式上的狂肆视作怀素狂草的艺术本质，因而，我们看到在书史上对极尽狂肆的《自叙帖》赞誉极高，对外敛内收、直达仙境的大草《千字文》却少有赞赏者。千古知音，唯元项穆，他在《书法雅言》中说："（怀素）大草千文则浓肆矣。"造成以上对怀素作品认识上的偏差及批评上的抑扬失当的重要原因，主要是在认识上及批评方法上漠视佛教与怀素的关系，以及佛教思想的嬗变在怀素狂草发展演变过程中的制约推动作用。因此，要深刻地认识、把握大草《千字文》《自叙帖》所体现出的思想、艺术境界，作出合理的评判，应当将怀素与佛教、怀素书法与佛教流变联系起来作历史的、动态的考察。

怀素作为一代高僧（颜真卿称其为开士），自幼献身佛法，佛法构成他的立身之本。怀素《自叙帖》中说："幼而事佛，经禅之暇，颇好笔翰"。可见佛教在怀素心中是占据主要位置的，书法只是奉佛之暇的余事。那么，怀素为什么对书法倾注毕生精力孜孜以求？又为什么在书法五体中偏偏对草书真积力久、情有独钟？

究其原因，这与佛教重视书法以及唐中期禅宗的兴起有莫大关系。

怀素书法受佛学思想的影响极深，他一生书法风格的几次重大演变都与他佛学思想的嬗变相关。怀素早年受二王影响，书法风格清媚典雅、疏朗神逸，达到了很高的境界，《高坐帖》便是他早年艺术风格的代表。中年时，怀素书风大变，由淡雅平正、充满玄机，转为怒张漓洒、汪洋恣肆，其主要源于唐中期禅风的兴盛及其自己悟禅所得。《自叙帖》就是体现这股狂禅之风的代表作。中年以后，怀素似乎厌倦了狂草的纵横捭阖，明显地表现出对晋韵的缱绻和早年书法风格的回归，这既反映了怀素佛学思想的嬗变，也体现了他在书法领域开始有了新的探求。这个时期的代表作有《论书帖》《圣母帖》等，从中可以看出怀素对晋法晋韵的深刻把握和体味，也透露出怀素在书法探索上进退彷徨的痕迹。

由于怀素作品大多没有创作纪年，这就给研究怀素书法增加了难度。但结合书学文献及怀素作品分析，可以大致推断，在归于淡雅之极的衰年变法之前，怀素的狂草又达到了一种新的境界。《宣和书谱》上的一段话为以上推断提供了文献依据："又评者谓张长史为颠，怀素为狂，以狂继颠孰为不可，及其晚年益进，则复评其与张芝逐鹿，兹亦有加无已。"从现在可以查证的怀素流传作品中，大草《千字文》应是代表了晚年怀素狂草的最高境界。当然，为什么后人评定《自叙帖》为天下第一狂草，这与盛唐之风、作品传播面、观赏性、书作中的狂意和情趣，及帖中所列名流所产生的影响力是密不可分的。

怀素没有在《自叙帖》中用文字语言直接表述他的狂禅精神，而是借助文字之象即狂草形态来隐喻他的禅宗观念，在创作上则借酒发兴，实际上醉僧之意不在酒，在乎禅宗也。钱起则一语道破："狂来轻世界，醉里得真如。"可以说，这是对怀素禅机内涵最精辟的揭秘了。《自叙帖》代表了中年怀素的最高成就，在书史上也是杰作，但怀素创作《自叙帖》时毕竟只有 40 岁，对一代草书大师来说，无论是在思想还是在艺术上，都不是其最成熟的年龄。而大草《千字文》精意弥漫中所呈现出的正是《自叙帖》所缺乏的禅境和晚年老境。大草《千字文》似散僧入圣，遣虑任性，随心所欲不逾矩，如黄庭坚《书家弟幼安作草后》论："但观世间万缘如蚊蚋聚散，未尝一事横于心中。"在大哲寂寥、思虑深沉中，老笔披拂，苍茫玄黄，真力弥漫，精骛八极。从大草《千字文》中可以看出，怀素虽未最终抛弃禅宗，但已显示出了他向佛教正宗的回皈。关于这一点，怀素衰年归于禅寂前所书小草《千字文》可以视为明证。

第二节

复游长安

不少书籍和论文说怀素曾徙家京兆，即当时的京都长安，这些都是因"认错人"之后的讹传。大书法家怀素没有徙家京兆，他一生较长时间的远途游历主要有三次，其余大部分时间在湖南境内。第一次是其32岁时随张谓赴京都。第二次游历了中国东南方的江浙一带，其间涉足了长安，"湖州论书"即在此期间。第三次远行是复游长安，在其55岁左右，即《食鱼帖》中自称"老僧"那次。由于好朋友颜真卿、张谓、戴叔伦和叔父钱起等都谢世了，沧海桑田，物是人非，本次在京都小住即返程。

玩味的《食鱼帖》

在"名动京华"20年后，临近衰年之际，怀素决意再赴长安。这一次，他在享受愉悦的同时却经受了更多的"痛"。这次复游长安到底呆了多长时间已难考，估计不久。有资料可查的是怀素曾参加了一次聚会，这就是"兴善之会"。

"兴善之会"，即指在兴善寺搞聚会。坐落于西安雁塔区的兴善寺，在当时是一座全国闻名的大寺院。唐代的大寺院往往是文化娱乐活动的中心，熙熙攘攘，文人雅士常在此聚会。资料记载，开元、天宝年间画圣吴道子曾在兴善寺作壁画，观者如堵。

第三次抵达长安，唐朝的好书之风已经减弱，盛唐的浪漫之音明显地远去，王公大人家的粉壁也是一片灰暗，怀素蜗在客舍的时间较多。有一天，怀素接到朋友来信，说要在兴善寺举办一场文化活动，希望怀素能到场助兴。原本怀素此期的身体状况不太好，加之对长安的饮食还是不太习惯，因而对于一些笔会、沙龙之类的活动兴致缺缺。但接到这封邀请函，发现参加者多为政界、文坛名士，怀素倒是动心了——可结交新朋友、会会老朋友，多走动走动对身心也有益，他决定抱病参加本次雅会。主意落定，怀素提笔即给朋友作了回复，这封回信就是著名的《食鱼帖》（图3-4）。

《食鱼帖》，现藏青岛市博物馆。纸本，帖文8行56字：

老僧在长沙食鱼，及来长安城中，多食肉，又为常流所笑，深为不便，故久病不能多书，实疏。还报诸君，欲兴善之会，当得扶羸也。九日怀素藏真白。

《食鱼帖》亦称《食鱼肉帖》。钤有"希字半印""军司马印""赵氏子昂""项元汴印"等鉴藏印。明顾复《平生壮观》、清卞永誉《式古堂书画汇考》、清吴升《大观录》等有著录。帖前有米汉雯所题"翰珍"为迎首，前隔水上有项元汴手书"唐怀素草书食鱼帖"小字标识。[①]

此帖在结构和笔法上仍紧追《自叙帖》，运笔疾速，形象多样，由多种

⊙图3-4 《食鱼帖》

———————————

① 参见罗峰林《唐·怀素书法选集》上卷。

符号组成，形成各种书法形象态势，运笔极为熟练，然则严守规矩法度，使转中无任意扩大幅度，只有最后"也"字末尾显示出有意的狂放。笔老意新，短画碎点，憨憨墩墩，为静；参差布局，穷极变化，是动；静不失变化，动不破规矩。整幅字疏密有致，节律鲜明，韵味醇足，放逸洒脱，笔法精熟，法度森严。本来怀素在这一时期书风大为收敛，为什么《食鱼帖》还会出现狂意之状？笔者认为乃惯性使然。怀素以狂"名动京华"，这是一个标签，已深入了京都的大街小巷。再一次来到长安，怀素当然想继续使用好这张名片，可能他还希冀通过展示这 20 年来的沉淀和书风变化，借此带来新的惊喜。

有专家分析《食鱼帖》乃怀素于 769 年或 774 年创作，与大兴善寺住持不空和尚"祈雨"或"圆寂"相关。笔者认为，这两个时间均不符合《食鱼帖》创作情境。769 年，怀素才三十出头，这一年刚赴京，如果身体状况这么差，张谓也不会带他上京都；而 774 年，怀素则早已离开长安，在浙江湖州颜真卿幕府。所以，此帖当属于怀素晚年复游长安时所作的一封回信便笺。该帖虽有意抒狂，却因身体、年龄、心境等原因，笔下自敛，笔法、章法与《自叙帖》狂笔若即若离，与《圣母帖》趋近，毕竟他已走在了"人书俱老"的路上，所以形成了"放中带敛"的特点。

《食鱼帖》是韵与法的结合，此帖之"韵"，不时在字里行间流露，有韵乃佳、乃雅。从中可以看出，怀素除了极为深厚的书写功力和超人的审美情调外，其玩世不恭、无拘无束的生活态度，也给我们留下深刻的印象，此帖可堪"神品"。

对于怀素在《食鱼帖》提到"食鱼食肉"的现象，南禅宗在戒律的修持上曾出现过明显的松动。当有僧徒问是否可以吃酒肉时，慧能的弟子怀让答道："要吃，是你的禄；不吃，是你的福。"当然，此时的禅宗并未达到晚唐的狂禅阶段，禅僧的思想处于发展演变期。尤其是北方的俗众对禅僧不守戒律的行为也有不太接受者。其实，自印度佛教传入中土后，佛教中国化的发展一直有两条线：一条是严格遵守清规戒律的苦行者，成为严以律己的大德典范，度人无数；另一条是开悟了的诸佛、菩萨游戏三昧，为启迪后人心灵，直指人心，见性成佛，垂范后世。而盛唐之后的佛教，特别是禅宗，其戒律日益松弛，但怀素生活的中唐时期，禅宗还没有发展到不顾一切戒律的地步。[1]

---

① 参见曹兰芳《开士怀素：曹兰芳书学随笔》第 11 页。

因此怀素一方面饮酒食肉，一方面"又为常流所笑"。在现实中，既有俗流所笑，也会有风雅之嘲。据说，有一自以为是的文士见怀素不戒荤腥，遂作一诗相讽："和尚不信佛，喝酒又吃肉；醉了写草书，浓墨满纸涂。"怀素听了，并不生气，而是乘着几分醉意，亦作一诗回应："天公赐酒肉，何分僧与俗。醉里乾坤大，酒中得真如。"此情此景，此神此态，是何等的潇洒倜傥，落拓不羁！ ①

这次兴善之会，怀素肯定又在兴善寺的墙壁上恣意挥洒，但未做特殊保护的墙壁，哪经得了历史风云的"洗涮"，不久即会湮没于历史的尘埃中。加之，历史上佛教曾经历过几次人为浩劫，特别是晚唐时的一诏律令②，将隋唐以来的兴佛之火几乎浇灭，与佛寺相关的历史遗迹也是损毁甚巨。

可以想象，时隔多年，怀素再赴长安已不现往昔辉煌。除了自身身体、心境原因，大唐国体也呈颓势，上至士大夫下至民众一派没落，思想也从开放走向封闭。加之，故人多已西去，物是人非，沧海桑田，一切都感觉是那么的陌生。一进一退、一走一留之间，世事便纷繁错落。他曾经以为可以把握的一切，却蓦然发现这是他掌控不了的，只是一个曾经的美好的憧憬而已。经此一轮，怀素曾经狂放的心终究回归，或许这也是一种别样的收获。

一千年后的今天，再来看怀素与京都长安的命定关系，太像一个命运的寓言，怀素与卡夫卡的经典小说《城堡》中的土地测量员 K 一样彷徨！他渴望自己的狂草书迹能征服长安城里那位大明君主，但他又和《城堡》中的 K 一样，无论怎么使劲地把长安城闹得天翻地覆，可这座显赫宫殿里的主人就是熟视无睹，漠不关心，拒不让他进入。尽管有着许多从宫殿中出来的"信使"（即怀素的高层好友），在反复传递着种种令他充满希望的好消息，但又总是杳无音讯，没有一点实质上的进展。金碧辉煌的大宫殿，虽然近在眼前却又远在天边，似乎就是一个虚无、一个幻影、一个抽象的所在，笼罩着一层朦胧的理想之光。如同梦想永远不能成真般，这座神秘的大宫殿只能隐约可见，却永远无法抵达。

《圣母帖》

再一瞥那可望而不可即的大宫殿后，怀素提起行囊爽利地离开了长安，

---

① 参见魏佳敏《怀素：一个醉僧的狂草人生》。
② 一诏律令指"唐武宗灭佛事件"。

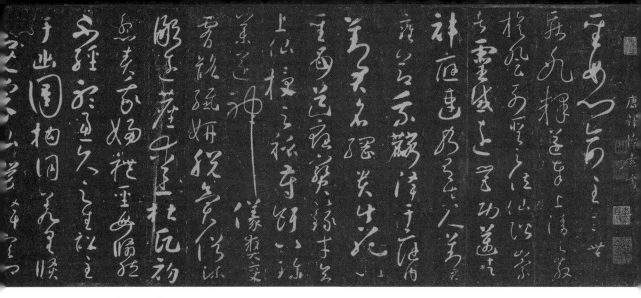

走得从容而自信。但怀素并未急着回乡，他选择了悠哉悠哉地折到东南方。历史反复地验证，艺术家心无他念时，往往会滋生优秀作品。所以，怀素第三次远行中产生了后人评价很高的《圣母帖》（图 3-5）。有意思的是，僧徒之身写道教之文，这是否也昭示了怀素心境的嬗变？

一路游历就是一段修行。怀素途经江都（今江苏扬州市江都区）仙女庙时，前去拜谒东陵圣母祠，因被其德行深深感动，遂提笔写下了著名的《圣母帖》。这个圣母祠有一个来源于生活而高于生活的故事。话说东晋康帝时，有广陵人杜氏之妻，得真人秘法相授，妻子的身心发生了质的变化，变得神清气爽、清丽脱俗、鄙视庸俗。于是，超凡脱俗的妻子不愿意再过尘世间的夫妻生活，而丈夫无法忍受，竟将妻子告到官府，关进监狱。杜氏之妻遂携二女一同升仙。晋康帝闻知此事，认为此乃中兴之祥瑞，故下诏设置仙观，以庆祝这一殊为不易的锦瑞，赐杜氏之妻曰东陵圣母。《圣母帖》又名《东陵圣母帖》，草书，书于唐贞元九年（793），北宋元祐三年（1088）摹刻上石，立于东陵圣母祠中。由于历史变迁，东陵圣母祠屡遭破坏，原纪事碑亦毁，后怀素书写刻石，得以长存，纸本已佚。此碑几经辗转，现藏于西安碑林博物馆。

《圣母帖》与怀素其他中晚期作品相比，是更为规范平整的一种小草，点画简约凝练，较少牵丝连绵。可归为怀素晚年的通会之作，由绚烂之极复归平淡，沉着顿挫，尽脱火气，笔法圆融，应规入矩。《圣母帖》的线条遒劲圆转，温润古健，体现了怀素与"二王"的传承渊源。现永州柳子庙之后院享堂西墙有怀素《圣母帖》和《秋兴八首》二碑，据《永州石刻拾萃》介绍，两碑原在绿天庵，早佚，现存者系 20 世纪 80 年代摹刻。

　　《圣母帖》是怀素的代表作之一，书法成就不容质疑，甚至有人认为，《圣母帖》乃诸帖中最佳者。这是因为《圣母帖》是晚年书，是由绚烂之极复归平淡过程中的经典之作。如果说《自叙帖》的笔触潇洒、纵横自如，是对其个人身世与遭遇的一种直率宣泄，透出书者的成熟与自信；那么，《圣母帖》则是尽脱火气、浑古自然，是怀素洗涤尘埃后的回归。其心中"无尘"，故而受到历代书法大家的推崇。

第三节

天下第一小草

　　根据现可见的群玉堂本大草《千字文》、西安碑林大草《千字文》、千金帖《千字文》、绿天庵瑞石帖《千字文》等可知，当年怀素创作的草书《千字文》亦不下数十本。怀素为什么写这么多本《千字文》书帖？除了《千字文》文采斐然、影响巨大，另外他在学南朝智永禅师。史传智永用楷书、草书两种书体并行约作《千字文》800本，赠予天下诸寺，以供和尚学习抄经。

　　张旭长于把隶书的方笔、肥笔融入草书，以达浑厚奇险。怀素却善于把篆书的中锋圆笔及瘦硬笔画移用于草书，以利形成游走飞动之势。怀素晚年时，进一步把肥、瘦、方、圆几种笔法融会贯通，使草书笔法大为丰富，进一步增强了草书艺术的表现力。

千金帖《千字文》

　　外行看热闹，内行看门道。深层次的书法欣赏重在审美，核心是作品的深度和厚度。深者，意韵深长；厚者，耐人寻味。王羲之的《兰亭序》之所以传百代而不衰，绝非有什么耸人听闻的故作惊险之笔，而是在一派和穆安详中悠悠然地让人咀嚼，渐入佳境。《兰亭序》不但有深度、有厚度，而且已经穿透深度和厚度，走向了一个更高的层次。老子有句至理名言：大味必淡。这句话用于书法鉴赏最是通灵。"初学分布，但求平正；既知平正，务追险绝；既能险绝，复归平正。初谓未及，中则过之，后乃通会。通会之际，人书俱老。"《兰亭序》最终走进的就是这个淡的境界。

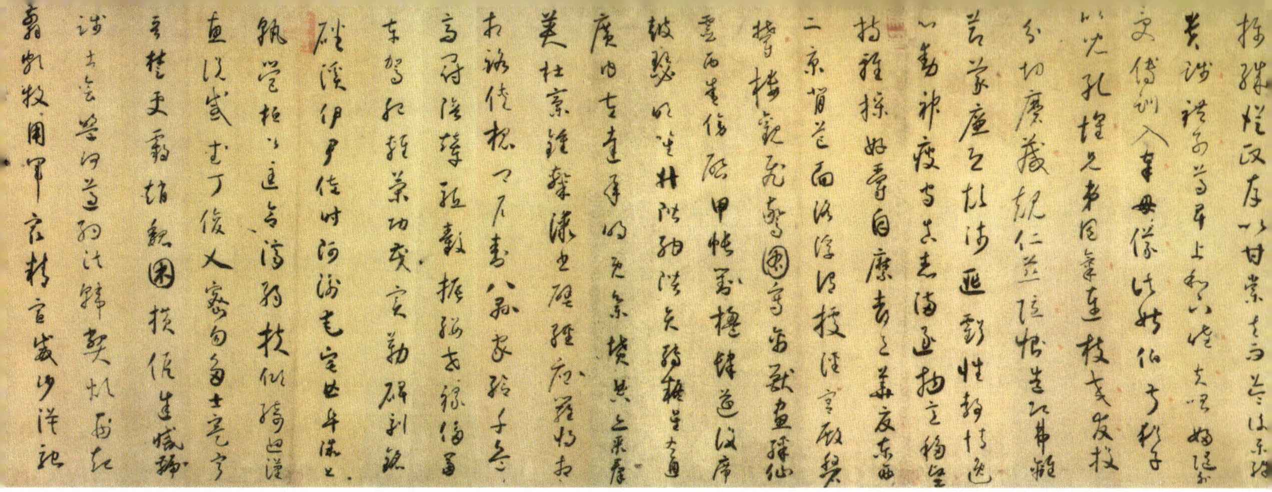

图 3-6 小草《千字文》绢本 台北"故宫博物院"藏

　　沉浮书法界几十年的怀素，应该最能体会老子的这句话了，所以他 63 岁时所作的小草《千字文》谢幕作（或许不是）也是"清淡如水"。因该帖有一字一金之誉，又名千金帖。现存的千金帖《千字文》有两个版本。

　　第一版本为台北"故宫博物院"现存的怀素小草《千字文》（图 3-6），绢本墨迹，28.6 厘米 × 278.6 厘米，共 84 行，计 1045 字。此绢本自宋入内府，至二十世纪中叶台湾林柏寿收藏后寄存台北"故宫博物院"，历经宋、元、明、清至当代共转手二十多次，中间途经了多次重新装裱，鉴藏者清楚，题跋者脉络基本清晰，流传清白、有序。绢本上诸多跋文对此作的来龙去脉写得明明白白，并对观怀素遗迹的心情多有描述。当然，其中亦不乏疑点。①

　　第二版本是 2017 年民间发现的一幅怀素小草《千字文》（图 3-7），纸本墨迹残卷，其内容和神形与台北"故宫博物院"藏的绢本几乎一致，充分表现出精妙的"魏晋"笔法，现由黄锦祥收藏。可贵的是，这件《千字文》

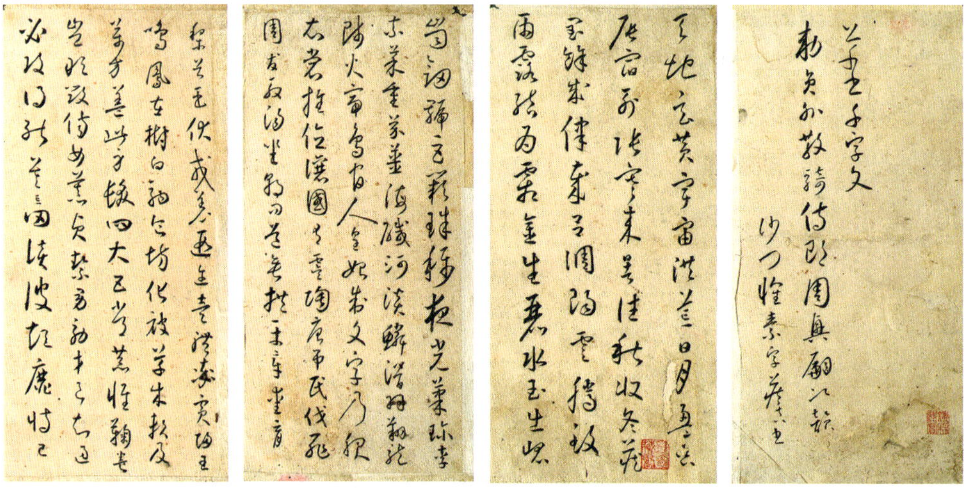

图 3-7 传怀素《小草千字文》纸本

① 参考王元军《读怀素〈小草千字文〉卷札记》（《中国书法》杂志，2014 年第 11 期）

是怀素暮年唯一传世的"纸本"材质小草作品。根据相关记载，纸本《千字文》在唐宋年间已流散海外，曾被日本书家秘藏千年之久，导致宋元及清初不曾出现过这件"纸本"的踪影。至清中期被热爱怀素书法之人带回中土，近年流入书肆，受到学界和书法界的广泛关注。据收藏者黄锦祥先生介绍，他拿到此作时，原作纸张已高度腐朽，现已采取经帖装方式旧裱（古时旧貌）成水墨纸本。每页纵26.8厘米、横13.5厘米，共9页42行，现存530字，帖中藏印数枚，尚保存良好，内容为周兴嗣原文前段，后半部分估计已不在世上。有专家对纸本小草《千字文》考证后认为，全篇完整的应为17页或18页，因为现存的纸本小草《千字文》内容每页约60字，除了怀素签名的第一页字数小一些之外，其他每页字数基本相同约60字。

怀素小草《千字文》有一重大历史价值是可证怀素生平，卷尾署有的年款"贞元十五年六月十七日于零陵书，时六十有三"，说明贞元十五年时怀素岁"六十有三"，并生活在老家零陵。这一特别的落款，似是怀素得到命运之神的暗示，在临近生命尽头之际，挥手向关注他的人们作墨迹上的告别。根据这一确切信息，怀素的生命旅程便可定格在唐玄宗开元二十五年（737）至唐德宗贞元十五年（799）左右。

小草《千字文》在众多书论著作中亦作怀素《千字文》，怀素对《千字文》情有独钟，现可见的怀素所书《千字文》即有五六个版本。王邕家藏有一书九百字卷，即欧阳修所见并记于《集古录》款。怀素《千字文》虽有多款多本，但仍千金难求，明收藏家姚公绶家藏甚富，自诩此书一字值千金，故有千金帖之说流传至今。永州市博物馆现保存有一通于二十世纪九十年代依据绢本小草《千字文》所制的复刻碑。

历史上，能够被认可载入史册的书作不多，但小草《千字文》却是公认的一件。该帖有一"瘦"二"劲"三"灵动"之特点，渊穆典雅，意态万千，笔墨奔放流畅，笔法精湛，字字珠玑精妙绝伦，每一个字都可以作为小草书法的范本，可谓稀世瑰宝。其中，纸本小草《千字文》530余字中，整体上字迹不大，大部分字体在1厘米到0.5厘米，即便极个别较大的也只有2.5厘米（约几个字），最小的是"之""忘"二字只有0.5厘米。纸本小草《千字文》虽然也像《自叙帖》一样字形大小不一，但波动微弱。感觉怀素在书写时与古人写信一样一挥而就，随机生变，行云流水，灵动自然。最难得之处，纸本小草《千字文》每字的起笔回笔纤毫毕显、变幻莫测，如果把字体放大十倍或者几十倍，效果更佳。字体放大后，神韵一样气势磅礴，点画提按神采飞扬，气息高古清朗，让人陶醉，或许这就是怀素的高人之处，它的魅力尽在不言中。有些书家小字写得可以，放大再看就感觉神韵跟不上了。但是怀素完全不一样，把小字放大更加美不可言，可见其功力深不可测。

纸本小草《千字文》的出现，使怀素千金帖的真伪之争再度发热。此前，这一争论早在明清即已出现，尽管当时并未针对绢本与纸本。

明末清初收藏大家孙承泽在《庚子消夏记》中提出："小字（千文）乃绢本，字法端谨，不似怀素书……予借至斋中最久，犹疑为宋人临本。"孙承泽考证出绢本小草《千字文》笔墨过于拘谨，章法不自然，完全不像怀素所写，他认为"绢本小草"乃宋人的临摹本。清代大学者包世臣在《艺舟双楫·历下笔谈》直言："醉僧所传大、小《千文》拓本均为伪物。"近代国学大师陈垣在《释氏疑年录》考证怀素生卒年时说："今传怀素千文原有二本，小草千字文之伪，则可论证。"陈垣说怀素千文原有二本，另一本应指怀素大草《千字文》。因纸本小草《千字文》长期未出现，包世臣、陈垣两人所评判的"小草千文之伪"应是指向了绢本小草《千字文》。

认定绢本小草《千字文》为真迹的名家大家那就多得多了，绢本小草《千字文》的收藏者、盖印者、题跋者共几十余众基本上是异口同声为其高唱赞歌。

北宋《宣和书谱》记载了怀素《千文帖》，这是目前所知权威工具书对怀素千文最早的记载，但未明确是怀素大草千文还是小草千文，也未载明是纸本还是绢本的。笔者推测《宣和书谱》所载的，应是指怀素63岁时所书的小草《千字文》。

绢本与纸本小草《千字文》，字形大小、章法布局及至每一行的字数几近一致。笔者拿黄锦祥先生重新装裱的纸本与绢本图片对比时，发现在行数的排列上双方发生了变化。双方正文在第1至29行均同，而绢本上的第40

至 49 行，成为了纸本上的第 30 至 39 行，纸本上的正文只有 39 行。从内容上看，绢本上的文字顺序是对的。据分析，纸本残卷遗失了绢本上的正文第 30 至 39 行及其绢本第 50 行以后的内容。从纸本上看，第 30 至 39 行正好是一张纸。绢本与纸本还有一项明显的差异，即每一行字的落笔位置有些不一致。

都说世界上没有一模一样的两片叶子，书法作品更是如此，绢本与纸本书写得如此一致，不得不让人存疑！对比现可见小草《千字文》的纸本与绢本，确实还是能发现一些问题。从通篇来看，纸本的书写更加瘦劲有力、自然流畅、清丽脱俗。拿纸本与绢本的正文前八行来观照，另一些细微的差别也可见。纸本的前八行中基本未出现错误；绢本的前八行中出现了多处失误，如第一行第三个字将"玄"写成了大草，第三行第一个字"闰"写成了"玉"，第四行第十个字"玉"写成了"王"字，第八行第四个字与第五个字之间掉了一个字（后补上去的）。今可见怀素的多件名作中，是极少错误的。

孰优孰劣，作品会说话。不管争论如何，绢本与纸本《千字文》无论是风格气息还是草书技法，在整个书法史上都属于"超一流"水平，是《自叙帖》之后最盛名的作品，誉为天下第一小草。遗憾的是，由于纸本《千字文》长期在流浪，目前黄锦祥先生收藏的已是一幅残卷，卷后的题跋也不知道有哪些，现仅存作品封套上的一点藏家题跋，内容是"怀素传本墨迹草书《千字文》"，共十一字。藏章也模糊，看不清是哪位书家所题。这对于考证纸本小草《千字文》的历史流传，带来了不少的难度。

绿天庵瑞石帖《千字文》

怀素这么多版本的草书《千字文》中，绿天庵瑞石帖《千字文》的关注度也不低。从零陵怀素公园绿天庵瑞石帖残碑及清拓本来看，虽然该碑落款为"唐大历元年六月既望怀素书"，属怀素中青年时期（恰值 30 岁）书作，但体现了其紧追二王、深耕传统，为凤凰涅槃积储能量，实力非凡。这一阶段，怀素走出永州、广交名士、眼界拓宽、修为提升、活力迸发，产生上上之作也属正常。故，有学者细心比对绿天庵瑞石帖《千字文》与其他版本怀素草书《千字文》后认为，绿天庵瑞石帖《千字文》神仪隽秀，笔力雄厚，也是不可多得的上佳之作。

永州本土书家蒋三雄寓史料于诗意撰文《蕉石的记忆》，对绿天庵瑞石帖作了评说，美文值得一读。绿天庵瑞石帖到底从何而来？瑞石即祥瑞之石，戏中、剧中、神话中常提及。绿天庵瑞石帖中涉及的是"石化蕉"的故事。康熙丁酉年（1717），零陵绿天庵掌事的和尚在庵侧偶然发现了形似芭蕉叶之石，石色深沉，石筋如脉，细丝如纹，肖形尽相，宛然蕉叶，恍若当年的芭蕉重现人世，其造化天工之妙令人啧啧称奇。事情一传开，远近的渔樵走卒俱奔走相告，来看稀奇的人络绎不绝，引发了观看的热潮。当时的永州学博刘献靖、饶聚弘、汤锡遴、邑令朱尔介等一帮文人士大夫，也作诗纪胜，唱和成帙。社会的兴盛稳定以此石为兆，它的出现，引起了人们诸多美好的期盼。

盛世景运昌明，又逢此瑞石吉兆。怀素的芭蕉又一次出现了，笔墨的灵性得以唤醒，如不拿此石作作文章，那既辜负了素公，又辜负了瑞石，更对不住昌明的时代。更幸运的是，当时找到了怀素的各个时期上佳的底本，如《千字文》《自叙帖》《圣母帖》等。冥冥中有一种天意，是蕉石开启了他们的慧眼，从而生出一种炼补绿天的愿望。于是雇请了最好的刻手、找寻最难得的底本，一一镵入，致广大而尽精微，成就了绿天庵瑞石帖《千字文》碑（图3-8）。形式上，改手卷为竖碑，上下数叠，附以跋记，记以诗文，碑额刻"绿天庵瑞石帖"6字。在怀素千年书法传承史上，就永州而言，如果说有深远影响力的刻本，就只有这套"绿天庵本"刻帖。这套刻石具体有多少方已不知，可能大部分正垫在附近大楼的地基上和怀素公园人造湖的塘基上，以后还会有机会重见天日。

这种风雅，当逞一时之盛，风头无二。我们来看看刘献靖当时的诗和序，表达了一种怎样的欣喜和默契？

序说：绿天庵补帖始于康熙丁酉冬至，成于戊戌谷雨，凡百廿日剞劂方就，本善工良，同人称快，诗以志喜。庵中补帖，系得之于蒋道士光圩及藩王后。实藏真真迹，临摹上石，名瑞石帖。其诗内容为："千年胜迹没苍苔，台里江花又脱胎。羽士毂藏原有结，王孙封寄更无猜。兰亭蝴蝶飞还集，华表仙人去复来。合浦旋珠非易事，呼僧拜丈首重回。晓钟竹杖响芒鞋，足茧山椒访旧楷。购得奇文从隔代，征来好手自秦淮。霏霏浑脱搏欧冶，飒飒空尘走渥洼。谁道楚宫久间寂，一天花雨落金钗。"

饶聚弘在绿天庵瑞石帖《千字文》碑后题跋："盛世景运昌隆，湘南人文荟萃，精彩焕发，非偶然也。因思绿天因怀公传，怀公因草书传，而怀公草

图 3-8　绿天庵瑞石帖《千字文》碑刻

书久不传于绿天，杞宋无征，非所以黼黻太平也。得圣母真帖，固已龙蛇出蛰，复得千文善本，更为珠玉满堂，摹瑞石绿天再补矣，若夫蹠……右君子有厚望为，都梁饶聚弘跋。"

依据现已不太清晰的饶聚弘跋文大略可知，宋明之际，怀素的书迹流传很少，尤其在其故里极难见到。究其大概缘由：一是宋时写意书风笼罩下的书论，对怀素颇有微词，视其为恶札之祖，这以"骂遍天下能书者"的米芾和苏东坡为代表。这位"心手相师"开写意风气之先的狂僧草圣，他怎么也想不到曾在大唐的朝野刮起狂风，入宋却遭此冷遇。时代的风气不觉转了风向，文人登上庙堂，佛禅成为修持，书法成为余娱。二是收入北宋内府的怀素书法在中原地区流传，难以传布到南方。况且，远离实用的草书作为纯艺术性的书体，本身基本失去实用的土壤，生长发展极为困难，能不绝如缕于世，已属不易。所以怀素走后的绿天庵是寥落的，怀素书法有没有谪传真不好说。至少在诸多南方的摩崖石刻中，很少有怀素书帖的影子。当然怀素家乡诸多的摩崖题留，更多是唐后文人士大夫们览古闲游之余观胜的即兴发挥，相较唐时表现性为主的题壁书法，二者的情味兴头还是有较大的区别。

炼补绿天，是蕉石背后的光辉，它热切而光亮。然而，这套镶嵌在零陵古城东山上的瑞石帖石刻，终没逃过战祸和风雨招来的噩运，在三百多年传承中，绿天庵遗址上现仅余这《千字文》残碑，用斑驳的伤痕，诉说前生。人们只有从蠹蚀的残碑中，隐约发现瑞石上的道道蕉纹，如一道道鞭痕抽打着后来者的心。排开百年的青苔和石垢，隔着历史的迷雾和困扰，还能读到刘献靖、饶聚弘他们那种炼补绿天时热切的愿望和快意的心情，实属万幸。

怀素在《律公帖》中曾戏谑"律公好事"，恰恰是这些好事者，才是怀素真正的粉丝，也是草书文化传承中极为重要的人物。这一批"好事者"恰是一群充满热情和责任感的人。主事并作诗文题跋者：江夏刘献靖和都梁饶聚弘，乃永州学博（《零陵县志》有记载）；绿天庵的参与者有僧通浩、通藏；无私地贡献出书帖底本的道士蒋光埒和藩王后裔；雇请的雕工分别有浮坞李宁、罗湘杨瑝及义乌冯拭襃。而《秋兴八首》碑刻中则出现了"后裔孙通浩"字样，这"僧通浩"何以变为"后裔孙通浩"，又是一个待解之谜。

绿天庵瑞石帖《千字文》无疑有其深远的影响力，无论是刻本质量，还是刻工的精湛，抑或是倡导掌事者的组织成就，它都是难得的精绝之作。

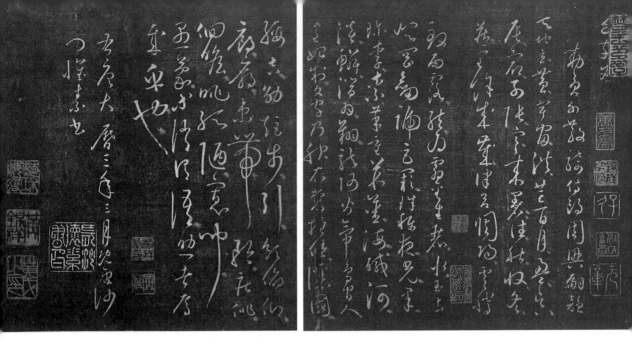

⊙图 3-9　神迹帖《千字文》首、尾页

神迹帖《千字文》

传奇的是,近期又有学者发现怀素的另一本千字文——宋拓怀素《千字文》帖本,再次引起学界和媒体的广泛关注!这件罕见的精美草书,正是大历三年(768)怀素(32 岁)创作的《千字文》(图 3-9,以下统称神迹帖《千字文》)。虽然是他早年的作品,但其内里气质仍是惊风骇浪、灵妙多姿,表现出怀素过人的草书天赋。

说起这件神迹帖《千字文》,与其《圣母帖》一样精彩绝伦,无论是用笔或者草法技巧,都令人耳目一新,比大草《千字文》拓本质量更佳。初看神迹帖《千字文》,有点像大草《千字文》而又胜于大草《千字文》,比"剥落过半"的绿天庵瑞石帖《千字文》版本更清晰、更完整。通篇挥洒自如、草法严谨,介乎于大草与小草之间,更偏向于小草,是难得一见的艺术瑰宝!据说 2022 年 8 月 6 日,《文汇报》曾刊载其原作讯息如下:

1828 年 2 月,僧人达受在杭州湖墅的古董肆中购得一幅落款为"大历三年三月寄望,沙门怀素书"的绢本小草《千字文》,号称"神迹难得"。帖后附有自宋迄明跋者十余家,皆是名家手笔。此帖原属宋人王诜所藏,五百年后,入季重王思任之手。因二人同出太原王氏,故有"延平之剑,离而复合""衣钵自有真传"之说……

文中谈及字帖的流传脉络，当中所记载的作品和落款时间，正好与这件怀素帖本吻合，实在是难能可贵。明末书法家范允临对此帖评价甚高：

余所见素师《自叙》《圣母》诸帖，狂怪怒张，以为学芝、旭而过者也。今观此《千文》帖本，又规矩准绳，藏锋敛锷，真是如锥画沙，如印印泥，得乌衣家法，乃知世所石本，悉优孟衣冠耳。

帖上钤有米芾（元章）和明末诗人吴嘉纪（唐石斋）等鉴赏印。通篇瘦劲飘逸、精妙绝伦，与怀素晚年千金帖《千字文》的用笔相同，草书中有明显的楷书点画痕迹。现存 20 页，共 97 行，每页纵 29 厘米，横 15.8 厘米。落款为"右唐大历三年三月寄望，沙门怀素书"，比瑞石帖《千字文》晚 2 年，是学习草书的又一绝佳范本，具有较高的文化价值。

神迹帖《千字文》又一次呈现了怀素学习张芝及王羲之、王献之的痕迹，全卷强调连绵草势，线条劲健挺拔，奔放流畅，法度严谨而不乱。与其晚年的传世作品"天下第一小草"——千金帖《千字文》一脉相承，可以说没有早期的瑞石帖、神迹帖《千字文》作品，就没有后来《自叙帖》的辉煌。

怀素在唐大历三年春创作了流畅舒朗的神迹帖《千字文》，随即跟随张谓一同进京，谒见当代名公。尔后，怀素拜会了张旭的弟子邬彤，并引以为师，邬彤把张芝临池之妙、张旭草书的神鬼莫测，以及王献之的书法，一一讲解给怀素，离别之时又将作字之法——"悟"字教给怀素。因此推测，这件神迹帖《千字文》是怀素当时拜访名儒的携身之作，曾受到张谓、邬彤等人的高度赞赏，过硬的书法功底成为怀素进入名流圈子的重要基石。站在 1200 多年后的今天来看，最可贵之处是，神迹帖《千字文》作为完整的宋刻拓本，弥补了大草《千字文》刻工不良、线条粗拙的缺点，弥补了瑞石帖《千字文》的残破过半的遗憾，有助于后人全面了解怀素流美飘逸的"魏晋笔法"。

书法特点

通过瑞石帖、神迹帖、千金帖三相比较，我们可以发现神迹帖比瑞石帖向狂草走得更近，而瑞石帖、神迹帖与千金帖的笔迹确实也有许多相同之处，这三件草书作品不仅可以"相互引证"，还能从中考察怀素草书风格的流变。虽然每件作品的创作时间不同，但始终离不开怀素固有的用笔特征，奔逸中有清秀之神，狂放中有淳穆之气，每个字的神韵气息基本是一致的，依然是

"瘦劲多姿"。从作品分析来看，怀素早年跟中年时期的草书行笔狂傲奔肆，点画缠绕诡谲，好像游龙蜿蜒盘亘，尽显飞动狂放之态，颇为率性颠逸，富有极强的视觉冲击力。但到了晚年之后，怀素已体会到"平正"之妙，千金帖真迹就是从早年的"疾风骤雨"转为"古雅平淡"，真正掌握了"二王"的书法精髓。

以图说话更直观。我们用王羲之《游目帖》与怀素小草纸本《千字文》作对比（如图 3-10），会发现此二作水平不分伯仲，是否会感觉好像是一人所为？最大的差别是怀素书笔法更草，王羲之书笔画偏肥。如果不看帖目及出处，估计很多人会猜想王羲之《游目帖》就是怀素之作。

这种笔迹比对寻迹的方式也可运用到狂草与小草两种风格差异很大的书体中。一个书法家的成长轨迹，从青年到中年再到晚年，随着他学识和阅历不断加深，他的笔迹肯定是有所变化，但无论他怎样改变书风，作品中总有属于他的个性痕迹及自然流露出来的惯性用笔特征，例如字体的结构形态、神韵气息和时代风貌等。同一作者的作品，即使相隔二三十年，作品的内在气质、行笔的惯性依然存在，比如《苦笋帖》和小草纸本《千字文》。虽然《苦笋帖》未见落款，但两者形神暗合，结体开阔豁达，提按变化自如，笔法圆劲、使转如环，入超然物外之境，狂草与小草笔速快慢自然流畅，随机生变，非圣手不可为。

随着岁月流逝，怀素真迹几乎散失殆尽。目前可知，新近发现的"宋拓怀素《千字文》帖本"（神迹帖《千字文》）是其字数最多、草书笔法较为丰富的一件。可惜真迹已无存，现今国内所知其拓本仅此一件，也是目前年代最早、最清晰、最珍贵的宋拓本，未见有超越于此者。其拓制之精，堪比八大山人所藏《圣母帖》原拓。有学者研究后认为："隋唐至今所见草书《千字文》真迹，书写最好的始终是怀素，从中年到晚年，怀素依然保持着超高的水平！"从神迹帖《千字文》的技法来看，年少的怀素已达到相当高的境界，大诗人李白当年称赞怀素"草书天下独步"，确是有一定依据的。

现在网络上流传还有另一本怀素《千字文》书帖，名为《净云枝藏帖》，书于大历二年 767 八月，刻本。跋文里有米芾印鉴，有赵孟頫于元大德六年（1302）题字及印鉴（赵氏子昂），还有明朝王稚登的跋文："怀素绢本千文真迹，具有折钗股屋漏痕法，以登千金享有固亦不卖。"该帖本书写畅快奔放，正是怀素拿手的瘦劲回环笔法，草法介于瑞石帖《千字文》与神迹帖《千

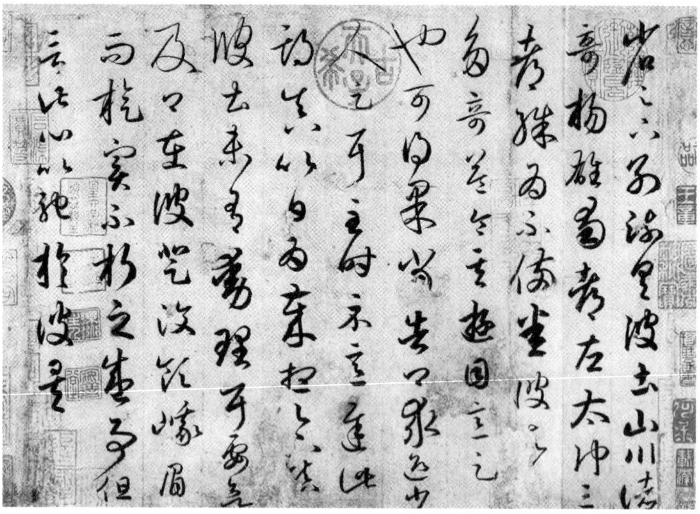

王羲之《游目帖》

王羲之《游目帖》字迹（局部）

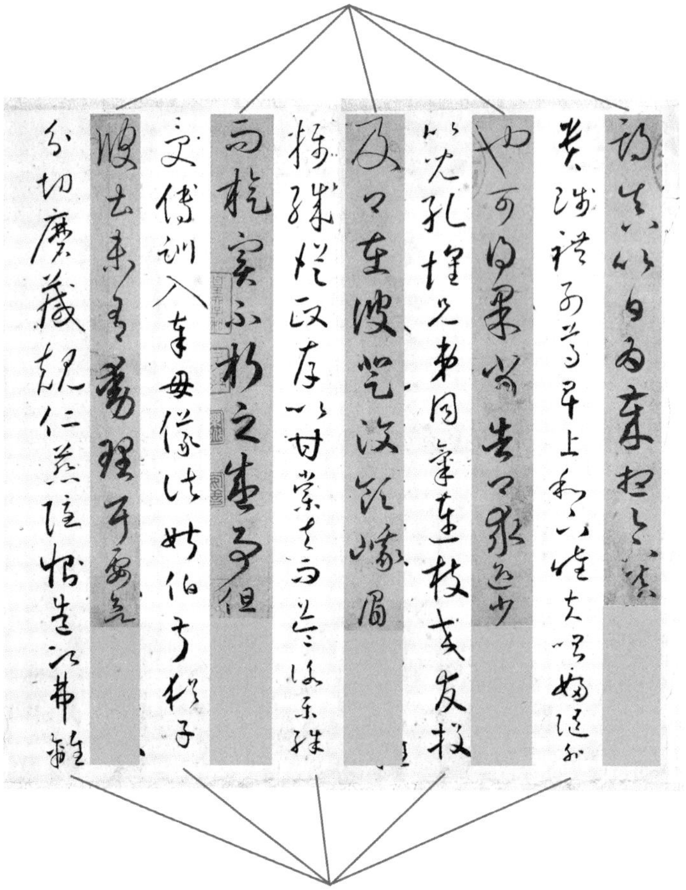

怀素小草纸本《千字文》字迹（局部）

图 3-10　王羲之《游目帖》与怀素小草《千字文》纸本对比

字文》之间，向大草又迈进了一步。

清代朱和羹《临池心解》云："小楷难，小草尤难。"可想而知，要把小草书法写好极不容易。而千金帖《千字文》和神迹帖《千字文》、瑞石帖《千字文》写得这么精妙入神，就作品本身的内容而言，也值得每一个书法人反复学习。最令人惊叹的是，小草作品的传统功力在这三幅珍品中完美展现出来！如果用一句话来形容怀素在大草、小草创作上的极致，笔者想到的是：动如脱兔《自叙帖》，静若处子《千字文》。怀素为"中国书法高原"塑造了一只"兔子"。正因为怀素写下了传奇的小草《千字文》和《自叙帖》，创造了"小草""大草"双峰而闻名中外，让"怀素"这个名字成为一个闪亮的跨时代的文化符号。

怀素以草书闻名于世，大草、小草、行草技法均精通。从传承关系上看，他的笔法师承张旭弟子邬彤和颜真卿。在往上溯的话，可以追到"二王"那里。智永是王羲之的七世孙，在笔法上绝对是"正统"和靠谱。唐张彦远《法书要录》卷一记载：

智永传之虞世南，世南传之欧阳询，询传之陆柬之，柬之传之侄彦远，彦远传之张旭，旭传之李阳冰，阳冰传徐浩、颜真卿、邬彤、韦玩、崔邈。凡二十有三人。

这23人中也包含了怀素。尽管流传线路有不同说法，但毋庸置疑，怀素是王羲之笔法的正统传人。更为重要的是，王羲之的草书笔法，也直接贯穿于怀素整个艺术创作生涯。怀素千金帖《千字文》和绿天庵瑞石帖《千字文》，别的不说，单就用笔而言，精准到位，已达到出神入化的境界！风格上，也承袭了二王一派。怀素草法严谨谙于胸襟，下笔自然游刃有余，故能形质之外，生发神采。怀素千金帖《千字文》为何在学界引起巨大轰动？因为它不仅是怀素迟暮的巅峰之作，更重要的是这件稀世瑰宝传承着正统的"魏晋笔法"，在草书发展史上有重大意义。

人们一而再再而三地论证如《自叙帖》《苦笋帖》《食鱼帖》这些有气派的作品，来证明怀素创作中的浪漫主义精神，大量的作品确实也体现了这种精神。但从另一个角度来看，即从千金帖《千字文》来观照其创作心态，怀素用笔极为守法，行笔舒缓文雅，无过多的引带牵扯，显得虚灵高古。可以想见怀素在书写时情绪是平和的，平时很注重细节的刻画，较完美地做到

137

了一丝不苟、全无破绽。这种平常心的发挥，就有了一种怡然自得的平静气息，使得怀素在欣赏者心中变得亲切温和起来了。因此诸多学者认为，千金帖《千字文》达到的境界丝毫不逊色于他的狂草之作。

创作上有动易静难之说，那种出神入化的审美创造，不是以强烈的动感来吸引人，而是蕴含在质朴平和的线条之内。换言之，欣赏千金帖《千字文》更需要技巧和境界。一般欣赏者会为狂草之皇皇气象而震动，因为狂草在形态上形成了激烈的动感，即使非内行也为之倾倒、臣服、满足。小草则更多地隐含着某种意蕴。在欣赏者的感觉中有两种生活积累，一种是实践经验，一种是内心体验，怀素千金帖《千字文》是在平和之中诱发欣赏者的经验联想和内心体验，透过表层的线条，无疑是书法家人生境遇和精神境界的象征图像，使欣赏者在这上面直观自身的本质力量。因此，从千金帖《千字文》更可以看出怀素的艺术启示力，他不再疾声地呐喊、不再猛烈地运动，而是善于发现并表现了深刻的哲理，因此它留下了宏阔的理解和阐释的空间。

怀素千金帖《千字文》很像一个光点，吸引人们深深关注和挖掘，它又像一个圆心，人们可以在心理上找到与之相系的游丝。相比起来，狂草是书法形式的高峰，它的出现无论对于创作者还是欣赏者都有排遣的满足。而小草书法，在静观中让自娱的想象力自由地飞翔、驰骋。这类趋于"纯粹美"的作品更能契合人们的审美心理层次，从而产生超时代、超空间、超民族的普遍性美感。这种感觉也源于千金帖《千字文》外在的平和含蓄，使人的认知能力与审美感受力都会在潜移默化中增进，使人的审美感受升入奇妙的超脱境界，感到了净化的愉悦。相反，如果外在形式过于激烈，这种感受反而要消失了。从千金帖《千字文》的创作状态可以看出，怀素的情感不是浅薄的，而是渗透着深厚的理性光辉。

怀素书风形成的时代背景

书法创作史是一条奔流不息的长河，平庸的作品如掏出河面的一瓢水，把它从长河中孤立出来，时过境迁很快就会化为陈腐。而伟大的作品则沉入长河深处，显示历史河床上河水冲刷留下的痕迹，并将永远启示人们对它上面流动的长河进行沉思。怀素经典创作的启示也正在于此。

毋庸置疑，要了解一件艺术品、要认识一位艺术家，必须辩证地、客观地去探查其所属的自然环境、人文风俗和时代精神，这是艺术品的最终解释权所在。所以说，每一个成功的人都离不开大环境。安史之乱是唐朝时局之变的标志性事件。怀素生存的历史年代正是唐朝安史之乱前后。安史之乱后唐王朝由盛转衰，"诗圣"杜甫的诗作基本反映了此过程，所以他的诗又被称为"诗史"。当时朝野上下人心惶惶，社会需要调养身心之法。怀素草书正符合当时的这种心理需求，于是得到社会各界的热捧。

怀素是我国书法史上一块令人高山仰止的里程碑。如果说狂草书法在王献之"一笔书"中初具雏形，在张旭手中"羽翼渐丰"，那么正是经过怀素的大胆实践，才使之真正"展翅翱翔"，从而得以独树一帜。还有小草《千字文》，精湛平淡、虚灵高古，树一代之标杆。怀素的草书不仅是个性和时局的产物，不仅代表着中唐时期书法艺术的审美风格，同时也在一个层面代表着中华民族的艺术精神、文化气质。

生活中有幸与不幸，艺术领域里也存在着幸运，可以说怀素就是书法艺术领域的幸运儿。显然，怀素的艺术成就绝非仅仅由于他个人的天资天赋和独特个性所致，更为重要的是他处于对于他艺术发展十分有利的历史环境，使他能顺利地将草书艺术升华成一种具有传情达意功能的独特艺术，并在这种独特的艺术中融进了中国画的部分技巧。它同中国画一样，具有运笔的轻重快慢、线条的干湿浓淡、上下的连贯呼应和布局的疏密错落等特点，这种书写技巧的大胆发挥和锐意创新，又反哺中国画尤其是中国写意画。不然的话，历史上就不会存在画圣吴道子向张旭学习写意技法之事了。这一过程推动书法艺术走向了自我完善跨越的一个崭新阶段，这个阶段已从实用性突破到艺术性，迈上了更为自觉、更为系统的高层次境地。

书史上称怀素"以狂继颠"。这里"颠"与"狂"还是有区别的。"颠"是一种以狂草为表现的外化于行的生命状态，狂则在于对禅宗的契合而表现为一种内化于心、外化于行的生命精神，是一种由禅宗直指本心的宗教观念而接引的存在之思，以致怀素的外在生命形态虽表现出入世的俗化，但是却并不违背禅宗之旨。禅宗的本质恰恰是由外在疏狂而以对世俗世界的接纳达至对尘俗之物的超越。故而从比较分析看，怀素的草书艺术有几个较大的突破。一是开创瘦劲回环线，以滋生多姿多态、千变万化的线条，通过吸取张旭的狂草笔法，并参之以张芝的今草、小王的破体、小篆的运笔方式，熔二张二王草法于一炉，从而在浑成无迹中形成自己的那种任情挥洒，用笔瘦、肥、方、圆兼而有之，或狂不离法、瘦健飘逸，或圆润古健、匀稳清熟的草书风格。

二是对书写的力度、气度、意象的刻意讲究，提倡一种"心"与"手"相师、"情"与"意"相从的审美方式。三是讲究"无心插柳柳成荫"的自然美，当然这是一种超乎于上的境界了，能达到这种心手相应、笔为我使、意到法随的自由王国，离不开怀素炉火纯青的技艺，以及书法以外的扎实功夫。四是追求书写中的"自我"，怀素书法艺术的特色充分地体现了他的个性，浪漫主义色彩在这里得到了强有力的释放。

如果说怀素书法艺术能有大突破，是得力于几个书法大家既有的成就及自我的大胆创造，倒不如说是更多地受益于滚滚向前的历史进程及他生存的那个时代。正因为如此，一切文化现象都是有着特定的历史背景的历史现象。纵观我国历史，春秋战国和魏晋南北朝是社会变化特别剧烈、思想文化特别活跃的两个时期，其在各个领域里所出现的"百家争鸣"的局面，都体现了两次社会变革所产生的思想大解放。书法艺术在这两个时期中也产生了飞跃性的巨变。尤其到了魏晋南北朝，我国书法艺术进入了一个多流派并行发展，并由自在到自觉的辉煌时期。张芝、钟繇、二王父子等一大批书法家可谓群星璀璨，他们在认识上和实践上都实现了质的飞跃，尤其是在实践上进行了大胆地拓荒和革新，使书法在社会功能、具体内涵到表现方法均呈现出崭新的面貌。

随着社会进入到鼎盛时期的唐朝，中国便更加具备了大展雄才的境地和气候。唐初最高统治者李世民既重视文学又爱好书法，尔后武则天、李隆基等帝王相继倡导。显然，唐代对士人的重视，对文化的开放，重法也重意的艺术倾向，以及魏晋玄学和佛、道融合对这一时期艺术思想的影响等，都为"颠张醉素"独特的狂草艺术提供了丰沛的滋养。似乎在大唐盛世，物质的繁荣并没有被历史记下多少，而那些文学艺术的无数传奇，倒是在历史的字里行间永远地闪烁着精神之光，令人神往至极。可见，文化兴盛才是一个民族、一个国家强大的真正标志！

承认客观条件，并不是否定主观因素。缺乏主观能动性，任何有利条件均会失去价值。怀素的好学、苦学精神值得大力倡导，现在来看，我们可发现怀素开拓自我的方法主要有四条。一是从历史的长河中挖掘精华作纵向继承；二是向同时代的艺术家们横向汲取、融合；三是从佛教中探求书法创作的奥妙；四是从大自然中提炼艺术真知，注重书法以外的功夫。

怀素的书风出现了前无古人的崭新体式，主要得益于他超常的审美情趣、惊人的创新精神和超前的思想意识。中国古代书法史被划分为几个阶段，如魏晋尚韵、隋唐尚法、两宋尚意、元明尚态、清尚拙。怀素生活在"尚法"的时代，艺术处在推崇通俗化、规范化的氛围之中，而怀素不甘囿于这种氛围之中，从小就表现出了突破、超脱的性情，不然也不会被赶出书堂寺、龙兴寺了。对于这种长期依顺的、崇尚正宗的、虔诚的儒家思想，在艺术上所形成的严谨的法度、规范的书风，怀素从理性和感情上进行了叛逆的、富于胆识的创新，使草书艺术出现了继张旭之后又一个更高的峰尖。

怀素这种惊人的创新精神和审美观的形成，仍然与盛唐的社会文化思想是密切相关的。唐代的政治制度汲取了隋朝经验教训，一方面推行儒家思想，关注人民，减少统治阶级与人民大众的矛盾，艺术上实行通俗化的基调；另一方面大胆革新，励精图治，政治开明，思想解放，任人唯贤。这等局面使知识分子在思想上、精神上得到了解放，为不甘守旧、勇于创新、以狂放为荣的艺术家们提供了自由翱翔的新天地。狂放如李白，备受尊崇，杨贵妃磨墨、高力士脱靴的传说，只能发生在唐代。社会层面，随着盛唐经济的繁荣，文化的发达，民众对艺术的欣赏能力也随之提高。因此，张旭、怀素这类书风的出现，非常符合文化人的口味。可以发现，怀素狂草在当时名流中的受欢迎程度，丝毫不亚于文学界的李白、杜甫，这说明了大众对怀素草书的充分肯定。一种风尚，必然要制造一些明星或偶像，怀素恰逢其时，成为当时的"大咖""网红"。与此同时，这种肯定和推动的社会氛围，又反过来刺激他在艺术上进一步进取和创新。

其实，用今天的眼光来看，这是一种现代的创作方法，这种创作方法不是随意的、单程式的，而是深入地融入了文化修养、艺术素质、人生哲学及数十年的书学积累。看怀素的狂草，是可以提升人格、振作精神的。展开书帖的一瞬间，是心花怒放的感觉，那里面有一种很深的精神气质，一种不负韶华、不虚此生的时代意识，一种向美而生的精神力量！所以到今天，怀素的书风仍然不落后于时代，给现代人既新鲜又遥远的感觉。

经典作品永远不会过时，传统的方法同样是经久耐用的。

第四节

怀素之"道"

　　回首一千多年前的怀素，犹如引颈遥望辽阔星空的一颗孤独星星，微暗的星光一直被重重叠叠的云层所遮蔽，偶尔映入今人的眼眸。的确，怀素作为一位奋力开拓精神世界的艺术家，注定是个异数，他的狂草书法，犹如一次爆破，是集中所有精神之力从内向外炸开世界，以绽放出他那颗金刚舍利般的如莲之心。怀素的心无所拘和神来之笔，不似凡间来。然而他却真真实实来自凡尘，古今中外的研究者都在这个领域致力于拾遗补阙，抑或寄希望于萌发第六感，但往往会"词穷而意未尽"。确是如此，因为怀素之心之笔已超然物外，它是一种精神存在，而且还是有迹可循的。从怀素一生的过往亦可看出，他的"书山之路"，除了踏破苦海，除了不迂腐，就在于悟禅、悟道、悟天地人。

　　唐代是中国书法发展的巅峰时代，唐楷和唐草就是唐代书法繁荣的标志。唐楷是汉字演变成熟的定型物，它将汉字的实用性和在实用性基础之上书写技巧性发展到极致；唐草则与唐楷发展走着一条相反的路，它表面脱离书法的实用性，但却把书法的表现性推向了极致。唐代士大夫尚书，但僧人更加喜爱书法，尤喜草书。特别是中唐以后，佛教衰落，禅宗大盛，最自由、最富表现力的草书，就是禅僧释子找到的写意抒怀、悟道证禅的最佳工具。怀素的禅意表现得尤为典型。他走东闯西，长途跋涉，广交名士，投赍问道，表现出旺盛的欲念。于是在怀素身上，事佛与尚书、守律与叛道、热闹与落寞、执傲与卑微、混沌与秩序之间，就隐藏着丰富的矛盾。这种矛盾性，在很大程度上决定了怀素草书的基本文化倾向，并成就了中唐书坛上最让人难以彻底洞彻的一个"云深不知处"的传奇。[①]

禅悟

中国禅宗在第五世传至弘忍时分为南北两派，即北派神秀的"渐悟禅"和南派慧能的"顿悟禅"。这两派在相当一段时间内为争夺正统地位竞争非常激烈。北禅宗神秀首先为"渐悟"提出偈语："身是菩提树，心如明镜台。时时勤拂拭，莫使惹尘埃。"紧接着南禅宗慧能针对"顿悟"作《菩提偈》："菩提本无树，明镜亦非台。本来无一物，何处惹尘埃。"两相对比可以发现，顿悟的特点是更快速、更简便、更平民化，主张"众生即佛""毋外求佛""若欲修行、在家即可"。只要"无念""无心"，进入一种超脱境界，就可以一下子达到大彻大悟的境地。

慧能生于岭南新州（广东新兴），继承弘忍衣钵后，长期在南方传法。与神秀一系墨守成规、信奉《楞伽经》、主张渐悟相反，慧能提倡顿悟法门，推崇《金刚经》。而且，南禅宗号称"见性成佛、直指人心"，一扫当时佛教其他各宗强调的烦琐的章句之学，可谓振聋发聩，因而在南方民众中快速传播开来。六祖慧能佛教中国化的历程，使佛教从隔绝红尘的寺院，进入了寻常百姓家，向上生长、向下生根，高大上的学术实现了向生产力的转化。慧能禅师入寂于开元二年（713），享年七十六。他的传法讲稿，由弟子法海整理成书，即著名的《六祖坛经》。在佛教史上，中土人的著述能被称为经的，唯慧能一人。慧能在世时，他的禅法主要还是在南方流传，真正使南禅宗传入中原并成为禅门正统的，是他的弟子神会。到了晚唐，南禅宗遂发展出临济、沩仰、曹洞、云门、法眼等五宗，此时其他佛教宗派都已衰微，只有禅宗一枝独秀，成为唐宋佛教史上最有影响力的主流宗派。

很多人都有迷惑，南禅宗的顿悟到底是个什么味道？我们可以从下面的例子中体会。据传，离永州最近的南岳怀让禅师不但佛法精深，授法还很有一套。当年，怀让大师看见马祖道一终日坐禅苦思，问道："你坐禅在求什么？"马祖道一答道："为求成佛。"怀让大师转身就拿来一块大砖头，在磨刀石上用力地磨。马祖道一好奇地问："大师在做什么？"怀让答："我要把它

---

① 参见熊飞《怀素草书与唐代佛教》。

磨成一面镜子。"马祖道一又问:"怎么能把砖头磨成镜子呢?"怀让则笑答:"磨砖不能成镜,那么坐禅又怎么能成佛呢?"马祖道一当即恍然顿悟。①

禅宗重视"本心",追求"梵我合一"。"禅不是一种教化,禅要把一切羁绊彻底抛却"。②怀素草书特立独行,他在南禅这里是否领悟了多少禅意?中唐卷起的这股"狂禅之风",就是要求对人的主体性的彻底解放,这样人的潜能才能自由地释放,这种禅宗意识才是真正的大彻大悟。佛要我们"观照自性",盲目的信仰和迷信都为佛所不取。正因为浸染在这一特定禅宗精神的氛围之中,身处佛门的怀素通过自己对生命主体的体悟,用禅宗精神进行自我观照,追寻自我生命主体的终极,于是构成了他与中唐禅宗精神近于一致的任情恣肆、狂放不羁的生命主体情绪。正如贯休诗中所说——"师不谈经不坐禅,筋骨唯于草书妙",怀素入禅以"明心"而开悟。自此我们不难理解怀素和尚"不爱武功爱文功""痴迷书法""勤奋刻苦""醉酒吃肉""品茶论道""骑马坐轿"等非一般的举动,因为在怀素看来,这一切"尽是佛事"!这就是顿悟之后"一拳打透虚空"的痛快,所以怀素虽身已出家,却形同俗流,飘逸放荡。

怀素性格的形成固然有天性使然,而作为禅宗弟子,难脱禅理影响。其藐视礼法,追求无拘无束的自由境界,在书法之境中,追寻着生命的本真与超越。他重视权威,又睥睨权威。重视者,是为取法,睥睨者,是为超越,最终实现心灵解脱和精神自在。慧能大师在圆寂前曾留《自性见真佛解脱颂》有曰:"若能心中自有真,有真即是成佛因。"从怀素的名字我们可以窥其与禅宗的渊源。名"怀素",素,本性也;字"藏真",真,本原也;坚守自性、心存本原,可知他年少时起就亲近禅宗并深得禅意。禅宗对世俗事物的广泛包容和对自我的积极肯定,极大地满足了怀素不为物累、廓然无圣的心怀。怀素感悟于禅,使书法能从唐初"应规入矩"的"尚法"思想束缚中得到如此大的解放,可谓意义重大。禅宗否定一切外在的束缚,打破一切执着,破除传统的权威和现实的权威,一任本心自由自在。这样的思想解放作用在我国长期封建专制社会中是难能可贵的。可见,禅宗思想为怀素草书铸就了文化之魂。

① 本故事参见魏佳敏《怀素——一个醉僧的狂草人生》。
② 此语出自日本禅宗研究者铃木大拙《禅者的思索》。

当然，我们还应看到差异化的一面。怀素书法之悟又不全同于禅之悟，禅之悟以空、无为指归，一切都视而不见、充耳不闻，而书法之悟是艺术家通过对自然、人生、社会等深切体验之后，通过偶然性、随意性、随机性的点悟与启发，对某一问题进行深入思考，并在作品中加以表现，创作出令人思考、给人以想象的艺术作品。

以现代精神观照历史，尽管南禅存在一定的消极意义，但其随意性、无羁束性、直觉性、顿悟性无疑为高超艺术的产生创造了条件。怀素在书法之中融入了顿悟的自然妙趣，使得其草书给人以丰富的想象，这也是怀素草书令人反复把玩而余味无穷的一个原因。故此，我们看到怀素草书艺术的巨大成功，在其勤奋好学、旁征博引、师法自然之外，与深受佛学思想和禅意书法的影响是密不可分的。怀素操觚之际，能"心手两忘、全身心地投入书法创作"，他功力深厚、胸有成竹，最主要的是佛法的意旨在控制着他，使他怀着极为诚挚的信念，在思想上处于超高度的净觉。他技法娴熟，因此书写时不自觉地恪守法度，创作处在忘我的状态，这样无形中就形成了一种浪漫主义的态度，追求主观的、个性的创作，赋予了表现形式极大的感染力，使客观效果与主观创作融为一体。如此所产生的纯抒情的浪漫的艺术之境，是常人不可企及的。

这位精神世界的探险者，一生的心中历程，其实不过就是以禅为灯，从内心深处去寻找那朵原初而又绝美的生命之花。

道境

唐代，各种宗教多元并存，在相互辩论与竞争中，也相互了解与融合。当高祖李渊定下"三教虽异，善归一揆"的原则与基调时，唐代宗教就已经使中国的社会思想从此不同，极大地促进了儒、释、道大融合。儒、释、道三家相通的地方有很多，我们可以从"求生"取法中寻求简单的理解：儒家助人在人世中求生，道家助人在天地间求生，佛家助人在情绪（念头）里求生。从宫廷到乡村，从高高在上的帝王到村舍小民，无不浸染在各种宗教的影响之下。

佛教让怀素"顿悟"，那么道教对怀素的影响又在哪里？这不仅表现在怀素于贞元九年（793）写过《圣母帖》，此帖中有"耸身直上""才合上仙""虽芜翳荒郊，而尊祷云集"等语，含有道家养身以及神仙升天思想，同时还体

145

现在他的所作所为都是在追寻着生命的超越，都是在追寻着任性飞翔的自由境界。怀素虽然没有刻意求道，但其性格与社会风气相辉映，便在自觉不自觉中具有了"道"的特色。唐代的道教绝对不是用一个条条框框的定义可以概括得了的，但它是以人生为乐，即"以生存的舒服为大乐，以舒服地永远生存为极乐的"①。艺术即人生的怀素，把书法当作挥写生命的工具，在他眼里，一切客观存在与法度都是对书法的束缚，都是阻碍草书挥洒的"物累"，只有顺其自然，才能达到顺心畅意，享受快乐。

怀素《题张僧繇醉僧图》中醉僧的境界，就是道教的神仙境界，超脱、自由、狂放。试想，草圣醉酒，将理智化为乌有，神游体外，似庄子《逍遥游》中"背负青天而莫之夭阏者"的大鹏，何等逍遥自在！看怀素那圆融无碍的草书作品，我们不难看出其获得生命解脱的修养高度，书写时心无挂碍，心灵从一切束缚中解脱出来，从心所欲不逾矩，真正做到了"我心飞翔"。

怀素孑然一身，无牵无挂，虽处洪流，而又超然物外，为了艺术人生，漫游名山大川，遍访书界名流，追求自然之美，这与当时的一批人何等相似！不管是"安能摧眉折腰事权贵"的李白，"脱帽露顶王公前，挥毫落纸如云烟"的张旭，还是那个"骑马似乘船，眼花落井水底眠"的贺知章，无拘无束，追求自由，他们的精神深处无不浸染着道家思想，也许正是从他们这个群体中能够反映出时代的气质与文化内涵。这就是作为一个沙门，怀素大碗喝酒、大口吃肉，除了极少数人有鄙视之词，却能得到绝大多数上层名士的理解、支持甚至赞赏，这是时风所然也。总之，禅宗给予怀素的影响是使他能够从"万类之中，个个是佛"的思维中顿悟书法与自然的联系，使书法富于意蕴美；而道教则使怀素放浪形骸、不拘礼法、富于幻想，使其书法带上了飞动、奇崛、峻拔的明显特征。

庄子认为，艺术是一种超越现实、超越功利的理想的精神境界，无论采取什么离奇古怪的方式方法，只要契合于抽象本体精神的"道"，艺术便可成立。怀素身为佛门中人，深谙自然变化之"道"，如"夏云多奇峰""飞鸟出林""惊蛇入草"等。怀素能从各种自然物象中悟出书法之"道"，全身心地投入到一种幻化的境地，以狂放恣肆之外的姿态拥抱书法，把书法向

---

① 此语出自葛兆光《想象力的世界》。

自然运作的本质"道"中推进，从而独辟一条蹊径。当然，这条"道"也是沾上了狂的气质。怀素"以狂继颠"，其狂也狂到了极点。线条跳动之极，被人讥为"秃诡"。人们只好用雷电、龙蛇、鬼神之类的词语来形容他的书法风姿。怀素的狂草，夺人眼目，使人们从狂怪中感受到一种新奇的美。这种狂，狂出了生命力。

如果说"远游取法"为怀素从"草民"到"草圣"奠定了重要的基石，"参悟自然"是其转凡成圣的关键，那么"经禅悟道"，就是怀素草书超凡入圣的根本保证。

与怀素谈"情"

与怀素谈"情"，这是不是一件尴尬的事？是不是一种无情的无聊？实则不然，看似无情却有情。与怀素谈情，当然要到他的草书艺术中去寻找。

书法是一门以汉字为载体的表情艺术，是通过被抽象化了的线条组合和排列凝情于笔墨，传达给观者勃勃生机的生命活动。这是人类将种种情愫注入创作主体以滋生心动的产物，故有"书为心画"之说。而佛教恰好相反，其根本教义在于"空""静"二字，追求在虚空静寂的境界中摒除俗尘，排斥情感，身如无波枯井，万物不萦于心。禅宗最高境界是"不立文字，直指人心"。可见，书法艺术与佛教在本质上似乎是背道而驰的。怀素草书艺术纵逸恣性，虽多有理性制约，却更多是个性使然。一个自幼入空门的僧人书家，以"狂"出名，而他又绝非是因精神病患狂，全在作书时的"狂态""狂兴"以纵情，这不是与佛教道义相悖吗？对此，人们不禁要问，佛门书法是表情艺术吗？怀素如何在书法中表现情感？他又表现了什么样的情感？如此看，我们与怀素还必须得谈情，不谈就进不了怀素草书艺术的世界。笔者试想，从三个层次来谈。

第一个层次是要理解"遣情"不等于无情。

艺术与宗教是两种独立的社会形态，但他们又如一对孪生姐妹具有共性。宗教在文化中属于幻觉和未来，艺术则是幻化形象，她们都包含着一定的情感和感受。乌格里诺维奇《艺术与宗教》说："离开人的感情、情感、感受，就无所谓对现实的艺术的掌握和对宗教的态度。"二者的共同之处不但在于其中都蕴含各种感情和情感过程，而且二者的情感动态都具有推进心理"净化"的过程，所以艺术与宗教两者所表达的情感，似乎都与生活感情不同或高于生活感情。整个世界历史显示出，大多数历史时期中艺术与宗教是互相激励、互生互长的。佛教在宗教与艺术的关系中具有特殊性。艺术的起源必以一种精神的向往为动力、为依据，如果摆脱了形式上的外壳，单就人类对真、善、美向往的情绪而言，佛教从一开始就包含着艺术的基因了。二者均以同情为起点，同以全人类、全宇宙为对象，尤其佛教传入中国后，经过与传统的儒和道相冲突、相融合，逐步形成了"中国式佛教"，中唐以后合而为一，佛教成为中国文化的一部分，与中国人的精神文化生活休戚与共。正是佛教儒化塑造了中国僧人的人格精神，确立了他们的情感取向。中国佛教徒把"普度众生"与现实关注相结合，决定了他们无"小我"而有"大我"之境。

落实到文艺中，艺术是超功利的，排遣人类的自身情感，从而获得一种高尚的、纯洁的超凡脱俗的情感。只是前人未看清这一点，仅从僧人"寡欲"出发，否定他们的情感，实乃大错特错。唐代韩愈在《送高闲上人序》中就曾对僧人的书法持否定态度，他认为书法艺术表现人生和现世，离不开人类情感，而空门弟子视人世间为虚幻，心如枯井者不可能创造真的艺术，言外之意，像高闲和尚之类的人谈不上真正的高明的书法家。当然，韩愈当时是戴着有色眼镜做这一书法批评的，对佛教的态度、对佛徒的态度是韩愈《送高闲上人序》褒贬抑扬的出发点。其实，基于中国佛教徒的世界观，僧人们以其高洁的精神生活涉足文学艺术领域，这合乎中国文人的口味，书法自古被认为是文人之雅事。

清人刘熙载说："张长史书悲喜双用，怀素书悲喜双遣。"所谓"双用"与"双遣"，即入世与出世，意在说明两位书家对于情感的运用采取截然不同之法，"双用"即借抒情而言志，"双遣"即排遣情性、无功利色彩。张旭把生活中的一切情感都融化到草书里，凡喜怒哀乐，"有动于心，必于草书焉发之"①，又把现实生活激起的情感反映，借草书表现出来，观"天地事物之变，可喜可愕，一寓于书"②，张旭作书完全是激情澎湃的倾吐。高适在《醉后赠张九旭》诗中写道："床头一壶酒，能更几回眠。"酒对于张旭而言，并不是生命的麻醉剂，而是艺术的助推剂。纵观张旭从常熟县尉到金吾长史的三级任职的生命轨迹，张旭于酒如同是形影相随的兄弟知己。喝

①　见韩愈《送高闲上人序》。
②　见韩愈《送高闲上人序》。

酒就是艺术的挥洒，喝酒就是灵感的源泉。怀素则不然，僧侣生活决定他的是排遣情感，"迷情既释，然后大方之言可晓，保生之累可绝"①，他虽得张旭启发成为狂草大家，但在精神上却是背道而驰的。因此，我们要跳出字面深入内心去理解，实质上，"遣情"不等于无情。"遣情"是"忘情"，忘却小我之情可以更有效地进入"人书两忘"的艺术创作境界。无论于经禅，还是于书法，同以情感为桥梁，桥的此端拴着自我，桥的彼端连着世界，从自我出发走入芸芸众生，这种精神升华可以使人享受到艺术之美，展现出"合天理、通宇宙"的"大我之情"。

第二个层次是要认识怀素情感的艺术表现方法。

作为僧人书法家，怀素草书是否赋予了情感呢？当然是。情感表现有自然表现和艺术表现之分。情感的自然表现，通俗地理解就是无遮掩的喜、怒、哀、乐，这种自然表现的情感是低级的、非审美的。情感的艺术表现是人类对自我内心生活的认识、丰富和发现，艺术表现的情感是高级的、审美的，它必然是和一定的思想结合起来的，是诗意的情感、唯美的情感。情感的自然表现离情感的艺术表现相距甚远，真正的艺术表现不仅要有形式上的起伏变化、气势节奏等因素，还要用具象或抽象的形式去唤起一种意象，这种"意象"同内在情感是联通的，能生动地表达出内在情感的发展过程。也许这就是我国艺术史上喜欢以山水花鸟或抽象的笔墨书法表达内在情感的原因所在。

佛教徒所接受的去欲教理，在客观上有助于他们专心致志于艺术的追求，加上佛教的献身精神，教徒们具有劳其体肤、磨其心志、不折不挠、坚忍不拔的品格，当他们有心于文化创造时，这种精神必将产生强大的助推作用，怀素在这方面的表现相当出色。"蕉叶代纸""盘板皆穿""池水尽墨""退笔成冢""西游上国""广学博采"，这些事实足以说明怀素对书法艺术专心致志、穷其一生，不正是佛教精神在事业上执着追求、刻苦献身的具体反映吗？如此这般追求，使他具备了僧人和书家的双重人格。特别是夯实基本功、笔法高度娴熟后，他进而取法张旭，再攀狂草之巅，舞弄翰墨已占据了其僧侣生活的全部，成为一位过着僧侣生活而献身书法艺术的宗师。书法艺术因为纯粹的表意性而成为中国艺术的最高境界。狂草结构几乎接近于线符，更注重将表达情意视为书法的极致。纵观怀素的创作道路，他所取得的成就

---

① 见慧远法师《明报应论》。

既是刻苦勤奋的结果，也与其书法审美自然观相关。观悟自然，虽是直觉，却是怀素内心情感转换的一种获得形式，加上丰富的阅历、汲取的智慧、意在笔先的功力，所以，当他进行创作时，情感和意象同时出现，内心的情感通过草书艺术得到"意象化"。所谓成功的艺术表现，就在于其内在情感找到了一个恰如其分的意象。

第三个层次是以雾里看花的境界来看待悲欢之上的"酒神"。

举起酒杯是世界，放下酒杯是红尘。酒自从发明以来，一直就沾上了文学与艺术。谈起怀素的创作，自然是免不了"酒"。酒本是佛教"五戒"之一，而中唐兴起的禅宗对酒不忌不禁，甚至呼出"饮酒食肉、不碍菩提"的口号，怀素就是这样一位嗜好饮酒、与时俱进的僧人。他的草书艺术正是与酒联姻而生奇妙。"醉意"成为一种情感的趋向力支配着他的艺术行为，使他创作形态纵逸，整个情绪系统置于亢奋之中，形成了情感的总激发和总释放。"醉"之颠狂促使他灵魂出窍，脱离了人生的悲苦，化为喜悦的释放，在恒定的生命旋律中，获得审美快感，从而进入艺术表现的最理想状态。"狂来轻世界，醉里得真如"①"醉来信手两三行，醒后却书书不得"②，说明怀素狂草进入最佳状态是离不开酒的，酒的力量促使他艺术创作获得神助。同为僧人书家的智永与怀素泾渭分明，智永恪守清规戒律，堪称笃诚，他们都是过着僧侣生活又同时献身书法艺术，但不同的生活方式，导致了不同的艺术追求，生出了不同的艺术风格。智永完全是对前人形式美的追求，形成了个性不强的"鲜媚"书风，而怀素怀揣"志在新奇"的理想，形成了个性强烈的狂纵书风，虽然他们的区别与禅风相关，但就艺术本体而言，怀素的艺术品位和艺术价值要高于智永禅师。当然，怀素在醉之颠狂中情感的释放并不是人日常的情感宣泄，也不是情感的自然表现，而是艺术家在酒的刺激下顿然解除心灵的束缚，更加轻松地进入高度自主的境界，更有效地将情感化为意象，获得审美的快乐，这是情感更加强烈地被艺术表达的表现。

不管多么地虚无缥缈，最终仍离不开世间万事万物之因果。怀素能艺术地将情感化为意象绝非借了上帝之手，他骨子里还有一个东西绝不能漠视，即统帅这种状态、手段与力量，是潜藏于怀素灵魂深处的一股直视无前且持

---

① 见钱起诗《送外甥怀素上人归乡侍奉》。
② 见许瑶诗《题怀素上人草书》。

之以恒的浩气。因有这股浩气，在酒的激发助推之下，才有了怀素种种充满激情与创造力的表现。写得快的、写得怪的，历代不乏其人。而怀素不但书写速度惊人，却能做到"诡形怪状翻合宜"①，这是怀素将神情、动作、声音、速度、技巧与情感融为一体的一种高妙境界，是一种具有极高天分，又自觉地经历了极为艰苦的训练之后所能达到的狂草极境。"怀素的创作方式实在是一种追求个性释放的浪漫主义，但同时排斥浓厚的情感，根据佛家道理追求简淡枯索的意味，他的酣醉不是曹操的'对酒当歌，人生几何'，也不是李白的'呼儿将出换美酒，与尔同销万古愁'，而是用酒作为刺激创作一种超乎悲欢之上的艺术。"②可以想见，长期的经禅生活已经对人生情感作出了最大限度地排斥，形成了一种恒定的艺术化审美情感，这种情感一经酒的诱发，伴随着创作主体狂态下的情绪释放，一定会于书法中自然地流露。所以，怀素草书表现出复杂的情感形态：娴熟的、瘦劲的线条，富有禅味的具有冰冷而静寂的一面；而那"兴来走笔如旋风"③"挥毫倏忽千万字"④的势态，又让人感到诗一般热情的、飞动的、有意趣的一面。如果怀素仅有极高明的艺术手腕，缺少诗人般的狂热，可能他永远也不会在书法艺术的最高殿堂里登顶。

因此，又可以认为，怀素草书艺术不是表层的，其对于高级的审美情感的流露高于张旭，虽然张旭运用人类情感在草书中进行着非理性的宣泄而开创了狂草的艺术形态，但这属艺术的天赋使然，若再往前走一步就有可能成为"鬼画符"。而怀素是在张旭的启发下，于草书中进行着长时间的理性的刻意追求。艺术家的天资加上禅宗的机锋，让高级的审美情感在创作中稳定而自然地流露，从而形成狂草艺术形态的典范。

怀素借助酒以入狂境，可能不仅仅是倚酒性释放天性，更重要的是借此激发自己的潜意识，发挥潜意识作用。通过对潜意识及潜意识的产物的科学认识和理解，我们知道，人的行为是由动作组成的。初学者在学习过程中，都是有意识的训练和学习，待将各行为动作学习很熟练之时，就是近乎"自动化"的程度，这时有意识就转化为潜意识。初学书法者，先是照帖从笔画到结构逐字临摹，经过长年累月练习后，即可得心应手。创作作品时，学到

---

① 见戴叔伦《怀素上人草书歌》。
② 见熊秉明《佛教与书法》。
③ 见苏涣诗《赠零陵僧》。
④ 见任华诗《怀素上人草书歌》。

的笔法、结构、章法等都在不经意中流露，达到心手相忘。初学是有意识地活动，到创作时就成为潜意识的活动。作书之前对所书内容的斟酌，以期意在笔先，这是有意识的活动。一旦思考成熟，提笔着纸之后，容不得斟酌推敲，需一气呵成，这就是潜意识。所以很多书者感觉到，在创作时，越是精心设计，作品质量难以上佳，反而没有在意之时能写出好作品来，正如古人所说"技到无法始见奇"。这些都说明潜意识具有强大的创造力。当然，潜意识和意识的界限也不十分清晰，而是非常模糊的，在潜意识的心理状态下，意识也并没有休息，是在控制着，不至于使潜意识超越了活动范围。

潜意识的释放，与"酒后吐真言"同理。平时在头脑中形成的各种观念、行为准则、条条框框制约着艺术天性，使其不能自由随性，于是，必须借助于某种方式消除障碍，给天性以最大的自由。张旭和怀素均选择了"酒"。酒酣之时，理性退后，心境得以净化，艺术天性随意驱使着笔墨纵横驰骋，无拘无束，大胆放任，意象迭出，痛快舒畅。往时锤炼出的精到线条、妙趣结体、章法把控等技法，在此时得到了最大限度地、并有可能创造性地张显出来。然而，这一切的潜意识，在酒醒之后理性占上风时则自然退去，欲求不得了。故，怀素狂草的情境创造，妙在天性与理性之间、糊涂与清醒之间，此境"妙不可言"。

以上可见，怀素之道在于内外兼修，外炼形、内修质。其实千百年来，怀素草书被一种"醉""狂"的神秘主义面纱隐去了许多极富现实意义的东西。揭开怀素和他令人神迷不已的草书艺术的"神秘面纱"，进入一种丰富而又最具意义的艺术本质探讨。由此可知，书法艺术活动并不是"一种使人无法捉摸的东西"。

大师者，讲技法，更要讲究心法。

第五节

安静地离去

　　人生漫漫路之尽头，是该"马放南山、刀枪入库"了，怀素之狂在晚年逐渐消散。临近圆寂时的怀素很安静，与他嬉闹书堂寺、龙兴寺的少年时期，蕉叶代纸、盘板皆空的青年时期，西游上国、名动京华的中年时期，纵逸恣肆、轰轰烈烈的大半生，形成鲜明的对比。

　　怀素晚年落魄，这与家道中落、后嗣不兴相关，这与盛唐转衰、艺风式微相关，但是否还有一些别的相关因素呢？书法界提出的一个问题，笔者认为值得探求，即怀素晚年淡景与其身体健康状况到底存在多大的关联？

　　怀素的身体状况应该分两段来看，中年之前是不错的。曾经年少体弱，入寺后体质明显改善，至成年时身材适中，体健敏捷。至于他的身高，永州刺史王邕诗中称："怀素身长五尺四，嚼汤诵咒吁可畏。"古代一尺是多长？据查，各朝代均有不同，商代一尺合今 16.95 厘米，按这一尺度，人高约一丈，故有"丈夫"之称；日本正仓院所藏唐尺 26 支，一尺长从 29.4 到 31.7 厘米不等，平均 29.75 厘米，1976 年西安郭家滩 78 号唐墓出土唐尺一尺长为 30.09 厘米，平均按 30 厘米计算，怀素身高也达 1.62 米左右，在古代肯定不矮了。至于体魄，戴叔伦说"神清骨竦意真率"，任华说"别来筋骨多情趣""大叫一声起攘臂"，鲁收说"投笔抗声连叫呼"，马云奇说"叫唤忙忙礼不拘"，还有关于他喝酒和写字时一些狂态的描写，说明怀素中青年时不但体健气旺而且激情四溢，但晚年却长期受到病痛的折磨。

怀素之病

"狂",是怀素最鲜明的特点。如此,我们就不得不探求,怀素之狂是一种什么性质的狂?是精神病性质的颠狂?还是以狂作为惊世骇俗、哗众取宠的手段?抑或是强烈情感的痛苦喷发?

今所传怀素之作,有几幅谈到他自己的身体状况。《论书帖》云:"藏真自风废,近来已四岁。近蒙薄减,今亦为其颠逸,全胜往年。所颠形诡异,不知从何而来。"那么,这种奇怪、诡异的"颠逸"行为,是不是精神病?据前叙可知,在怀素入京之前,他的狂放行为,不如入京后引人注目。如果怀素真是颠形诡异的精神病人,张谓还会携他去京城,且广为引荐、经常为他站台吗?

第一次入京城,怀素就引起了轰动效应,王公大人争相接待,精心筹备,排队等候。怀素那么受欢迎,是因为他尽管醉酒、狂放,却能给人带来愉悦,那些王公大人、文人学士,都从与怀素的交友中得到了快乐。真正的精神病人,总是要制造麻烦、令人不快的,人们避之唯恐不及。如果怀素是真正的"狂病"者,名流们绝不会争相款待,更不会写下那么多绝美诗篇了,而且,这些诗文中没有一处质疑怀素是否有狂病。

再者,书法是人的本质的对象化,所谓字如其人。怀素如果有疯病,必然在作品中有所表露,一定可以在作品中寻出蛛丝马迹。怀素狂草诸帖,狂则狂矣,却绝无信手胡搅之笔,而且他的狂草,也不是一味地狂放,还有一种意蕴丰富的艺术形象。贯休评其"或细微,仙衣半折金线垂;或妍媚,仙花半红公子醉"。任华还特别指出怀素草书的另一面:"或逢花笺与绢素,凝神执笔守恒度。别来筋骨多情趣,霏霏微微点长露。"这是怀素精谨的一面。

由此可知,怀素之"颠狂",并不是神经上或生理上有病态导致不正常,也不是佯装的疯狂。只是他的高级神经活动的兴奋性比一般人高,情绪兴奋时"忘却自我",以至于奔呼绝叫,采用高度冲动性的动作进行创作,在创作过程中,他始终没有失去意识的控制,始终保持着一定的理智,谨守着一定的法度。"颠而不颠,似狂非狂"。

"狂放"不是病,那么,怀素就真的没有病了吗?有病,肯定有病。我们从留下的诸多怀素书帖名目中,发现诸如《药物帖》《寄药帖》《白石散帖》《石膏散帖》《肚痛帖》等许多与医药相关的作品,可以看出,怀素患有需要药物治疗的病痛，尤其晚年时被疾病纠缠，常与药物打交道。那么怀素患病，是在何时？到底患的是什么病？这些可从《律公帖》《论书帖》《食鱼帖》等几件作品的记述中查找。

怀素到底是何时开始患病的？他一生又是怎样与病魔作斗争的？我们仍然从作品中查找。笔者认为怀素患病主要在三个时间段。怀素首先患病是在三十五岁左右，即第一次游历长安时，依据为《律公帖》。此时开始发病，却也痛得厉害，当然起初治疗起来相对容易点，不久即治愈，却不易断根。第二次发病在五十岁之前几年，《论书帖》说"藏真自风废，近来已四岁"，可知本次病情持续了五六年。如此可推断，"风废四岁"应是怀素第二次远游之后的事。苏本《自叙帖》书于怀素四十一岁，帖文洋溢着高度自信与满心欢喜，只字未提病痛与苦恼。紧接着游雁荡山并书《四十二章经》，之后继续畅游。所以，怀素这场大病必在第二次游历之后。第三次发病于复游长安前后，即《食鱼帖》中所说"故久病不能多书"那次，大致在五十六七岁，此次发病相对较轻，但也一直未痊愈，及至圆寂。

怀素究竟是染了什么病？前人没有记述，需从怀素自作中去探求。《论书帖》讲"风废"已经四年，且"颠形诡异"，意思就是奇奇怪怪的症状。《食鱼帖》说"久病不能多书"，意思是说字不能多写，站久了受不了，不过也非卧床不起。《律公帖》更具体："频患脚气，异常忧闷也，常服三黄汤，诸风疾兼心中，常如刀刺（古同刺）"，痛得厉害，可用三黄汤治疗。

上述作品中关于病症的描述有多处相互矛盾。一是病症用词不统一。《论书帖》称"风废"。《律公帖》说"频患脚气""诸风疾兼心中，常如刀刺"。三种说法，到底是风废、风疾，还是脚气？二是药不对症。怀素"频患脚气"，却"常服三黄汤"，三黄汤是治中风的处方并非治脚气的方子，怀素为什么常服而又有效？表述是否张冠李戴？三是如果确定使用的是"三黄汤"这个处方，则不能自圆其说。怀素如果是中风，风废四年之久，为什么还能写字，且晚年益见精醇？中风患者，病情稳定，轻则偏瘫重则卧床不起，一般肢体麻木不仁，但不会"常如刀刺"，更不会"颠形诡异，不知从何而来"。如果不是中风，为什么又常服治中风的三黄汤？这些矛盾，不作出确切的解释，就无法判定怀素的病症。

要解释清楚怀素病症问题，需综合运用书学、医学、史学等相关知识，此前周宗岱先生已做了专题探究①。通过周老考证，怀素所患之病是"痹症"——游走性风湿性关节炎一类的风湿寒之痹。由于风湿病是慢性病，疼痛游走无定，一般不能痊愈，故怀素说"风废近来已四岁""颠形诡异""久病不能多书"。关节炎好转之后，对神经及一般运动无损，书艺仍然不受妨碍，只不过运动剧烈的狂草、大幅作品少了，而运动幅度不大的小草、小幅成为怀素晚年的主要创作形式。从唐代中医学来说，怀素的病称风疾、风废、脚气均可，三黄汤正好针对这些症状。另外，怀素可能还患有较为严重的"胃病"。怀素纵酒之情景，时人描述较多。纵酒引发胃病不足为怪。如此解答，就完全符合自然规律与现实境况了，长期生活在南岭地区，湿气重，又嗜酒，易发此类病症。

苍凉远去

时光，原本无形无迹，但它又是如此坚硬与锋利，任何事物，包括生命，都经受不起它的无情削蚀，直至被它辗为齑粉与尘埃。分分秒秒，日日月月，随着它的维度不断延长，它又像一道石头砌成的城墙，任何事情的发生，都会被它阻隔在那遥远的过去，而成为久远的传说。时光车轮滚滚向前，狂僧怀素的生命定格在了800年左右的一瞬间。他的圣光、他的俗务，也成了渐行渐远的传说，及至今日，更显朦胧与神秘。

799年，书写小草《千字文》（千金帖）之后，怀素的消息中断，也许不久他就与世长辞了。怀素到底在何处圆寂？陵墓又在何地？史料上查不到确切讯息。但有两条很微弱的信号或许能提供查证线索。

一条线索来自湖南衡东县。衡阳市学者罗伟雄、罗步庵《怀素塔考》记述：

清道光、光绪《衡山县志》有一段记载："唐代草圣怀素塔故址，在湖南省衡东县新塘镇，晓霞峰西南麓二童攻书山中峰。"怀素自799年塔葬，经988年风雨破损，至乾隆五十二年（1787），县令徐绵按"萃人才于一邦，培文风于千载"的理念，为培植风水，率众在"古怀素塔基"上首倡修缮，名曰"崇文塔"，所以衡岳之东出了状元、元帅等人才，代代传续兴盛，经乾隆、嘉庆、道光、同治80年间4次修缮。

---

① 见周宗岱《怀素之狂与病》（《怀素书学研究文集》第175—187页）。

据此线索，可寻查怀素在衡山新屯二童攻书山西南麓茅庵寺学书修行，授徒弘法，晚年因风痹病圆寂于茅庵寺，塔葬于二童攻书山。衡阳地方学者对此历史做了认真考证。1997年衡东县史志办文新学、萧汉等与南岳南台寺宝昙方丈，做过为期半年的专题询查考证，其结论是：

晓霞峰侧二童攻书山中峰，是唐怀素窣堵坡故址。

窣堵坡，音译自梵文，是源于印度的塔的一种形式。如今在南亚国家还普遍存在，乃供奉圆寂高僧之地。

另一条线索来自怀素故里。清康熙《永州府城图》，地图的东北方标有"怀素塔"，此塔如今已损毁。清《零陵县志·古迹》亦记载，零陵县东门外建有一塔纪念怀素，仅掩埋其衣物，谓之"衣冠冢"。

综合上述两条线索，回溯怀素多次客居衡阳之史实，尤喜赴衡山参禅拜佛，加之古今未见考证另有怀素塔葬之地。可见清道光、光绪《衡山县志》所记怀素塔遗址应是信史，极有可能怀素圆寂并安魂在湖南省衡东县新塘镇窣堵坡。如此也说明，怀素圆寂之后获得了有尊严的安放。

怀素惨淡逝去，晚景到底如何？具体的历史真实已难以查证。但有一点可以肯定，怀素晚年生活并不是居无定所、无以为继之类，这从唐代书画艺术市场的发展状况可以窥见。只不过他晚年的影响力或许大不如中青年时期了。

青年怀素拜访徐浩时，苏涣曾作《赠零陵僧》以兹介绍，诗中有一句"欲令美价齐钟张"，此语应是苏涣根据怀素流露出的远大抱负而记，怀素立志要成为书价不低于汉晋著名书法家张芝、钟繇的大家，这是怀素明确地认识到自己作品的价值。这说明唐中期，书法作为商品已流行。诸多史书上还著录有，外国使者提着钱袋慕名前来求购欧阳询、柳公权等人的书法作品。虞世南向李世民呈献《孔子庙堂碑》，得赐王羲之黄银印一枚。当时，有些二三流书家也是一字价千金，诸类亦多。当然，其中不免有夸大其词者，但从中不难看出，书法作品已成为当时的一种奢侈品，而受到人们的追捧。从上可知，自从"名动京华"后，怀素的字价绝对在高位运行，如果他注意资本积累的话，肯定不差钱！

怀素沉静地走了，但他的率性而为、艺术价值、表现形式，及其追求艺术效果的独特路径却在其身后得到了意想不到的传扬，引起了后世的足够重视。

第六节

"两唐书中名不留"之探案

"山外青山楼外楼，代有骄子领风流。草圣怀素傲天下，浩瀚唐书名不留。"这是笔者有感而发的自作诗。怀素是中国古代书法史上光耀万丈的巨星，他安静地离开人世间，但后世对他的评价却热闹得很。有对他奉若神明者，有对他的艺术成就佩服得五体投地者，也有对他在历史上的影响置之不理者，还有对他的艺术追求不以为然者，褒贬不一。但是一望无垠的"唐书"中未留下他的痕迹，太过匪夷所思，大为遗憾。

两部"唐书"及其历史局限性

熟读历史者无不知晓"唐书"，唐书泛指记录唐代历史的纪传体正史。"唐书"有两部，即《旧唐书》《新唐书》。五代时期，后晋刘昫、张昭远等编纂了一部《唐书》；至宋代，欧阳修、宋祁等又奉旨编纂唐代史书。为加以区分，史家便将宋代所著称为《新唐书》，而将前部称为《旧唐书》。两部"唐书"浩瀚如海，为什么未留下记叙一代狂僧怀素的只言片语？可谓千古奇案，值得一探。

一代草圣怀素既未在《旧唐书》留笔，也未在《新唐书》留痕。笔者认为，除了怀素个性张扬不受修史者待见，还受史官强烈的官本位意识影响，核心还是受制于封建社会的历史局限性。再者，两书主要编撰者的个人立场也至关重要。

《旧唐书》主编者刘昫、赵莹、张昭远不擅于书艺，在史料上皆无书名。

全书未置书艺方面专志；列传部分虽置有虞世南、褚遂良、徐浩等书法家个人传记，但均为以楷为重的书家，且他们是以朝廷重臣身份列入；列传中虽设有"文苑上""文苑中""文苑下"三章，却是以整体文化发展而叙，篇幅有限。古代，书法被视为小道，大丈夫的使命是齐家、治国、平天下。书家在国史上留名的，非位高权重，即出身名门。

《新唐书》主编欧阳修，与韩愈、柳宗元和苏轼合称"千古文章四大家"，是开创一代文风的文坛领袖。欧阳修是永州的形象大使，曾作千古名句——"画图曾识零陵郡，今日方知画不如。"为锦绣潇湘作了贯通古今的广告。然而他对怀素却不待见。欧阳修说：

> 右怀素，唐僧，字藏真，特以草书擅名当时，尤见珍于今世，余尝谓法帖者，乃魏晋时人施于家人朋友，其逸余兴，初非用意而自然可喜，后人乃弃百事，以学书为事业，至终老而穷年，疲弊精神而不以为苦者，是真可笑者，怀素之徒是也。①

可见，欧阳修并不精于书法，他搜集古代青铜器碑刻，编成《集古录》一书，却不理解怀素终老而穷年追求草书艺术的用心。欧阳修认为，书法是一种修身养性的艺术，不是一个士人的立身之本，它不该成为一个人的终身追求目标。用他的价值观评判，怀素就是一个无所事事之人、不务正业者。此外，欧阳修尊儒家思想，又对书法创作极为传统，而怀素草书力求突破传统，自然不为欧阳修所称许，自此不难理解怀素未入"唐书"了。

苏轼是欧阳修的得意门生，在不同时期对怀素作过评论，既有恶评也有好评，他是先作恶评后来才改成好评的。恶评如他的《题王逸少帖》诗：

> 颠张醉素两秃翁，追逐世好称书工。
> 何曾梦见王与钟，妄自粉饰欺盲聋。
> 有如市倡抹青红，妖歌嫚舞眩儿童。
> 谢家夫人淡丰容，萧然自有林下风。
> 天门荡荡惊跳龙，出林飞鸟一扫空。

---

① 见欧阳修《集古录》卷八《唐僧怀素法帖》上。

为君草书续其终，待我他日不匆匆。

这首诗基本上就是为了讥讽张旭、怀素而作。该诗是苏轼元丰八年（1085）鉴赏王羲之法帖后的题诗，尽管意欲先抑后扬，但激烈抨击张旭、怀素乃欺世盗名之流，却是不争的事实。这样一位诗、书、画皆精的旷世奇才，怎么会如此猛烈地贬损同样具有强烈创新意识和开掘精神的张旭、怀素呢？原因是多方面的，其中一点可能是苏轼创作此诗时正值事业遭遇坎坷，且幼儿夭折不久，心中郁愤难平。而他在跋王巩所收《藏真帖》中说：

……然其为人傥荡，本不求工，所以能工此，如没人之操舟，无意于济否，是以覆却万变，而举止自若，其近于有道（张芝，号有道）者耶？

苏东坡还说过"书法相传，至张颠后，则鲁公得尽于楷，怀素得尽于草"。此时，苏东坡对张旭、怀素的赞美又是情真意挚的。

怀素作为名显当时的顶级书家，在两唐书中未留痕，除了以上原因，笔者认为另还有三：一是艺术地位低下。孙过庭、张怀瓘可以说是专业的书法家、书论家，孙过庭著《书谱》并得唐太宗高评，张怀瓘以书法之长待诏翰林并撰《书断》等多部专著，但两唐书中也没有这两人的传记。而张旭如果不是担任过县尉、长史之类的小官，史家是否会在李白的传后给他留下几句附传，颇值得怀疑。或许，在欧阳修之辈的眼中，吏史就是历史；二是怀素出身低微。自唐以来，"非科举不入流"，平民出身且无功名的和尚更谈不上什么社会地位；三是与时局相关。安史之乱给统治阶层极大的警示，身在佛门不事佛，既喝酒又吃肉的沙门，被当权者划入"离经叛道"一类，与统治者的阶级利益是相悖的，自然难以得到当权者的认同。

但历史是人民群众创造的，终究瑕不掩瑜，后世几乎是一边倒地为怀素唱赞歌。

宋代文化巨匠、杰出书法家黄庭坚对永州情有独钟，他不但在浯溪碑林、朝阳岩、淡岩等处留有墨宝（石刻），而且是理学鼻祖周敦颐的旷世粉丝，还对怀素书法推崇备至。他说：

怀素草，暮年乃不减长史，盖张妙于肥，藏真妙于瘦，此二人者，一代草书之冠冕也。

　　且黄庭坚自身的书法受怀素的影响颇深。元祐初年，黄庭坚与苏东坡、钱穆父一起到京城的宝梵寺游玩。吃完饭，黄庭坚乘兴写了几张草书。苏东坡对黄庭坚的字很赞赏，而穆父在旁边观看过后说：鲁直（黄庭坚）的字接近于俗气。黄庭坚问：为什么？穆父说：没有其他原因，只是因为你没有看过怀素的真迹。黄庭坚心里很疑惑，从此再不肯为别人写草书。绍圣中年，黄庭坚贬谪涪陵，第一次在石扬休家里看到怀素的《自叙帖》，特意借回去临摹了很多天，几乎废寝忘食。自此对于草书茅塞顿开，下笔飞动，写下的字与元祐年之前的字有了很大不同，黄庭坚这才相信穆父的话真没有夸张。黄庭坚据此而说，自己草书的成就是在涪陵所得。①

　　黄庭坚一生钻研，书艺不断创新，其草书化腐朽为神奇，成为怀素之后的又一高峰，其作品历来被世人所贵，其书论"贵与俗"亦为世所重也。对怀素影响最大的是颜真卿，而受怀素影响最大的书法家当属黄庭坚。

　　北宋著名史学家司马光，是一个不折不扣的严谨之人，他编撰《资治通鉴》数百卷，其中也有颠倒涂抹的修改痕迹，但没有一个字作草书的。有意思的是，他在朋友处欣赏到怀素一幅破败的草书作品时，昏花的老眼不禁为之一亮。司马光很想收购怀素的草书，怎奈口袋空空，只好作诗《和圣俞咏昌言五物·怀素书》兴叹：

　　上人工书世所稀，于今散落无复遗。
　　君从何处获数幅，败绢苍苍不成轴。
　　云流电走何纵横，昏醉视之双日明。
　　烈火烧林虎豹慄，疾雷裂地龙蛇惊。
　　须臾挂壁未收卷，阴风飒飒来吹面。
　　祇疑神物在暗中，宝秘不令关俗眼。
　　嗟予平生不识收，但爱意气豪有余。
　　欲求数字置认侧，安得满斗千金珠。

诗里对怀素的狂草给予了很高的评价。作为历史上屈指可数的史学家，这首诗还告诉世人，怀素书作在北宋就已经散落难觅，每一件均为稀世珍品。如此看来，并不是一丝不苟的人就一定有着刻板的审美观。怀素的草书能博得众爱，如此深得人心，在中国书法史上，实在是不可多得的美谈。

赵孟頫对怀素的敬仰之情从其题跋《论书帖》可窥视。而且跋中的一句话——"后人作草，皆随俗缠绕，不合古法，不识者以为奇，不满识者一笑。"又恰是对今日书坛的一记鞭策！怀素书法作品在明代被捧为至宝。著名藏家项元汴有一个收藏价格表，怀素的《自叙帖》购价 1000 两银，仅次于购价 2000 两银的王羲之《瞻近帖卷》。项元汴被誉为明清以来八大鉴赏家之首，他的价目表是有高度权威性的。

号称"清代第一书法家"的永州人何绍基，在《跋板桥书道情词》中一同评价了张旭、怀素、黄庭坚：

山谷草法源于怀素，怀素得法于张长史，其妙处在不见起止之痕。前张后黄，皆当让素师独步。

清代著名画家石涛曾作一幅画：一装束似文人者立于芭蕉树下，对着芭蕉叶若有所思。他在画中题"怀素学书种蕉代纸，雨余墨汁淋漓，应是此种境界"。无疑，石涛从怀素的蕉叶练字、任意挥洒中体会到了中国画的写意精神。

虽然两唐书中名不留，但仍然无法阻挡怀素名显后世。在《中华上下五千年》历史丛书中刊载的书法家就只有几位，分别是王羲之、张旭和怀素等，充分体现出怀素在中国文化史上的重要地位。看来，人一旦成为精神世界的王者，便定能逃脱时间的追捕，直抵永恒。

唐后草书式微

怀素效应不单表现在同时代，"怀素热"持续了中唐以后的一千多年，其传承意义和辐射作用既深刻且广博。晚唐五代由高闲、窅光、亚栖、梦龟、彦修、贯休等所刮起的狂草之风就是显证。唐后各代都涌现了一些杰出草书家，如宋黄庭坚及明代祝允明、王铎、黄道周、张瑞图等人较突出，这些草书家均不同程度上受了怀素的影响。遗憾的是，能够继续沿着这条路子努力求索、不断精进的却太少。诸多跟进者，多模仿怀素的狂草之形，很少深得怀素的狂草之神，而历朝历代中能超越于草书艺术之外，从文化精神与民族魂魄的大视野领悟其精髓的，则更少。总的来看，在唐之后的我国草书艺术的历史长河中，已经找不到像怀素这样闪耀的巨星了。究其原因，主要在以下几个方面。

第一方面是审美观的异变。由于草书艺术在发展过程中自身的审美情趣发生了变化，或者说随着时代的推移，艺术家的审美观点发生了变异。无疑，这种"变化"与"变异"对指导艺术实践有着重大影响和不可替代的作用。比如，先秦老子"既雕既琢，复归于朴"的崇尚自然美的审美观念，促使钟鼎文、石鼓文等古朴自然的书法风格的出现；汉代涌出经学和扬雄"书为心画"的美学思想，故有《石门颂》等充分发挥人的个性的心灵之作；魏晋玄学的兴起，促使二王新书体的产生；中唐也因提倡"心""气""法"作书的审美方式，才出现以追求艺术意象为先的以怀素草书为代表的浪漫主义书风。无论哪个时代的哪个艺术家，均不能不受那个时代社会风气的影响，不得不带有所处时代的习俗、情趣和心态。从这个意义上说，任何艺术家的艺术风格都不可在不同时代进行简单的重复，也因如此，怀素以后的历史便很难找到"怀素第二"了。审视中国书画艺术的长廊，我们可以发现这样一种现象：盛唐以前，由于我国封建社会处于上升阶段，故而反映在书画艺术中的主流风格也呈现出一种昂扬向上的张力。然安史之乱后，中国封建社会整体呈现江河日下之势，绘画艺术便出现了由实转虚的转变，而书法艺术则走上了由扬到抑的发展趋势，形成了这一历史时期的自然质朴、清丽细腻、妍美温顺的"以韵为美"的艺术风格。因此，即便如王铎、张瑞图这类受张旭、怀素技法影响颇深的书法家，他们的心态和审美观仍然是明末清初那个特定历史环境的产物，其草书作品深深地刻印着那个时期草书艺术审美观念的痕迹。

第二方面是艺术流派之间的相互挤压。书法艺术领域历来存在着多种流派，各流派之间既有相互促进的正向作用，也存在着相互抑制的副作用，同一流派中也难以剔除"文人相轻"陋习。文学艺术界都知道，艺术思想不同，审美观不同，批评框架或标准也就大相径庭了。历史上一些书家对怀素的评价有欠公允，个别甚至是恶意的，客观上自然会产生一种抑制效应。当然有的书家如欧阳修、苏轼等不满怀素书风，是他们别有审美追求；另有书家也的确存在着对怀素草书艺术的认识障碍，忽视了他狂的本质、狂的创造性、狂的理智内涵，另冠以"狂怪"或"萎靡柔媚"的书风来扭曲、取代。怀素草书除了受到众多流派的排挤外，还受到来自社会"政治需求"势力的制约。隋唐以降科举兴，试卷皆重行楷和法度，体势更窄，草书艺术的发展自然更受限制。而到了封建末期清代，碑学复兴，大篆、古隶重受青睐，草书之路愈加狭窄了。

　　第三方面是草书艺术发展中的自身障碍尚未得到有效清除。草书不易识别，故草书的实用性不强，在草书的历史进程中，拥有的始终是一个规模不大、受众不低的特殊欣赏群。相比之下，行书的多功能和大众化很快拓宽了领地，这说明了艺术发展过程中的走向，离不开千千万万人民大众的选择。此外，草书诞生已近二千年，历朝历代未有将其确立为全民书体者，更未有哪个帝王颁布过规范的草法。有些书家为了追求独特的艺术效果，任意恣肆、不计法度，以致常常出现一字数种草法，草书的创作难度进一步增加。

怀素的宗师身份及影响小考

称怀素为"草圣"当是后世书论家的定调。时人多呼"上人""素师""醉僧""狂僧"等，但当时的赠诗亦屡屡以"草圣"称呼。至于怀素的影响力，他在游历长安时就已达到巨星级别，相当于20世纪90年代的香港"四大天王"，走在哪里都会有尖叫、呐喊，唐以后的影响区域，则更为宽阔。

"草圣"之名自诗歌中来

至于怀素何时有"草圣"之称，史料难考，据分析应在其中青年时期，查索当时的诗赞可佐证。

从怀素二十出头起，就有多位名家大儒若隐若现地用"草圣"来形容他。此中首推诗仙李白于759年所作的《草书歌行》："少年上人号怀素，草书天下称独步"。李白竟然用"独步天下"来称颂怀素草书，这句话的广告价值何止千万金！永州太守王邕《怀素上人草书歌》："此中灵秀众所知，草书独有怀素奇"王邕大赞怀素草书独特、神奇，把他的草书品格推向了一个神化的境地。762年怀素走出永州，开始在三湘四水间游历，此期有多位诗人名流为其歌颂。窦冀《怀素上人草书歌》最后一句："连城之璧不可量，五百年知草圣当。"此处明确称颂怀素迟早是为"草圣"的。鲁收《怀素上人草书歌》："身上艺能无不通，就中草圣最天纵"形容怀素草书精妙、天纵所能。苏涣《赠零陵僧》："张颠没在二十年，谓言草圣无人传。零陵沙门继其后，新书大字大如斗……忽然告我游南溟，言祈亚相求大名"诗中称赞怀素是"草圣"张旭之传人，如果怀素再得到徐浩的赏识，定会"洛阳纸贵"。上述诗歌均为 768 年之前怀素尚未"西游上国"时获得的。

之后，772 年"洛下论书"时，颜真卿作《怀素上人草书歌序》详尽明述："开士怀素，僧中之英，气概通疏，性灵豁畅。精心草圣，积有岁时，江岭之间，其名大著"极称怀素草书之圣境，表达了作者对怀素的心慕之情。陆羽《僧怀素传》最后一段，也记载了颜真卿问怀素学书"有何自得"，怀素回答"观夏云奇峰，遇壁坼之路，悟自然常势"，颜真卿大叹："噫！草圣之渊妙，代不绝人，可谓闻所未闻之旨也。"盛赞草圣之高妙，代有人出。还有裴说《怀素台歌》："我呼古人名，鬼神侧耳听：杜甫李白与怀素，文星酒星草书星"将怀素与诗仙诗圣并列。杨凝式《题怀素酒狂帖后》："十年挥素学临池，始识王公学卫非。草圣未须因酒发，笔端应解化龙飞。"盛赞溢于言表！

上述诗句，李白、王邕都用"独步"形容素书，窦冀、鲁收、苏涣、颜真卿、陆羽、杨凝式等人所作中均出现了"草圣"字眼，既有指向张旭的，更多的是或明或暗直指怀素。后世赞怀素诗歌还有很多。自从怀素到长安、洛阳、湖州拜师交友学艺后，草书更是登峰造极。他一生都生活在书法的太虚幻境中，继张颠为"草圣"，当之无愧了！

古代书坛"圣""祖"身份之比较

据查寻各类史料，中国古代在书法诸门类及其紧密关联领域均产生了宗师级的标杆人物，号称"祖""圣"，但屈指可数。

汉字鼻祖——仓颉。生辰不祥，原姓侯冈，名颉，俗称仓颉先师，又史皇氏。《说文解字》记载仓颉是黄帝时期造字的左史官，传说仓颉"生而四目有德"，见鸟兽的足迹而受启发，分类别异，加以搜集、整理和使用，创造汉字。《河图玉版》《禅通记》记载，仓颉曾经自立为帝，号仓帝，是上古时期的部落首领。也许每一个民族在混沌时期都会看到自然意义上的"鸟迹"，但却只有中国先贤搞出了表意的方块汉字。

小篆鼻祖——李斯。约前 284—208 年，字通古，战国末期楚国上蔡（今河南上蔡县李斯楼村）人，早年为郡小吏，后从荀子学帝王之术，学成入秦，终成秦国丞相，乃当时著名的政治家、文学家和书法家。许慎在《说文解字·叙》中说李斯等人奉秦始皇之命制作标准字样，"皆取史籀大篆或颇省改，所谓小篆者也"。乃"书同文字"的首席功臣。

隶书鼻祖——程邈。生辰不祥，字元岑，内史下邽（今陕西渭南北）人，相传他首先将篆书改革为隶书。张怀瓘《书断》称：传邈善大篆，初为县之狱吏，得罪始皇，系云阳狱中，覃思十年，损益大小篆方圆笔法，成隶书三千字，始皇称善，释其罪而用为御史，以其便于官狱隶人佐书，故名曰"隶"。隶书是中国古代文字发展的分水岭，为行书、楷书、草书的发展奠定了基础。宋刻《大观帖》中还收录有程邈书作《秦御史程邈书》。

楷书鼻祖——钟繇。151—230 年，字元常，颍川长社（今河南长葛）人，曾封侯，三国时期曹魏著名政治家、书法家，其父钟迪官至颍川郡主簿。《宣和书谱》评钟繇书说："备尽法度，为正书之祖。"张怀瓘在《书断》中则评其书法为"神品"。

行书鼻祖——刘德升。生辰不详，字君嗣，颍川（今河南禹州市）人，东汉桓帝、灵帝时著名书法家。其行书书法虽草创，但字迹妍美，风流婉约，务求简易，笔画从略，离方遁圆，浓纤间书，如行云流水，被后人列为"妙品"，独步当时。

草书鼻祖——张芝。生年不详，约卒于 192 年，字伯英，瓜州县（今属甘肃酒泉市）人，"凉州三明"之一大司农张奂之子。张芝擅长章草，将古时字字区别、笔画分离的草法，改为上下牵连富于变化的新写法，极富独创性，可谓划时代的创举，在当时影响很大，故被后世尊称为"草圣"。

笔法传授鼻祖——蔡邕。133—192 年，字伯喈，陈留郡圉县（今河南开封市圉镇）人，祖上世代为官，东汉时期著名文学家、书法家。工篆书、隶书，尤以隶书著称，其字结构严整，体法多变。蔡邕从"工匠用扫帚在墙上写字"受启发创造了"飞白书"，对后世影响甚大。张怀瓘《书断》评蔡邕飞白书时说"飞白妙有绝伦，动合神功"。中国古代书法史流传有"石室神授蔡邕《九势》"的故事。

书圣——王羲之。303—361 年（又作 321—379），字逸少，琅琊（今属山东临沂）人。王羲之历任秘书郎、宁远将军、江州刺史，后为会稽内史，领右将军。其书法兼善隶、草、楷、行各体，精研体势，心摹手追，广采众长，备精诸体，冶于一炉，摆脱了汉魏笔风，自成一家，影响深远。代表作《兰亭序》被誉为"天下第一行书"。

历史上精通草书的书法家不少，在中国书法史上被尊称为"草圣"者仅三人（时人互捧者不论）。东汉张芝创章草，实为书法界划时代的书法巨人。

后张旭创狂草，名冠一时。怀素继张旭之后把狂草推向了顶峰。张芝、张旭、怀素三位都是草书艺术最具代表性的人物，论起这三位对后世的影响，当以怀素为最，历代书法鉴赏名家的书法史著几乎没有一本不提到怀素。

上述"祖""圣"，仓颉曾为部落首领，李斯贵为丞相，钟繇、张芝、蔡邕、张旭来自官宦之家，王羲之出自名门望族，程邈曾做县衙狱吏，仅刘德升出身难以查考。另中国古代书法史上杰出的书法家，颜真卿为一代名臣，赵孟頫乃宋太祖赵匡胤十一世孙，王献之为王羲之第七子，黄庭坚来自书香名第，苏轼乃初唐大臣苏味道之后，柳公权官至太子少师，董其昌官至礼部尚书，米芾母亲阎氏曾侍奉英宗高皇后，欧阳询乃南陈左卫将军欧阳纥之子，有清书法第一人何绍基其父何凌汉官至户部尚书等。由此可见，在中国古代书法史上享有盛誉的书法大家，出身大都非富即贵，背依显赫家族力量。要么倚家世，要么靠入仕，集聚要素，整合资源，浸染其中出人头地。寻常百姓识字均属不易，要成书法艺术一代宗师，难于上青天。

而"草圣"怀素是个例外，一代草圣本草民，可称"另类"。怀素出身微末，以落寺出家搭寻习书平台，洛阳纸贵靠种芭蕉自产自销，遍寻名师挚友切磋书道，闯出一条成功之路。这条路何其艰难！

怀素草书艺术的溢出价值

张芝奠定章草，并转精其巧，开今草之新局。张旭以二王今草书为基础发展变化出狂草，从而成为今草的极端形式。狂草书在张旭笔下首创，其特定审美意义上的形式技巧及其法则之前尚未建立起来，故而张旭之狂草不可拟，规律难寻。到了怀素身上，他博古通今、博采众长、创造突破，对狂草实现了几百年来的集大成，从笔画、章法、墨色、布局、气势等方面完整地确立了狂草书的形式法度，是而，后世书家学狂草皆以怀素为法。也正因为怀素的这一重大建树，加之他在暮年又创立了小草的标杆，才得以在书史上与张芝、张旭齐名，并具有独特的书史意义和美学价值。关于中国古代建立的呈系统的草书丰碑，如果要给三位草圣的作用和价值做一界定的话，笔者认为：张芝开荒、张旭破壁、怀素立碑，三者虽处不同时段，却是紧密相连，都是不可或缺的关键一环。当然，这个过程是不能忽视了以二王为代表的一众书家的传承之功。

对于怀素草书，有人赞美有人说怪，我们都要正确看待，毕竟艺术不是可以量化的算术题，对于它的评判本来就有一定的模糊性，但历史是最好的阅卷老师，它会给出恰如其分的成绩。研究者最要做的则是找寻此中的闪光点，借以照亮通往未来的路。怀素留给后人的绝不仅仅是争论，他那富有传奇的一生，他那令人顶礼膜拜的神作，为后人留下了一座富矿。可以说，怀素的美学、哲学、技能，每一样单独拿出来都可以彪炳书法史册。

故自唐以后，怀素不仅对中国本土影响很大，对周边国家的书法艺术也产生了重要影响。唐风书法的兴盛对日本书法的发展产生了极其深远的影响，贯穿于整个日本书法史。怀素的书法也由此传到了日本，日本现有怀素《自叙帖》墨迹残卷珂罗版印本，黑白印刷，卷首有"柳原文库"朱色印记。这件残卷印本末尾有铅印的原收藏者石川舜台（1842—1931）、观赏者谷铁臣（1822—1905）与其后购买者内山松世（1864—1945）的跋文。在日本书法史上的"三笔三迹"和一些高僧书法或多或少地带有怀素的影子。如三笔中空海的名作《金刚般若经开题残卷》，流利雅致的草体与怀素小草《千字文》（千金帖）风格较为接近；小野道风《玉泉帖》结合了怀素的线条和晋人韵致；藤原佐理的书法，则是在吸收怀素的同时融入日本文字，将其假名化。以良宽为代表的高僧书法在怀素书风的基础上加强了禅意的抒发。怀素草书的风格与雅趣受日本人好尚，爱好者众多。可以说，自晋唐书风传播到日本后，让日本书法达到了一个前所未有的高峰。

当代中国，怀素草书的影响愈来愈深远，丝毫不逊色于明清时期。1999年，"中国二十世纪十大杰出书家"评选揭晓，毛泽东名列其中。伟人毛泽东的书法成就肯定是来源于多方面，但此中的一个重点是，毛泽东书法与怀素草书一样具有浓郁的浪漫气息。毛泽东酷爱怀素的书法作品，认为怀素的字写得好，有大家风度。毛泽东所拥有的书帖，也以怀素的为最多。在毛泽东的最后十年中，他在工作之余把玩的书帖中，亦以怀素法帖为最。对于怀素的字，毛泽东取其大家风度，取其笔法灵活多姿，字形大小参差错落，布局疏密有致。对比怀素的《自叙帖》和毛泽东的草书《忆秦娥·娄山关》《清平乐·六盘山》等，不难发现后者对前者的继承和发扬，可见毛泽东汲取了怀素草书的精华。①

二十世纪八九十年代以来，怀素家乡越发重视草书艺术的发展。1992年，原县级永州市斥资1500万元，在位于今零陵区潇湘中路的东山脚下，修建了

① 参见郑广瑾《毛泽东书艺》第243页。

富有文化内涵的综合性公园——怀素公园。当年又与中国书法家协会、湖南省书法家协会联合举办了"怀素书艺研讨会暨草行书作品展",专家学者云集,轰动全国书坛。当时收到书法作品 5000 余件、学术文章 200 余篇,入选书法作品 244 件、论文 60 余篇,乃有史以来全国首次对怀素进行的规模较大、规格较高的文化研究。

2014 年 1 月 9 日,由中国书法家协会、湖南省文化厅(现为湖南省文化和旅游厅)、永州市政府主办,零陵区委、区政府承办的"草圣故里之旅"书法艺术系列活动暨沈鹏草书《古诗十条屏》全国巡回展永州首展、中国当代草书名家作品邀请展、青年草书十家展在永州博物馆开幕。本次系列展除展出沈鹏草书《古诗十条屏》之外,还展出中国当代草书名家作品 56 幅、10位青年草书家作品 50 幅,永州本土书法家草书作品 6 幅。

2014 年 3 月 4 日,由新华社、湖南省委宣传部与永州市委、市政府联合主办的"草圣故里·永州印象"书法美术作品展在首都军事博物馆开展。新华社、中国文联、中国书协、中国国家画院、湖南省委宣传部、永州市委、市政府相关领导以及全国诸多知名书法家、画家参观了展览。展览筹备过程中,永州邀请相关全国著名书画艺术家,开展了"写永州、画永州、唱永州、演永州"系列文艺活动,创作了一大批以永州历代名人诗文和地方风物为题材的书画作品,并由新华出版社编辑出版了全套共两册的书画集《永州印象》(《永州印象——中国著名书法家书永州》《永州印象——中国著名画家画永州》)。参加展出的有当代著名书法家咏赞永州的书法作品和当代著名画家画永州的美术作品近 200 幅。永州市书协、美协亦精选了 40 余幅作品参展,充分展现了中国传统书画文化在永州的传承与发展。

中国书法家协会更加重视草书的传承与发展,专门设立了全国草书展。1996 年全国第一届行草展在广东茂名举办。2017 年 3 月 28 日,由中国书法家协会、湖南省文化厅、湖南省文联与永州市委、市政府联合主办的全国第四届草书展、全国草书名家邀请展、首届怀素草书学术论坛在永州开幕。全国第四届草书展共向海内外书法爱好者征集书法作品 10707 件,共评出入展作品 221 件。全国草书名家邀请展展出作品 127 件(包括论文评委作品 9 件)。首届怀素草书学术论坛主要围绕怀素生平考评、草书艺术特色、文化价值、美学特征、怀素草书与历代草书发展流变、唐代草书、怀素草书与当代草书创作、当代草书的继承与发展等进行交流。本次论坛征稿共收到论文 274 篇,评出入选论文 19 篇。值得一提的是，全国草书名家邀请展邀请了以草书创作名世的中国书协副主席、理事、草书委员会委员、知名书家以及全国历届草书展获奖作者参加。特别是知名书家个人草书风格书写了与怀素相关的诗词歌赋，历届获奖作者临写了怀素遗存墨迹及刻帖，用当代书家的理解再现了怀素草书遗风。

2023 年夏，零陵区委、区政府作出决策，计划修缮、改建怀素公园，新建怀素书法艺术馆，重新布置书禅精舍，进一步擦亮怀素文化品牌。

草书历来深受人们喜爱，这是因为它具有很高的欣赏价值。随着社会的进步、文化心理的变化、印刷技术水平的提升，书法的实用性将进一步减弱，但时至今日，草书在信札、题词等简短文辞中仍有一定的实用价值。随着国民素质特别是艺术欣赏水平的提升，草书将逐渐成为人们共同爱好、雅俗共赏的艺术品。

第四章

怀素的游历梳理、书作集锦及年谱

怀素的生平，缺乏一个完整的
版本。怀素的远行游历，尚无系统
梳理和归纳。怀素一生到底创作了
多少佳作，也无人知晓。笔者尝试
予以复原和修复。

第一节
————
怀素三次"西游上国"

怀素《自叙帖》中的绝大部分内容，都是他"西游上国"过程中的故事和荣耀。据查索《僧怀素传》《颜真卿年谱》《陆羽年谱》《李太白年谱》《杜甫年谱》，分析当时名流的赠诗，比对传世的作品，可知怀素从 26 岁起走出永州，一生共进行了三次大范围、长时间的远游。据推测，怀素一生中有一半的时间在"西游上国"。

第一次"西游上国"

宝应元年（762），安史之乱结束的前一年，怀素由零陵出发作万里之行，掀起了中国书法艺术史上波澜壮阔的一程。为何认定 762 年怀素启动了"西游上国"计划？古有流传，无确切佐证资料。笔者分析怀素选定（或许另有偶然因素促成）这个时间的原因有五：一是内心萌发动力。经过前些年广泛结交名士，特别是受卢象、韦陟、李白等人点拨，脑海里强烈地萌发了远游之心；二是外部环境可控。距安史之乱爆发已七八年，中央朝廷完全掌控了全国局势，出行安全基本有保障；三是心智的成熟。经过二十多年的坎坷，心理和身体均具备较强的抗压能力。四是书法添自信。从书堂寺开始成系统地练习书法，特别有十余年的"蕉叶练字"积累，草书个人面貌已成，仗剑天涯有了底气；五是进取精神强。书法虽已独具特色，但未得高人指教，"如不由户出"，终究成不了大气候，必须出外求取真经。

怀素第一次"西游上国"的路线（图4-1）是：

永州——衡州（衡阳）——潭州（长沙）——衡州——永州——广州——永州——衡州——潭州——岳州（岳阳）——洪州（南昌）——武昌（武汉）——长安（西安）——洛阳——永州

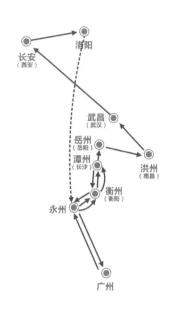

⊙图4-1　怀素第一次游历图

762年夏，怀素首先北上衡州，在此结识了朱遥，朱遥是怀素走出永州后结识的第一位名士，朱遥赞怀素现存有诗作。古衡州今衡阳，一直是湖湘重镇。湖南这个名称在历史上并不太出名，最早出现"湖南"之名，是在唐朝。唐玄宗开元二十一年（733）时，现在的湖南省分属山南东道、江南西道和黔中道、黔中道黔州都督府。湖南作为中央直管一级行政区域最早是唐广德二年（764）从江南西道划出而设置的地方衙署，名称叫湖南观察使，因地处洞庭湖以南又称湖南道，全称湖南都团练守捉观察处置使，观察使下辖衡、潭、邵、永、道5州。764年建立时治所在衡州（衡阳城），大历三年迁到潭州（长沙城），辖区增加了郴州和连州，共统领7州，"湖南"作为中国行政区划行省一级的规范名称从此出现。实际上，此前多年已有"湖南七郡"之名在民间流传。怀素在衡阳游历了较长时间，王邕、戴叔伦、鲁收、窦冀、李舟等一批名士也极有可能是在游历衡阳时认识的，这几人均作有同题的颂扬怀素的诗歌。

在衡阳施展一番拳脚后，怀素视野扩大。然后一路北上潭州等地游学，大历元年（766）结识了初任潭州刺史的张谓。湘江水系是一条流淌着"敢为人先"精神的清晰文脉，怀素大口大口地吮吸着这条水系的养分。

大历二年（767）夏秋之际，怀素听从一众名士建议，折回问道广州刺史兼岭南节度使徐浩，但却不受徐浩待见。

既然不受待见，怀素也不死皮赖脸，在广州蹭了一顿丰盛的酒菜后，立即转身再次北上。返程途中，怀素顺道韶州（现韶关）曹溪朝拜了佛教圣人、南禅宗鼻祖慧能，767 年年底到达潭州，与忘年交张谓等一众好友把酒言欢。

大历三年春，怀素在潭州结识诗人马云奇，马云奇留有一首信息丰沛的诗篇《怀素师草书歌》。不久，怀素即跟随张谓经岳州、洪州、武昌，顺利到达长安。抵达长安应是夏末秋初，怀素于大历三年九月在《曹娥诔辞》墨迹上题有观款。这是怀素除"南下广州"之行外第一次真正地走出湖南，京都的繁华和浓厚的艺术氛围令怀素震撼。

公元 8 世纪，中国的六朝古都长安矗立于地球之巅，每天都散发出万邦来朝、车水马龙的迷人魅力。此后的几年，怀素定居在京都，以其狂放率性、独具特色的书法现场创作表演征服了京都的上层社会，享受着上流生活的五彩缤纷，任华所作《怀素上人草书歌》为这一时段怀素的生活图景作了诠释。在长安结识叔父钱起（"大历十才子"之首）、拜师表哥邬彤并潇洒几年后，怀素赴洛阳与颜真卿"洛下论书"，最后于 772 年底，奉信返回零陵侍奉双亲，这一趟走出永州整整十年有余。这几处时间节点均留有重痕，求教邬彤怀素作有《律公帖》，"洛下论书"有颜真卿的《怀素上人草书歌序》和怀素的《藏真帖》，奉信回零陵有钱起赠诗《送外甥怀素上人归乡侍奉》。

第一次远游，怀素满怀憧憬，从他的早期书作《横行帖》和残诗《洪州诗》，可领会他的凌云壮志、豪气干云。求学结果也是称心如意。北上旅途顺利，怀素既深刻地感受到了大都会的繁华，过足了一把"明星"瘾，在求学上也最有心得。经礼部侍郎张谓提携，得叔父钱起垂幸，分别拜师邬彤、颜真卿，学到"折钗股""屋漏痕"，懂得观自然物象，悟得笔画、笔势、笔力、笔意，狂草笔法精进，风靡上流社会，名动京华，名艺双升，也可理解为名利双收。

第一次"西游上国"的成效可归纳为：交友众多。拜得名师悟笔法，一日看尽长安花，名动京华。

第二次"西游上国"

772 年底，怀素回到故土零陵侍奉双亲。但遗憾的是父母终究年老体枯，于第二年夏便驾鹤西去。怀素安放好父母双灵后，从内到外真正成了"行云流水一孤僧"。773 年秋末，他毅然决然地再次离开家乡零陵，作第二次远游。

怀素第二次"西游上国"的路线（图 4-2）是：

永州——衡州——潭州——夔州（重庆）——成都——岷山（嘉陵江）——
武昌——湖州——长安——温州（雁荡山）——杭州——洪州——岳州——
潭州——衡州——永州

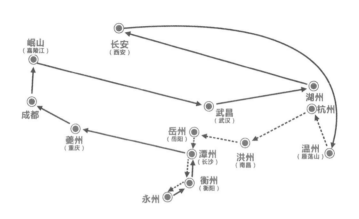

⊙图 4-2　怀素第二次游历图

　　第二次远游行程最远，路线也最复杂。经过了第一次游学，怀素眼界更
加开阔，自信心更足，也有了更多的思想表达。

　　他仍然北出衡州再上潭州，这一次过衡阳再游衡山，怀素留下了如今难
得一见的诗作《寄衡岳僧》。诗作中呈现出的清冷意境，可能与怀素失去双
亲后又恰逢冬季相关。

　　774年初，怀素转道夔州（重庆）、成都，漫游四川岷山。网络上有传，
成都宝园寺曾留有怀素驻足痕迹，只无资料确证。在岷山，怀素"白观彩云""夜
闻嘉陵江水"，草书益进。宋郭熙《林泉高致》记载："怀素夜闻嘉陵江水
声而草书益佳。"体悟自然山水是师祖张旭成就草圣的法宝，怀素应该是学
通弄懂、入脑入心了。但是，怀素还是觉得拜师求教远远不够，"洛下论书"
好似"囫囵吞枣"，他一直还在关注着老师的动向。

　　774年夏，在获取颜真卿准确地址后，怀素直抵浙江湖州入住颜真卿幕府。
当时的颜真卿幕府集聚了一大批名人雅士，怀素如鱼得水，在此喜遇茶圣陆
羽、诗僧皎然并成为挚友，此时此地正在酝酿一场"头脑风暴"。怀素紧紧
跟随颜真卿的求教及相互探讨的历程，笔者称之为"湖州论书"，史料上对
这一段精彩历史鲜有提及。及至777年春，怀素一直游历于浙江湖州。这几年，

怀素心情愈佳亦得悟甚多，草书技法愈加精醇，收获颇丰。得皎然赠诗《听素法师讲〈法华经〉》，得陆羽作《僧怀素传》，他自己更是心潮澎湃地大笔挥就蜀本《自叙帖》。

777 年 4 月，颜真卿奉诏回京，怀素跟随再赴长安，8 月颜真卿任刑部尚书。在长安短暂停留后，怀素旋即离开。这一次在长安的时间虽不足一年，却在此地诞生了令怀素彪炳千古的狂草名作——苏子美藏本《自叙帖》。

778 年春夏之交，怀素在颜真卿的嘱咐下离开长安。尔后，怀素将目光还是投向东南，独自畅游雁荡山，并于当年 9 月 15 日在雁荡精舍作《四十二章经》。

779 年春，怀素折道苏杭，寻访天姥山、赤诚山、灵隐寺、西湖、钱塘江这些形胜之地，宋内府《宣和书谱》中所记怀素名下的《梦游天姥山》《神仙帖》《游山帖》《寻道帖》《下山帖》《仙杖帖》等可能均作于此行。

悠悠然地品赏天上人间之美景后，怀素于 780 年左右归湘。此后的十余年，怀素基本上在湖南境内度过。在湖南的这期间，怀素的声名响亮，朋友也多，有朋友问其需要苦笋和茶叶吗？他潇洒地回复便笺：苦笋和茶叶都是好东西，请直接送过来。这幅便笺就是传为美谈的《苦笋帖》。50 岁左右时，面对人情冷暖，回想种种人情世故，怀素写下了一幅颇有励志意味的《论书帖》。

第二次远游收获最丰，"湖州论书"脱胎换骨，幸得挚友陆羽作《僧怀素传》，三本《自叙帖》更是树立了标杆。但他的心思谁最懂呢？在折返雁荡山途中创作的《四十二章经》及其此后的《论书帖》，却明显地透露出了他心境的变化——由燥转润。

第二次"西游上国"的成效可归纳为：朋友圈扩大。笔法开悟愈精醇，一传三帖树丰碑，狂僧扬名。

第三次"西游上国"

怀素是一名"狂僧"，但他的狂极富进取心，马云奇《怀素师草书歌》中的一句"君王必是收狂客"明确地流露了怀素的抱负，至晚年仍不气馁。书就《自叙帖》后，虽已功名显赫，年龄也有五十多了，但"上达天庭"的理想一直未能实现，怀素心有不甘。加之还有一批老友多年未见，反正是闲着，何不再向京都行？于是，791 年，55 岁高龄的怀素又萌发心动，开启第三次"西游上国"之旅。

怀素第三次"西游上国"的路线（图 4-3）是：

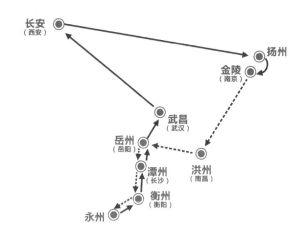

⊙图 4-3　怀素第三次游历图

永州——衡州——潭州——岳州——武昌——长安——扬州——金陵（南京）——洪州——岳州——潭州——衡州——永州

第三次远游的目标最明确，是直达京都，所以怀素一路上基本未做停留，当然由于"久病"在身却也快不起来。

791 年秋末到达长安后，怀素大失所望。他发现曾经极度繁华的京都，已不可见，不但巍巍大宫殿的光彩趋向暗淡，而且这座城市及其城里的人都呈现一派颓势。他的老师他的亲朋颜真卿、邬彤、张谓、钱起、任华等均已走向天堂。

可即便如此，怀素在长安仍然是受欢迎的。792 年，长安城中的文人雅士们相约在兴善寺中举办文艺沙龙，怀素接到了特别邀请函。为回复朋友，怀素重拾那引以为傲的狂草笔法，书就带有牢骚之意的趣作《食鱼帖》。尽管此时的狂草笔法更显老辣，但毕竟时过境迁、物是人非，这里已经没有鲜花，掌声也稀落，"明星"效应淡去，转变而来的更有"常流所笑"。他终于意识到，曾经以为可以掌控的一切，已经不再重要。

于是，在长安小住一段时间后，怀素爽利地离开了这个"让人欢喜让人忧"的地方。793 年春，怀素折道江浙散心，途经扬州江都仙女庙时，前去拜谒东陵圣母祠书下《圣母帖》。尔后顺道金陵（今南京）一路漫游，于 795 年快快然地回到湖南。此后的几年，除了回故里零陵一段时间，其余均客居在衡州。

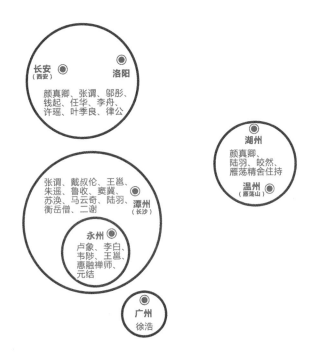

⊙图4-4　怀素交友图

　　这一趟远游口味寡淡，可谓怀素的内心回归之旅。此前怀素的书风已在慢慢地由燥转润，经此一途的满目疮痍，他那狂放的心已彻底放下，"复归平淡"。这既是一种"功夫在字外"的磨炼，也是第三趟远游的最大收获。或许，这种收获更加难得、更加可贵！

　　第三次"西游上国"的成效可归纳为：得知老友纷纷远逝，人来人往光华去，佳作天成火气散，复归平淡。

　　通过剖析怀素这三次远游，我们也可溯源他一生的交友情况。他的朋友圈（图4-4）主要定格在湖湘、京都、江浙三处，这些良师益友是他一生的财富，更是怀素成长、成才、成名的巨大助力。从另一方面也可说明，能拥有这么多的名流朋友，怀素具有高超的常人难以企及的人格魅力。

　　如果以三次"西游上国"的历程为素材，那么就可以绘制出怀素一生书法创作与心境嬗变的"心电图"，这对我们认识怀素、研究怀素、学习怀素具有重大意义。怀素是我国书法史上资格最老的"北漂族"，光鲜背后的辛酸，又有多少人看见、理解？怀素的"西游上国"是最为虔诚的拜师求艺，可以说"西游上国"成就了一代草圣。读万卷书，行万里路，这句话用在怀素身上最为贴切。

第二节

怀素传世书作集锦

北宋宣和（1119—1125）年间，御府中尚收存有怀素作品101件，仅次于书圣王羲之（241件），排在第二位。《宣和书谱》卷十九记之甚详，虽说御府藏有怀素草书作品101件，但其上所列作品目录却只有87件。朱家溍主编的《历代著录法书目》所录怀素书作共126件。熊飞先生根据典籍记载，又补证了40余件《宣和书谱》等未收录的怀素书作，总数达140余件。然而，我们今天能够见到的或典籍中详细记载的怀素书作却少之又少。现分墨迹、刻帖（石）、托刻、托迹等分别记叙。

一、墨迹

第一件：《曹娥诔辞》墨迹观款

释文：见第二章第二节

材质：绢本。

现藏：辽宁省博物馆。

说明：辽宁省博物馆在其馆藏《书画著录·书法卷》一书中将之列为第一件，从书心全文、书法特点、跋文、鉴藏印记、历代著录、有关文章、附记七个方面做了细致的著录与说明。具体见第二章第二节。

第二件：苏本《自叙帖》

释文：见第二章第六节。

材质：纸本。

现藏：台北"故宫博物院"。

说明：如果说书法史上有一件作品争议的时间最长、在当代引起的评述最多、争议反差最大、运用的鉴定技术最新，首推怀素的苏本《自叙帖》。据记载，《自叙帖》自北宋起有多本流传，现今仍有为数众多的复本存世。学术界一直以来非常关心，台北"故宫博物院"卷是否为怀素真迹？是否为摹本或临本？书成于何时？题跋是否为后人移配？传世刻本与本卷的关系如何？启功在二十世纪八九十年代即分别撰文质疑台北"故宫博物院"藏墨迹长卷非怀素真迹；2003 至 2004 年间，李郁周的质疑，掀起广泛讨论，傅申、何传馨等学者皆发表长篇论著；同时台北"故宫博物院"与东京文化研究所合作，对墨迹长卷进行科学检测，并出版检测报告，将长卷的物质状况清楚地呈现在世人面前；2005 年，傅申再针对新发现流传至日本"半卷本"进行考察，对台北"故宫博物院"藏本的年代与性质提出鉴定意见；直至今日，仍有学者对这类议题持续进行讨论。这一连串争论以《自叙帖》为中心，但涉及面广，对古代书法鉴定学的有效性及限制、墨迹与刻本的性质问题，还有科学检测在真伪辨别中所起的作用等，都提供了反省的契机，可说是书法鉴定学上最经典的案例。2019 年 1 月中旬至 2 月下旬，台北"故宫博物院"藏苏本《自叙帖》草书长卷赴日展出，再次引起广泛关注。同时间台湾大学艺术史研究所也推出"水月镜像——怀素《自叙帖》摹刻本与风格传衍特展"，呈现此经典名作被广泛摹写、传刻、临仿及再创造的情形。"水月镜像——怀素《自叙帖》摹刻本与风格传衍特展"共展出 15 件作品，核心作品群是2003 至 2004 年间学者们用作讨论证据的几种明清刻帖（从未公开展示过），同时展出的七种怀素《自叙帖》，令睹者大饱眼福、叹为观止。除台北"故宫博物院"藏墨迹卷以原尺寸（连同题跋共长 1529 厘米）展出，标注行数、纸数及北宋以前印鉴外，还有"流日半卷本（仅存三纸）""契兰堂本""水镜堂本""沈铭彝本""蜀本""绿天庵本"。

第三件：《苦笋帖》

释文：见第二章第七节。

材质：绢本。

刻帖：刻入《三希堂续刻法帖》。

现藏：上海博物馆。

说明：见第二章第七节。

第四件：民间收藏书卷《四十二章经》

释文：略。

材质：纸本。

现藏：不定。

说明：见第二章第七节。

第五件：《论书帖》

释文：见第二章第七节。

材质：有墨迹本、碑拓本两种。

刻帖：乾隆时梁诗正奉旨将墨迹本摹入《三希堂法帖》。

现藏：墨迹本藏辽宁省博物馆，碑拓本由黄锦祥收藏。

说明：见第二章第七节。

第六件：《食鱼帖》

释文：见第三章第二节。

材质：纸本。

现藏：青岛市博物馆。

说明：第一、三、五、八行都有磨损，特别是第三行几乎难以卒读。这种磨损却又产生了强烈的浓淡虚实变化，实属意料之外。

第七件：63岁款小草《千字文》（世称《千金帖》）

释文：略。

材质：绢本，纸本。

现藏：台北"故宫博物院"存绢本墨迹；黄锦祥收藏纸本墨迹残本。

说明：见第三章第三节。

第八件：草书手卷《鲁公帖》（疑）

释文：鲁穆公使众公子或宦于晋，或宦于荆。犁鉏曰："假人于越而救溺子，越人虽善游，子必不生矣。失火而取水于海，海水虽多，火必不灭矣，远水不救近火矣。今晋与荆虽强，而齐近鲁，患其不救乎？严逐不善周君，患之，冯沮曰：严.........."。

材质：纸本。

现藏：纽约亚洲文化基金会。

说明：此帖内容出自韩非子著作中"远水不救近火"典故。本作可查询资料几乎没有，从帖中回环用笔、墨色、飞白及款识等方面初步判断，伪作可能性较大。

第九件：30 岁款《千字文》（世称"瑞石帖本"）

释文：略。

材质：清拓本。

现藏：永州市零陵区文物管理所。

说明：见第三章第三节。

二、刻帖（石）

第十件：32 岁款《千字文》（《神迹帖》，宋拓本）

释文：略。

材质：拓本。

现藏：黄锦祥。

说明：见第三章第三节。

第十一件：《横行帖》

释文：见第二章第二节。

镌刻：北宋潘师旦于皇祐至嘉祐年间刻入《绛帖》。明弘治二年（1489）宋灏、刘瑀奉王命摹入《宝贤堂集古法帖》。明万历末董其昌摹入《戏鸿堂法帖》。明末清初冯铨摹入《快雪堂帖》。

现藏：故宫博物院有《绛帖》完整本，辽宁省博物馆有《绛帖》残本。

说明：该作是怀素早期作品，尚未能确证具体时间。具体见第二章第二节。

第十二件：《颠书帖》（图 4-5）

释文：藏真久在风波，不复颠逸，今日到故园，将多不知其由，故书之。山下消息等，乃可忧也。颠书之趣，所贵者日复当，异与足下颠草，必有奇势。所将委曲及船取米，必定知减于石雄逸。藏真乃□。（因剪裁之故，释文存多种版本，故不好理解）

镌刻：北宋潘师旦于皇祐年间刻入《绛帖》。

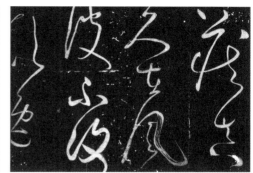

◎图 4-5　《颠书帖》局部

现藏：故宫博物院。

说明：《宣和书谱》中载有《颠书帖》，不知是否即此帖。此帖多行首尾之字的尾、首笔画收、起笔生硬，实为剪裁之故。故可猜测此帖原迹应为竖幅。此帖笔势奔放，有奔蛇走虺之势，然又欠凝练、沉着与干脆，当属《自叙帖》前迹。帖后钤有"子韶审定""吴氏荷屋平生真赏""潘氏仲子""德畬考藏吉金贞万石"等九印。

第十三件：《藏真帖》

释文：见第二章第四节。

镌刻：《藏真帖》与《律公帖》合刻，纵140厘米，横49厘米。刻石为竖方形，宋元祐八年（1093）游师雄重刻。

现藏：西安碑林博物馆第三室。

说明：见正文第二章第四节。

第十四件：《律公帖》

释文：见第二章第三节。

镌刻：同《藏真帖》。

现藏：西安碑林博物馆第三室。

说明：见第二章第三节。

第十五件：《圣母帖》

释文：略。

镌刻：略。

现藏：略。

说明：见第三章第二节。

第十六件：大草《千字文》

释文："群玉堂本""律吕调阳"后缺"云腾致雨，露结为霜"八字，"西安本"全。"群玉堂本"为"烛银炜煌"，"西安本"为"银烛炜煌"。其余与小草《千字文》同。

镌刻：略。

现藏：略。

说明：见第三章第一节。

第十七件：传怀素作《裴说〈寄边衣诗〉》

释文：……针信手缝，惆怅无人试宽窄。时时举袖匀红泪，红笺谩有千行字。书中不尽心中事……

镌刻：无考。

现藏：纽约大都会博物馆。

说明：《裴说〈寄边衣诗〉》，31 厘米 × 52 厘米，创作时间不详。这幅作品的资料极少，现存非真迹，仅为拓片，且残缺。据有关学者追溯考究，怀素确实写过《裴说〈寄边衣诗〉》草书。在西泠印社 2011 年组织的中国古代书画作品春季拍卖会上，明代书法家董其昌的《临怀素〈寄边衣诗〉》，以约 230 万元整被拍出。由此可推断，明代时怀素的这幅书法，无论是真迹还是拓片，肯定是完整的。从残卷亦可以清晰地感觉到怀素在书法表达中的情感波动。

笔者考证认为，此作可能非怀素真迹。疑点有二。一是存在明显的生命逻辑问题讲不通。怀素生于 737 年，圆寂于 799 年左右。而裴说乃晚唐人，唐哀帝天祐三年（906）丙寅科状元及第，确实作有《寄边衣诗》，《裴说诗词全集》和《全唐诗》卷七二〇均有记载。如果《裴说〈寄边衣诗〉》是晚唐裴说所作，而圆寂于 799 年左右的怀素怎么能看到这首诗？而如果在怀素之前另有一"裴说"，亦作有《寄边衣诗》；或有名为"裴说寄"者，曾作边衣诗，那就讲得通了。通过查索，唐初、中唐都没有一个署名"裴说"的出名诗人，前朝也未发现。因此，这一时间差乃最大破绽。二是此作神迹与怀素现存的真迹有明显差距。从《裴说〈寄边衣诗〉》残作拓片看，这是一件留有怀素中年时期巅峰之作痕迹的作品。但仔细比对可发现，狂草《裴说〈寄边衣诗〉》只留其形、不存其神。《裴说〈寄边衣诗〉》中除了点画有差距外，线条使转不太流畅、首尾勾连不太顺畅、章法布局尤其是上下字之间略显局促，卷面欠清爽，这不符合怀素飘逸浪漫的风格。而且该作中有一半以上的字的写法，明显与怀素书写习惯不一致。特别是"宽窄""举袖匀红泪""谩""千行字""中"等字，未见怀素写得如此生硬的。

第十八件：传怀素作《王羲之传》（图4-6）

释文：见《秘古阁帖》第二卷。

镌刻：同上。

现藏：《怀素全集》主编杨璐先生藏有此拓本。

说明：2016年中国书店出版的《怀素全集》上、下册，收录怀素书作四十余帖，有十五帖是首次面世，有的为海内孤本。其中《王羲之传》是首次发表，四百余字，主要论及书法经历。因是首次发表，故有人对《王羲之传》提出质疑，并指明为明人解缙或祝允明作伪。其理由：一是《王羲之传》的风格与怀素其他狂草风格迥异，没见过怀素这种写法；二是其他古籍中没有怀素此作的记载，怀素草书《王羲之传》现仅见于清代秘古阁帖，再无其他史料佐证。直到如今出版《怀素全集》，将其收录其中，与世人见面，也难免不让人生疑。然而，质疑者却也拿不出有力证据剔除怀素之名下。明代解缙的书法和怀素不是一个档次，草法很难达到这种程度。至于祝允明确有笔墨功夫，笔连能绕，但草法开合气势有别，作伪怀素恐也欠火候。况且明

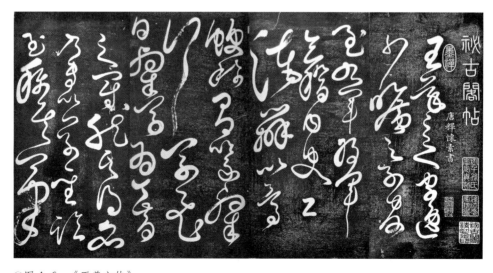

⊙图4-6　《王羲之传》

清书家众多，也不乏慧眼，难掩别人耳目。最好的史料证据，《王羲之传》帖本，前有钤印"树干孙氏审定真迹""孙椿年家珍藏"及"秘古阁精鉴印"等，卷后有三则重要题识。一是晚唐杨凝式的鉴定文字："十年挥毫学临池，始识王公学卫非，草圣未须因酒发，笔端应解化龙飞。"二是北宋大家李建中的跋语："今观此卷殉造其极，宜杨少师其称赏，如此珍重珍重！"三是明代草书家张弼对怀素此卷赞赏有加："此唐释怀素草书真迹，数百年来绢素墨色如新，历朝诸贤鉴定，固不得谓为赝本也。"以上三个朝代的大书法家题跋赞赏，他们能看走眼吗？除非是将历代名人跋语一并作伪？那样的话，作伪者必定是绝顶高手了，绝顶高手还需作伪吗？另《海山仙馆藏真续刻》第五卷亦刻此帖。纵观怀素大草《王羲之传》，虽然比不上《自叙帖》和大草《千字文》笔法精到，但也不失为一件书法精品。看似圆笔缠绕似蚯蚓书，略显不足，或许这是怀素酒醉以后即兴所为，缠绕连绵正是醉意和狂气。

第十九件：传怀素作《风流帖》（图4-7）

释文：见《怀素全集》。

镌刻：墨缘堂藏真高清刻本，道光二十四年（1844）蔡世松集，钱祝三摹刻。

现藏：《怀素全集》主编杨璐先生藏有拓本。

说明：此帖内容是关于王献之、王洽、王珣的书法评论，原名《王献之王洽王珣书评》，有人参照历代名帖命名习惯，或感其率意颠逸、天真烂漫，

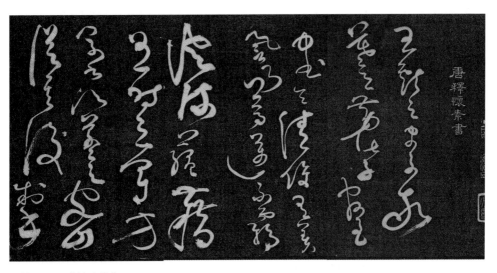

⊙图4-7 《风流帖》

取第二页"风流"二字命名，称为《风流帖》，还有人称《王献之传》。《东图玄览》卷一称为《书子敬王洽王殉三小传一卷》。怀素49岁时，书艺正值巅峰状态，使转如环，奔放流畅，一气呵成，字字美妙绝伦，被誉为书法界最新重大发现之一。有人认为，《风流帖》融《自叙帖》与《大草千字文》两帖特点于一体，而且更狂了，狂得无拘无束、收放自如、云卷云舒、大开大合、奇巧险绝，堪称怀素的狂草神品。

三、托刻

第二十件：传怀素书蜀本《自叙帖》

释文：与"苏本"同，见第二章第六节。

镌刻：道光十年（1830）那彦成刻于莲池书院。

现藏：河北保定莲池书院高芬轩庑廊，河北省博物馆藏有初拓本。

说明：《四库全书》没有此帖的记载，河南美术出版社1985年发行有单行本。此帖墨迹在2003年被低价拍出后下落不明，有刻本流传，但影响甚微。当代学者对怀素《自叙帖》的研究都集中在"苏本"上。当代著名鉴定家傅申先生在一篇论证故宫本《自叙帖》的文章中对此帖有一段简单的描述，2015年河南大学朱战威硕士论文《怀素蜀本〈自叙帖〉研究》较为详尽，除此之外再无别论。蜀本《自叙帖》风格独特，技巧完善，有极高的艺术价值。此帖现看到的均为石刻拓本，落款为"大历丙辰（776）秋八月六日，沙门怀素"。帖后第一跋为翰林承旨刘熙所题："怀素《自叙帖》世传有三，一在苏子美家，一在蜀中石阳休家，一在冯当世家。此亦米元璋所考记者，得以自传大概。矩度相似，笑意不同，各出一时之兴。此帖后有陇西印记，盖蜀中所藏者是也。且纸墨如新，神气精完，当知兵火余奇。今得一观，真幸会也。气量、胸次、尘垢，一洗豁无涯矣。"跋后未记年月。第二跋是著名散曲家张养浩所题："藏真，草圣也，余观多矣，未有如此帖精妙入神，纵笔如飞。初不经意，奇怪迭出，遒劲散逸，各臻其法。况数百年之物，首尾不失一字，尤为可宝，真稀世也。"时间为元武宗至大二年（1309）。第三跋为清朝大臣那彦成语："藏真《自叙》世传有三，此卷后有陇西李氏藏印，向在蜀中石阳休家，山谷道人以鱼笺手临数过，即此本也。唐宋以来，久在秘府，前朝归携李项氏。先文成公藏弄有年，最所爱玩。后经失去，余复以重价购得。道光甲申（1824），曾刻于兰州公署。比来畿辅，公暇展阅，念先人手泽之遗留，惧名迹之湮没，因勒之莲池书院之南楼。至其笔法神妙，在唐诸名卿，已尽致推许，诚神品至宝也。"时间在道光庚寅（1830）八月。从上述三跋可知此帖流传之大概，那彦成于道光四年（1824）镌刻于兰州公署后，又于道光十年（1830）镌刻于莲池书院。据河北省博物馆藏《莲池书院法帖》载，此碑为旧拓重摹，同入刻者有褚遂良楷书《千字文》、颜真卿《多宝塔碑》、米芾《虹县诗》、赵孟頫《蜀山图歌》等。数百年来，书院南楼已杳然无存，刻石现镶嵌于高芬轩之庑廊。又因年久风化，字迹已残损不清，所幸河北省博物馆藏有早年拓本。

第二十一件：传怀素书绿天庵本《自叙帖》

释文：与"苏本"同，见第二章第六节。

镌刻：明中叶翻刻。

现藏：原石久佚。

说明：关于绿天庵本《自叙帖》，清末有绿天庵本《自叙帖》与《杜甫秋兴八首》合集翻刻本行世，亦见于李郁周《怀素自叙帖千年探秘》《怀素自叙帖鉴识论集》和台北康盖源先生藏绿天庵本《自叙帖》拓本。款署"唐大历元年六月既望，怀素书"，"素"字上钤"藏真"白文印，"书"字下钤"长沙怀素书印"朱文印。大历元年（766）怀素尚未走出湖南，不可能写出《自叙帖》。另据杨仁恺先生考证：魏晋六朝迄于隋唐的作品，一般不钤作者印记。至元代经钱舜举、赵孟頫及元四家，才"风气大开"。通过对上海博物馆编《中国书画家印鉴款识》所收录的上至唐代、下迄现代的各类印鉴款识查对，直到北宋的苏轼（"眉阳苏轼"钤于《宋四家书》上）、米芾（"米芾之印""米芾""米黻之印"等钤于《褚遂良摹兰亭帖题跋》上）才有姓名印钤盖于作品上，而唐人并无钤盖书写者名字印之例。又从书写内容与书写质量看，此刻本较之"苏本"墨迹《自叙帖》而言，内容相同，字形结构相同，但大量的枯笔线条变成了清晰的笔画，特别是行中字数的调整，如第46行"张礼部"之"部"字由行尾移至下行行首，至第80行方复原位置；第96行"合宜"之"合"字又由行首移至上行行尾；更有将第104行"千万字"的"字"后移为单独一行，余下空白由"戴"字斜钩充满，而且钩画十分粗壮，完全去掉了"苏本"钩画向上出锋时笔毫的跳动；等等。可见"绿天庵本"应为后人据拓本勾描、杜撰、翻刻而成。具体见正文第二章第六节。

第二十二件：传怀素书《真书过钟帖》

释文：见第二章第三节。

镌刻：北宋淳化三年（992）摹入《淳化阁帖》，潘师旦刻入《绛帖》。明弘治二年（1489）宋灏、刘瑀奉王命摹入《宝贤堂集古法帖》。

现藏：故宫博物院藏有宋拓本。西安碑林博物馆藏有清翻刻原石，原作藏于美国弗利尔美术馆。

说明：《真书过钟帖》又名《右军帖》《过钟帖》。此帖见载于北宋秦观《淮海集》卷三五。宋曾慥《类说》卷五八，元袁桷《清容居士集》卷四七、戴良《九灵山房集》卷二九，明张丑《清河书画舫》卷一上，清倪涛《六艺之一录》卷一三六等有题词或著录。值得一提的是，众多著录者对怀素此帖书写似乎并不感兴趣，而对其内容多有议论。具体见第二章第三节中"从父钱起与狂来轻世界的怀素"之片段。

第二十三至二十五件：传怀素书《客舍帖》《桑林帖》《冬熟帖》

释文：《客舍帖》吾自旦及今食啖苦不下。非常闷闷。复在客舍所求者并之。加以年老。期汝等复得年月耳。一日。

《桑林帖》圆而能转，字字合节，同桑林之舞也。

《冬熟帖》常以忧闷为其劳也，冬熟将船取米物，必寄千斛乃可解也。药物十月内采取之，还人不复耳。三月一日报。

镌刻：董其昌将上述三帖摹入《戏鸿堂法帖》。

现藏：无考。

说明：《客舍帖》载于《宣和书谱》卷十九"御府所藏怀素草书一百有一"中，其余两件未载。明郁逢庆《书画题跋记》卷三载有《唐释怀素客舍等帖》及释文，即此三帖，并著录帖首有宋徽宗御书金字题签，帖后有曹氏题记："怀素小草《客舍》等帖，唐代绝伦，世亦罕见，子孙宜宝之。乾德二年（964）五月四日，开封曹用家藏。"又薛氏题记："怀素唐朝草书超群，所谓笔力精妙，飘逸自然，非学之能至也。熙宁九年（1076）二月一日，河东薛绍彭。"帖首及接缝处，俱有"宣和""政和""绍兴""天水"双龙小玺，帖尾有"内府图书之印"等。汪砢玉《珊瑚网》卷二又载："观怀素《客舍三帖》俱为项玄度物，漫志之，以俟鉴定。"此后，清《佩文斋书画谱》卷七五、卞永誉《式古堂书画汇考》卷八、倪涛《六艺之一录》卷三三三等均有收录。从上述诸题记及所记宋内府诸收藏印记看，应为真迹。难能可贵的是，《冬熟帖》中出现了一笔连七字（常以忧闷为其劳）的奇观。明万历三十一年（1603），董其昌将《客舍帖》（含《桑林帖》，郁逢庆、汪砢玉等著录时均将此二帖释文系于一处）、《冬熟帖》及《醉僧七绝》《祝融高坐帖》摹入《戏鸿堂法帖》卷七。

第二十六件：传怀素书《醉僧图帖》

释文：见第二章第五节。

材质：原作材质为绢本。

镌刻：董其昌刻入《戏鸿堂法帖》。

现藏：无考。

说明：《宣和书谱》卷一九收录有《醉僧图诗》。《四库全书》所收诸家对此帖的关注更多的在于内容。笔法不似怀素中年成熟期狂草风格。

第二十七件：《千字文》（净云枝藏帖）

释文：略。

镌刻：明末清初刻石并镶嵌于江苏省宜兴市西圩蒋氏宗祠壁上。

现藏：刻石现存宜兴周王庙碑廊。民间有拓片流传。

说明：与董其昌齐名的明末书法家蒋如奇精心整理古代法帖，取名"净云枝法帖"，又名"净云枝藏帖"，在书史上负有盛名。其中怀素草书《千字文》位列其中，该书落款"大历二年八月"。据《宜兴人物志》储云先生撰稿蒋如奇篇中说："如奇除了将毕生精力寄托于书法艺术外，还精心整理古代法帖，择其优者，摹刻上石，共有百余块，刻工精良。他在（净云枝）法帖摹刻接近尾声而尚未竣工时，因友人相荐，如奇在休闲十年后，又出任湖西道转浙江参政。于崇祯十六年（1643）督粮进京途中逝世。朝廷追赠光禄寺卿。如奇亡故后一年，其子胤敬继父遗愿，于清顺治元年（1644）完成《净云枝》法帖石刻，镶嵌于西圩蒋氏宗祠壁上。"这一段叙述清楚地描述了《净云枝法帖》摹刻的过程。见第三章第一节。

第二十八件：传怀素书《正嘉帖》（图4-8）

释文：正嘉崖至律得寺中无他，请竖厨宸终是好也。

镌刻：崇祯十四年（1641）刻入《快雪堂法帖》。

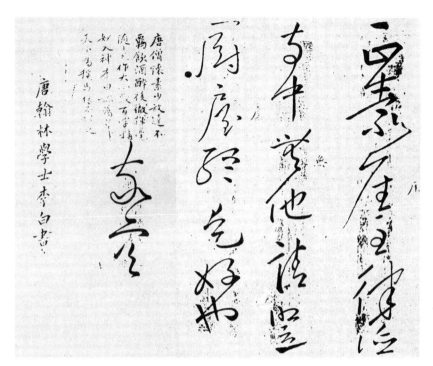

○图 4-8 《正嘉帖》

现藏：清《快雪堂法帖》现藏台北"故宫博物院"。

说明：1994 年四川辞书出版社出版的宋拓本《谭帖》载有《正嘉帖》（下图），帖中有元代柯九思的题识："唐僧怀素放达不羁，饮酒醉后，挥毫随意，作大小数百字，精妙入神，李白称为草书天下独步，信不诬之。"2016 年中国书店出版社出版的《怀素全集》下册也收录有《正嘉帖》。但明末《快雪堂法帖》则把《正嘉帖》列在高闲笔下，现可见于北京北海公园北岸松坡图书院快雪堂东廊第 16 方刻石。虽然各方都有相应说辞，但从帖中书写的点画、折笔、断笔、连笔及呆板布局等方面来判断，此帖可能非怀素之作。

第二十九件：传怀素书《近代帖》

释文：近代人殊不知张芝，藏真记数千万字于太华中峰之下石室，此乃史凌古书讼说，必竟未知。颠自言贫道得此道，岂使张颠独自颠。嵇康亦能书，足下有此作不？藏真近求得一轴，亦乃家中之一宝也。五月二日，沙门怀素报王山人。

镌刻：清初卞永誉刻入《式古堂法书》。

现藏：广州博物馆藏。

说明：《近代帖》出自《式古堂法书》第四卷，《宣和书谱》卷一九也有记载，应为海内孤本。草书，纵 31 厘米，横 61 厘米。

四、托迹

第三十件：传怀素草书《杜甫秋兴八首》

释文：《杜甫秋兴八首》诗文，略。

镌刻：康熙年间曾刻入绿天庵瑞石帖系列，清末有《杜甫秋兴八首》与绿天庵本《自叙帖》合集翻刻本行世。碑刻原存零陵怀素公园绿天庵右侧，原石现不见，存世拓片极少。1981 年永州市重刻并置于永州柳子庙。

现藏：颜家龙先生藏有清末翻刻本。永州市美术馆于 2021 年购得一清拓本。

说明：草书《秋兴八首》碑拓，纵 153 厘米、横 68 厘米。该碑上款有"秋兴八首"，楷体"怀素书"，其下有印章一枚。下书草体"怀素书"三字，其下又有印一枚，碑文左有"后裔孙通浩"字样。此帖不见于历朝书画著录。清道光《永州府志》卷十八上《金石略》载绿天庵怀素五帖中有《唐怀素书杜甫秋兴八首》，释文后附"王煦等省志云"一则。据"《杜工部集》历数帖中文字错处"后指出："此帖亦近人临摹，不知蓝本所出何题。"又附案云："此书曾见祝允明墨迹与此绝肖，并不著其何人也，盖为明时书家所尚可知也。"有人认为此帖乃祝允明所书，误为怀素作品。祝允明虽取法怀素，但出之以刚健雄强，烂漫天真，与草书《秋兴八首》所传达出的柔弱、单调以及刻意连绵的做作等信息全然不同，因此，绿天庵草书《杜甫秋兴八首》亦非祝允明手笔。草书《杜甫秋兴八首》，款署"右壬辰三月二日怀素书"，下有"藏真"白文印。据前述杨仁恺先生关于中国古代书画作品"具款"和"钤印"规律介绍，此作"藏真"印钤于怀素名下，乃该作存疑的一大理由。又如，"壬辰"纪年与怀素相近者，上在唐玄宗天宝十一载（752），下在唐宪宗元和七年（812）。杜甫《秋兴八首》诗作于大历元年（766），上限已无意义，下限也不符合怀素的年龄，尽管列不出怀素圆寂于 799 年左右的确切证据，但可以肯定的是 812 年怀素已不健在。再从书写特征来看，《秋兴八首》既无《自叙帖》的俊健清利，亦无小草《千字文》的沉静闲逸，一味追求连绵，离怀素瘦劲回环笔法尚有明显差距。集合这三大铁证分析，本作系后人伪托无疑。笔者猜测，可能怀素确实书写过草书《秋兴八首》，怀素第二次远游时也曾到过夔州（今重庆奉节），只不过真迹已佚，后人据真迹作假，并保存了下来。

见诸典籍记录详细的书迹

第三十一件：笺本《清静经》

《清静经》，又名《常清静经》，全称《太上老君说常清静妙经》。此经作者不详，推测成书于唐朝前期。草书《清静经》曾是与小草《千字文》齐名的作品。之所以齐名，来自涉及怀素生辰的长时间争论。综合各类史料分析，怀素作《清静经》有四大存疑点。一是此作中的"太平寺"三字为打假的重大依据，正文第一章第二节中已明述。二是文嘉所见之处和所见次数的记载与文彭所记颇有出入：一说"尝见之"，一说"频阅之"。三是《秘殿珠林》所载《清静经》之134方可识读的印鉴中，至少有105枚为项元汴所钤，项氏为何在一件作品上钤印如此之多？四是从与怀素同时代的苏涣、任华、马云奇等赠怀素草书歌中所记人物、时间与怀素之经历及相关作品等资料综合分析，怀素63岁时作小草《千字文》（千金帖）为真。可知史学家陈垣在《释氏疑年录》中谈到影响怀素生卒年判断最重要的两件作品——小草《千字文》（千金帖）和《清静经》时，所说"两卷年岁不同，必有一赝"中的"一赝"就是《清静经》。具体见第一章第二节。

第三十二件：绢本《千字文》

元王恽《秋涧集》卷七一云："予观藏真大历二年（767）海西寺所书《千文》，极纵横捭阖之状。其欲断还连，似斜复整，笔增妍而不繁。其减者，意足而悉备，如风樯阵马，骤不可当。倒冠落佩，狂莫得制。至于气凌过庭，势追张颠，雄伟豪迈，超于法度之外者，一一视之，皆篆隶之古文耳。兹本虽出临摹，精气固衰，骨脉具在。所谓虽无老成人，犹有典刑。十一年（1274）正月五日，风日清丽，手桑笔利。乘兴学书，觉胸中烦滞，拂然从笔端出矣。"从活动于元世祖忽必烈时代的翰林学士承旨王恽的描述看，王氏所见虽为摹本，但认为亦属"气凌过庭，势追张颠"的"篆隶之古文"，以至于"胸中烦滞，拂然从笔端出矣"，由此亦可见古人对怀素草书的尊崇。清《石渠宝笈》卷二八载《唐怀素书（千文）一册》，列为"次等地一"，并附款识云："有唐大历二年六月十九日，下有'藏真''长沙怀素书印'，册记四十五幅。"《石渠宝笈》与《秘殿珠林》都是奉敕成书于乾隆九年（1744），《秘殿珠林》

凡例载："……未能确辨真赝者，列为次等。"《石渠宝笈》从《秘殿珠林》例。从王恽的"临摹"到《石渠宝笈》和《秘殿珠林》的"次等"，加之如前所述唐代尚无钤盖名印之例，推知此作应为赝品。

第三十三件：绢本《任华草书歌》

宋米芾《宝章待访录》著录有《怀素书〈任华草书歌〉》一件："右真迹，两幅，绢书。字法清逸，歌词奇伟，在驸马都尉王晋卿第。尚方有三幅，乃其后幅，适完。尝请出第，观复归尚方。"元陶宗仪《说郛》卷八九上，明张丑《清河书画舫》卷九下、汪砢玉《珊瑚网》卷二二，清《佩文斋书画谱》卷九二、卞永誉《式古堂书画汇考》卷四、倪涛《六艺之一录》卷三三三等均有著录。另，《清河书画舫》卷四录任华《草书歌》说："任华工诗，有书学，其赠怀素《草书歌》词翰两绝，远胜李白之作，而草圣又似过之。米公定为怀素书，载之《书史》，非也。"说书亦为任华所作，恐不可信；但张丑似是看到了原帖，这说明此帖明代尚存，入清便不见载了。怀素西游上国、名动京华，任华作《怀素上人草书歌》予以盛赞，故怀素书写任华《草书歌》实属情理之中。据米芾记载，此帖当写在五幅绢上，可惜宋代时就已分落两处。至于米芾见到的《任华草书歌》笔法特色，"字法清逸"之外别无所知。

第三十四件：《酒狂帖》

元倪瓒《清閟集》卷九有《题唐怀素酒狂帖》："癸丑八月廿一日观于耕渔轩，时积雨初霁，残暑犹炽。王季耕自其山居折桂花一枝，以石罌注水插花着几格间，户庭闲寂，香气郁然。展玩此卷，久之如在世外也。"明都穆《寓意编》载："李少卿贞伯藏怀素《酒狂帖》，后有杨凝式鉴定，王晋卿跋，山谷题名，是光福士人家物。非真迹。"明朱存理《珊瑚木难》卷三著录有怀素真迹，并注明"今在李驾部处"。虽未记作品名称，但录有释文："酒狂昨日过杨少府家，见逸少《阮步兵帖》，甚发书兴也。颠素何可以到此，但恨无好纸墨一临之耳。比见献之《月仪帖》内数字，遂与右军并驰，非后人所能到。一点一画□新奇一法，此乃得钟弟子宋翼三过波藏锋法。酒狂见此，遂大吐出胸中霓耳。《千文》早晚纳去，俟杨生缚笔至，可为也。兹不□。太师丈足下。"下有"酒狂藏真"四字，似是题记。后附杨凝式题诗："十年挥素学临池，始识王公学卫非。草圣未须因酒发，笔端应解化龙飞。"又附黄山谷观款："王逸少临钟繇书后跋尾，是唐僧怀素书，杨凝式鉴定，宝宁赐玩记王诜，宝宁赠□书□。"再附倪瓒题记。明赵琦美《赵氏铁网珊瑚》卷一亦著录有《唐怀素酒狂帖》，内容与朱存理所记略有不同："比见献之《月仪帖》"为"比月献之《月□帖》"，"一点一画□新奇"为"一点一画便□新奇"，"兹不□。太师丈足下"为"兹不具□狂□，藏真，太师丈足下"。由此可知，朱氏所记"怀素真迹"即《酒狂帖》，且朱、赵二人均系从原作著录。清吴升《大观录》亦著录此帖，且内容完整："此乃得钟弟子"为"此乃得钟繇弟子"，"一点一画便□新奇"为"一点一画便发新奇"，"兹不具□狂□，藏真，太师丈足下"为"兹不具酒狂蕴，藏真，太师丈足下"，"宝宁赠□书□"为"宝宁赐第书"，如此便文从字顺了。宋荦评《大观录》为"吴君子敏汇辑其生平所见书画也"，从上述著录看，当可信。都穆称其所见"非真迹"，朱存理却言其为"真迹"，倪瓒只说看了此卷之后，有"如在世外"之感，而避言真伪。到底是真是伪？因此帖无考。然上述史料内容却提供了研究怀素的重要信息：一、怀素曾自称"酒狂"；二、怀素熟稔二王法帖；三、怀素喜绢书。

第三十五件：《梦游天姥吟帖》

明董其昌《画禅室随笔》卷一有《临怀素真迹跋后》一则："藏真书余所见有《枯笋帖》《食鱼帖》《天姥吟》《冬热帖》，皆真迹。以淡古为宗，徒求之豪宕奇怪者，皆不具鲁男子见者也。颜平原云：张长史虽天姿超逸，妙绝古今，而楷法精详，特为真正。吁，此素师之衣钵，学书者请以一瓣香供养之。"张丑《清河书画舫》卷四下载有此卷当时情形："怀素《梦游天姥吟》卷真迹，藏新都人家。周敏仲一见称常，其家遂尔宝秘，不以示人，自非韩太史家《论书帖》之可拟议耳。"又"素师《梦游天姥吟》竖幅作横卷装，盖效伯高《春草帖》体为之。其跋尾并横书其后云：世人论狂草往往并称旭素，旭奇幻百出，不逾规矩，素则谨守法度，仅具一支一节耳。即如长史《秋深》等帖，素师毕世追仿，胡能得其仿佛乎。"文彭在评论索靖《出师颂》时也曾提到此帖："平生所阅晋唐法书，不下数百卷，惟孙过庭《书谱》，怀素绢本《千文》《梦游天姥吟》，颜鲁公《刘中使帖》，更无遗恨……"清《佩文斋书画谱》卷九四载："王羲之《袁生帖》，释怀素《梦游天姥吟》，皆宋府秘物，为吴王氏藏本，并神品也。"卞永誉《式古堂书画汇考》卷八载有《怀素梦游天姥吟卷》，释文即李白诗《梦游天姥吟留别》，并附录张丑上述题记。知怀素《梦游天姥吟帖》乃书写李白诗。所以，明胡震亨《唐音癸签》卷三三载"怀素有诗《梦游天姥山》"，应当是据《宣和书谱》载怀素草书帖中有《梦游天姥山》臆断的。从上述著录看，怀素《梦游天姥吟帖》当为真迹，而且相比于《论书帖》还要好，但若与张旭的"奇幻百出"相比，却又"仅具一支一节"。因此帖无传，就给后人留下了无限的遐想。此帖又曾"竖幅作横卷装"，到底竖有多长，也不可知。但不管多长，要将李白此诗写全，字一定不大，否则就只能是局部。

第三十六件：《秋风辞》

《宣和书谱》卷十九录《秋风辞》。《宝真斋法书赞》卷五录怀素《秋风帖》一通，文云："此相遇，极慰积心，人情逼深江，事来甫尔，遂不果款悉。海（按，帖首及江字上下，海字上下，俱有阙文）……我有数行泪，不落十余年。今日为君尽，并洒秋风前。"据岳珂说，此帖有十二行，不知是指原有十二行还是残存十二行。《唐文拾遗》即据此收录。帖今不存，《宝真斋法书赞》谓："右唐怀素《秋风帖》真迹一卷，草法入圣，精艺无敌。纸素亦蠹朽不可触，绝非后人所能径庭者。着以御府印，庆元庚申（1200）十月，予来建康，得之士人张琨家。后二十四年，卷轴经屡阅，皆昃昃碎断，始以癸未岁（1223）十一月，重装于维扬，因取而赞之。赞曰：僚燎之秋，骚人所悲；彼僧何为，乃写以辞？绝艺出尘，亦寄焉耳。云烟苍茫，在此幅纸。"按《文苑英华》卷三○二录六朝陶弘景《和约法师临友人》诗云："我有数行泪，不落十余年。今日为君尽，并洒秋风前。"又四库本《古诗纪》卷九九录此诗亦作陶诗，但于诗题下注："《历代吟谱》云'慧约，字德素，有《哭范荀》诗云云。'乃以此作慧约作，或别有考也。"《古今禅藻集》卷一作慧约诗，题《吊范贲》，诗同。不管诗文是否为怀素所作，但此字帖存真，当引以吊其友人。

第三十七件：《二谢帖》《二谢等帖》《奉二谢帖》

《清河书画舫》卷四下、《式古堂书画汇考》卷四、《佩文斋书画谱》卷九二、《六艺之一录》卷三三三并记此三帖。今存怀素《论书帖》云："昨奉二谢书，问知山中事有也。"《二谢帖》《奉二谢帖》等，是否割裂《论书帖》而成？这些书作早不存，故引来了诸多猜想。二谢不知何许人也。唐大历至贞元间，江南著名诗僧皎然俗姓谢，不知此二谢中是否有皎然此人？

皎然在湖州与颜真卿、陆羽、怀素等人唱和多年，确有其事。今存皎然《杼山集》即载有《听素法师讲〈法华经〉》诗。按理说，此"二谢"与中国古代文学史上南朝诗人谢灵运和谢朓二人，应该搭不上边。另外，《宣和书谱》卷十五记当时御府所藏王羲之草书二百四十三帖中有《二谢帖》，王羲之行书法帖传世者有《二谢帖》，共二种：一种是唐摹纸本，与《丧乱》《得示》二帖共摹于一纸，5 行 35 字，为传世唐摹王书精品，唐时传入日本，《东大寺献物帐》著录，有影印本传世；一种是丛帖本，《三希堂》本即是。共 10 行 76 字，或以为赝。不知这三本帖是否有怀素临王羲之帖？

第三节

"历代著录"所录怀素法帖书目

（含疑作，共 177 件）

法帖名	书名	卷页
自叙（苏子美藏本）	北宋内府《宣和书谱》	卷一九
千文帖（千金帖）	北宋内府《宣和书谱》	卷一九
行草笔法	北宋内府《宣和书谱》	卷一九
孝经四	北宋内府《宣和书谱》	卷一九
草书歌二	北宋内府《宣和书谱》	卷一九
鄂公斗将赞三	北宋内府《宣和书谱》	卷一九
秋风辞	北宋内府《宣和书谱》	卷一九
草圣诗	北宋内府《宣和书谱》	卷一九
早春诗	北宋内府《宣和书谱》	卷一九
自咏诗	北宋内府《宣和书谱》	卷一九
寄人诗	北宋内府《宣和书谱》	卷一九
忆人诗	北宋内府《宣和书谱》	卷一九
游山诗	北宋内府《宣和书谱》	卷一九
酒船诗	北宋内府《宣和书谱》	卷一九
劝酒诗	北宋内府《宣和书谱》	卷一九
狂醉诗	北宋内府《宣和书谱》	卷一九
回雁诗	北宋内府《宣和书谱》	卷一九

狂僧怀素

法帖名	书名	卷页
题酒楼诗	北宋内府《宣和书谱》	卷一九
醉僧图诗	北宋内府《宣和书谱》	卷一九
寄浩公诗	北宋内府《宣和书谱》	卷一九
论书帖（墨迹本）	北宋内府《宣和书谱》	卷一九
论草圣帖	北宋内府《宣和书谱》	卷一九
论章草帖	北宋内府《宣和书谱》	卷一九
神仙帖	北宋内府《宣和书谱》	卷一九
游山帖	北宋内府《宣和书谱》	卷一九
下山帖	北宋内府《宣和书谱》	卷一九
贫道帖	北宋内府《宣和书谱》	卷一九
寻道帖	北宋内府《宣和书谱》	卷一九
玉壶帖	北宋内府《宣和书谱》	卷一九
仙杖帖	北宋内府《宣和书谱》	卷一九
长生帖	北宋内府《宣和书谱》	卷一九
山水帖	北宋内府《宣和书谱》	卷一九
山亭帖	北宋内府《宣和书谱》	卷一九
早行帖	北宋内府《宣和书谱》	卷一九
松声帖	北宋内府《宣和书谱》	卷一九
奉李帖	北宋内府《宣和书谱》	卷一九
送人帖	北宋内府《宣和书谱》	卷一九
药物帖	北宋内府《宣和书谱》	卷一九
寄药帖	北宋内府《宣和书谱》	卷一九
花发帖	北宋内府《宣和书谱》	卷一九
上林花发帖	北宋内府《宣和书谱》	卷一九
石膏散帖（附乘兴帖）	北宋内府《宣和书谱》	卷一九
白石散帖	北宋内府《宣和书谱》	卷一九
临川帖二	北宋内府《宣和书谱》	卷一九
奉二谢帖	北宋内府《宣和书谱》	卷一九

法帖名	书名	卷页
二谢等帖	北宋内府《宣和书谱》	卷一九
二谢帖	北宋内府《宣和书谱》	卷一九
奉书帖	北宋内府《宣和书谱》	卷一九
颠书帖	北宋内府《宣和书谱》	卷一九
挥翰帖	北宋内府《宣和书谱》	卷一九
笔老帖	北宋内府《宣和书谱》	卷一九
遣兴帖	北宋内府《宣和书谱》	卷一九
清和帖	北宋内府《宣和书谱》	卷一九
近代帖	北宋内府《宣和书谱》	卷一九
久在帖	北宋内府《宣和书谱》	卷一九
动静帖	北宋内府《宣和书谱》	卷一九
临池帖	北宋内府《宣和书谱》	卷一九
凭事帖	北宋内府《宣和书谱》	卷一九
勤读帖	北宋内府《宣和书谱》	卷一九
天然帖	北宋内府《宣和书谱》	卷一九
本欲帖	北宋内府《宣和书谱》	卷一九
足下帖	北宋内府《宣和书谱》	卷一九
知命帖	北宋内府《宣和书谱》	卷一九
白首帖	北宋内府《宣和书谱》	卷一九
世人帖	北宋内府《宣和书谱》	卷一九
飞钓帖	北宋内府《宣和书谱》	卷一九
雄逸帖	北宋内府《宣和书谱》	卷一九
汝等帖	北宋内府《宣和书谱》	卷一九
还期帖	北宋内府《宣和书谱》	卷一九
客舍帖	北宋内府《宣和书谱》	卷一九
陶阮帖	北宋内府《宣和书谱》	卷一九
得书帖	北宋内府《宣和书谱》	卷一九
江公帖	北宋内府《宣和书谱》	卷一九

法帖名	书名	卷页
师古帖	北宋内府《宣和书谱》	卷一九
取步帖	北宋内府《宣和书谱》	卷一九
衣铱帖	北宋内府《宣和书谱》	卷一九
河东帖	北宋内府《宣和书谱》	卷一九
咸阳帖	北宋内府《宣和书谱》	卷一九
吴郡帖	北宋内府《宣和书谱》	卷一九
草颠帖	北宋内府《宣和书谱》	卷一九
醉颠帖	北宋内府《宣和书谱》	卷一九
新安县帖	北宋内府《宣和书谱》	卷一九
小草等帖	北宋内府《宣和书谱》	卷一九
河内诸子帖	北宋内府《宣和书谱》	卷一九
公孙大娘等帖	北宋内府《宣和书谱》	卷一九
临王羲之怀间帖	北宋内府《宣和书谱》	卷一九
梦游天姥山等歌五	北宋内府《宣和书谱》	卷一九
真书过钟帖	宋秦观《淮海集》	卷三五
归田赋	宋张舜民《画墁集》	卷五
任华草书歌	宋米芾《宝章待访录》	
萧常侍日下三帖	宋米芾《宝章待访录》	
自叙真迹	宋米芾《书史》	卷一
怀素诗一首（绢书）	宋米芾《书史》	卷一
杂论故事（绢帖一轴）	宋米芾《书史》	卷一
祝融高坐对寒峰（绿绢帖）	宋米芾《书史》	卷一
与皇少卿简	宋米芾《书史》	卷一
胸中刺痛（绢帖）	宋米芾《书史》	卷一
恨不识颜尚书（绢帖）	宋米芾《书史》	卷一
史陵者（绢帖）	宋米芾《书史》	卷一
逐鹿帖	宋曹勋《松隐集》	卷二九
别本帖	宋董逌《广川书跋》	

法帖名	书名	卷页
怀素七帖	宋董逌《广川书跋》	卷八
洪州诗	宋董逌《广川书跋》	卷八
北亭草笔	宋董逌《广川书跋》	卷八
大草千字文（群玉堂本）	南宋韩侂胄《群玉堂帖》	卷四
大草千字文（西安本）	当代《西安碑林全集》	藏石编号 669
大草千字文（绿天庵本）市场上有明代、清代或民国拓本拍卖品（存疑）		
松风帖	宋元间周密《云烟过眼录》	卷上
青帘帖	元郝经《陵川集》	卷八
临智永笔力帖	元鲜于枢《困学斋杂录》	
草圣游京师	元王恽《元人破临安所得故宋书画目》	
论草字帖	元王恽《元人破临安所得故宋书画目》	
洛中帖	元王恽《秋涧集》	卷九四
酒狂帖	元倪瓒《清閟阁集》	卷九
醉僧七绝	明董其昌《戏鸿堂法帖》	卷七
少室帖	明董其昌《画禅室随笔》	卷一（醋古斋帖跋条）
食鱼帖	明郁逢庆《书画题跋记》	卷三
桑林帖	明郁逢庆《书画题跋记》	卷三
冬熟帖	明郁逢庆《书画题跋记》	卷三
清净经	明郁逢庆《续书画题跋记》	卷三
故人帖	明朱有炖《东书堂法帖》	卷十
宗室家怀素千文	明孙矿根《书画跋跋》	
怀素真迹临右军帖	明朱存理《珊瑚木难》	卷三
子敬王洽王珣三小传一卷	明詹景凤《东图玄览》	卷一

法帖名	书名	卷页
猛虎吟	明张丑《清河书画舫》	卷一上
感春诗	明张丑《清河书画舫》	卷一上
临右军种药帖	明张丑《清河书画舫》	卷一上
大风歌	明张丑《清河书画舫》	卷一上
画诀帖	明张丑《清河书画舫》	卷四下
去夏帖	明张丑《清河书画舫》	卷九下
梦游天姥吟	明张丑《清河书画舫》	花卷
圣母帖粉泽纸书真迹	明张丑《真迹日录·一集》	
怀素藏真帖	明王世贞《弇州山人稿》	卷一
讲外帖	明李日华《六研斋笔记》	卷一
鱼肉帖	明李日华《六研斋笔记·三笔》	卷二
素公客舍等帖	明汪砢玉《珊瑚网》	卷二
苦笋帖	明陈继儒《拟古录》	卷一
正嘉帖	清冯铨《快雪堂法帖》	
入市诗	清何元英跋《食鱼贴》	
心经	清何元英跋《食鱼贴》	
又贫道等二帖	清卞永誉《式古堂书画汇考》	卷四
怀素帖	清卞永誉《式古堂书画汇考》	卷四
圣母帖	清卞永誉《式古堂书画汇考》	卷四
藏真律公三帖	清卞永誉《式古堂书画汇考》	卷四
怀素自叙帖又行草千文	清卞永誉《式古堂书画汇考》	卷四
肚痛帖	清卞永誉《式古堂书画汇考》	卷四
食鱼肉帖	清顾复《平生壮观》	卷一
羲道同陈燕子丁	清顾复《平生壮观》	卷一
法华经序品第一	清顾复《平生壮观》	卷一
王羲之传	清孙椿年《秘古阁帖》	卷二
论书帖（碑帖本，清拓）	清高士奇《江村销夏录》	
别本六帖	清孙岳颁等《佩文斋书画谱》	卷七五

法帖名	书名	卷页
怀素四帖	清孙岳颁等《佩文斋书画谱》	卷七五
颇书帖	清孙岳颁等《佩文斋书画谱》	卷九二
狂醉诗	清孙岳颁等《佩文斋书画谱》	卷九二
怀素三帖	清孙岳颁等《佩文斋书画谱》	卷九二
草书三幅	清孙岳颁等《佩文斋书画谱》	卷九二
怀素自序	清孙岳颁等《佩文斋书画谱》	卷九二
怀素绢上诗一首	清孙岳颁等《佩文斋书画谱》	卷九二
自叙帖匏庵临本	清孙岳颁等《佩文斋书画谱》	卷九三
上定襄郡王帖	清孙岳颁等《佩文斋书画谱》	卷九三
书孝经	清孙岳颁等《佩文斋书画谱》	卷九三
草书嵇叔夜诗真迹卷	清杨恩寿《眼福编初集》	卷一
颖书帖	清李调元《诸家藏书簿》	卷二
草颇帖	清李调元《诸家藏书簿》	卷二
小草帖	清李调元《诸家藏书簿》	卷二
狂草立轴	清裴景福《壮陶阁书画录》	卷二
杜甫秋兴八首	清道光《永州府志》	卷十八上
千字文（瑞石帖）	清《零陵县志》	
自叙帖（绿天庵本）	清末《绿天庵本自叙帖》《杜甫秋兴八首》合集翻刻本	
山水帖真迹卷	民初完颜景贤《三虞堂书画目》	卷上
裴说寄边衣诗	当代何有川《集字心经/书法全集》	
鲁公帖	当代何有川《集字心经/书法全集》	
心经（草书集字）	当代何有川《集字心经/书法全集》	
自叙帖（蜀本）	河南美术出版社1985年单行本	
千字文（神迹帖）	香港《文汇报》（2022年8月6日）	
千字文（净云枝藏帖）	明蒋如奇《净云枝法帖》	

第四节

怀素年谱

737 年　唐玄宗开元二十五年　怀素 1 岁

初夏，怀素生于江南道永州府零陵县城东门外二里地处，俗姓钱，祖辈钱氏从浙江吴兴迁湖南零陵，母亲江东刘氏。父母乃城郊菜农，父亲兼领捡瓦手艺。

时陆羽 5 岁，杜甫 25 岁，颜真卿 29 岁，李白 37 岁，张旭 52 岁。

738 年　唐玄宗开元二十六年　怀素 2 岁

怀素嗷嗷待哺，钱家喜添男丁，全家其乐融融。

唐玄宗诏令天下州郡各建一寺，均以年号取名，是为开元寺。

739 年　唐玄宗开元二十七年　怀素 3 岁

怀素体弱多病，父母精心哺育。

追谥孔子为文宣王，其弟子为公、侯、伯。颜真卿在洛阳为母守丧。李白至巴陵（今岳阳）游湖南，会王昌龄。

740 年　唐玄宗开元二十八年　怀素 4 岁

怀素体弱多病，父母细心抚育、心生忧愁。

741 年　唐玄宗开元二十九年　怀素 5 岁

怀素体弱多病，却机敏聪慧。如何培养？父母在纠结观望。

张旭作楷书《尚书省郎官石柱记序》。

742 年　唐玄宗天宝元年　怀素 6 岁

怀素弱小好动，顽皮成长，父母忐忑惆怅。

诗人李白应诏入长安。画家吴道子和雕塑圣手杨惠之约在此期间被召入禁中。

743 年　唐玄宗天宝二年　怀素 7 岁

怀素初步接触文化知识，展现了强烈的求知欲。

颜真卿由醴泉县尉迁长安县尉，赴洛阳专访张旭请教笔法。张谓登进士第。

744 年　唐玄宗天宝三年　怀素 8 岁

怀素好学，父母节衣缩食，送其入私塾。怀素在私塾接触并喜爱上书法，展现了艺术天赋。父母下定决心找怀素伯祖父惠融禅师通融，以让怀素入书堂寺。

李白上书请还山，得赐金离长安，初夏与杜甫相识于洛阳。南禅宗"五叶"之一的南岳怀让卒，享年六十六。

745 年　唐玄宗天宝四年　怀素 9 岁

怀素在父母的引导下，跟随伯祖父惠融禅师入书堂寺，取名"怀素"，字"藏真"。

746 年　唐玄宗天宝五年　怀素 10 岁

怀素跟随伯祖父惠融禅师写经坐禅，习文练字，勤奋求学，并且对书法兴趣日隆。

颜真卿再至洛阳复访张旭求教笔法，得张旭口授作《述张长史笔法十二意》。

747 年　唐玄宗天宝六年　怀素 11 岁

怀素勤奋学习、积极向上，迷恋书法，深入接触禅宗知识，并习梵文。

748 年　唐玄宗天宝七年　怀素 12 岁

怀素偏爱书法，领悟南禅宗文化思想，习梵文；乐于助人，助岐山头村民通信、抗旱等；受邀到村民家喝酒吃肉。

749 年　唐玄宗天宝八年　怀素 13 岁

怀素学用南禅宗文化思想，痴迷书法，熟习梵文。时酒酣兴发，遇寺壁、里墙、衣裳、器皿，靡不书之，遭住持多次训诫。

750 年　唐玄宗天宝九年　怀素 14 岁

怀素深刻领悟南禅宗文化精神，书法益进。却因不守寺规，屡教不改，被逐出书堂寺，回到零陵城中的龙兴寺（曾为三国吕蒙将军府）继续修行。

751 年　唐玄宗天宝十年　怀素 15 岁

怀素奉行南禅宗文化思想，其在龙兴寺仍然我行我素。一次偶然机会，他在龙兴寺古井中淘得"军司马印"，大喜并随身携带。

钱起登进士第。杜甫得玄宗赏识，命待制集贤院，因不得李林甫赏识而未得官。

752 年　唐玄宗天宝十一年　怀素 16 岁

怀素因"陋习"未改被逐出龙兴寺，回到零陵城东门外家中，与父母共同生活。他勤奋又专心地练习书法，在自家宅院周围荒地种植芭蕉万余株代纸挥洒，宅院取名"绿天庵"。

李白北游，初识安禄山，颇感危险，即离。颜真卿作《多宝塔感应碑》。

753 年　唐玄宗天宝十二年　怀素 17 岁

怀素居零陵绿天庵，勤奋刻苦以蕉叶代纸练字；在蕉叶上大胆尝试，以篆书线条融入草书悟创瘦劲回环线条，逐生"蕉叶练字"之佳话。

吴道子作《嘉陵江三百里风光》，同年在兴善寺作壁画。

754 年　唐玄宗天宝十三年　怀素 18 岁

怀素居零陵绿天庵，在日晒雨淋、与风共舞中坚持"蕉叶练字"；敢于创新，悟瘦劲回环笔法。十一月十一日，吏部侍郎韦陟被贬为昭州平乐（今广西平乐县）尉，南行途经零陵相识怀素，称其"此沙门札翰，当振宇宙大名"。

颜真卿作《东方朔画赞》。

755年　唐玄宗天宝十四年　怀素19岁

怀素居零陵绿天庵，除以蕉叶练字外，另以木料漆一圆盘一方板辅之，风雨无阻专攻狂草，瘦劲回环笔法逐渐精熟。

安史之乱爆发，平原太守颜真卿、常山太守颜杲卿起兵伐安禄山，河北诸郡皆呼应。

756年　唐肃宗至德元年　怀素20岁

怀素居零陵绿天庵，日夜勤练书法，专攻狂草。瘦劲回环笔法运用自如。

中国史上著名的安史之乱影响最严重之年。颜杲卿兵败常山被俘，一家三十余口惨死。永王李璘节度江南，李白入其幕府。

757年　唐肃宗至德二年　怀素21岁

怀素居零陵绿天庵，勤学苦练，以致木制的圆盘方板被磨出了窟窿（"盘板皆穿"故事原型）。其百炼成钢，精心独创的瘦劲回环笔法小成。参加社交活动增多，其草书作品广受士族青睐，并逐步溢出永州。

永王反，李白入浔阳狱，后被判罪长流夜郎。颜真卿授宪部尚书，有《让宪部尚书表》。

758年　唐肃宗乾元元年　怀素22岁

怀素居零陵绿天庵，苦练书艺，书法作品在湖南七郡流传。膳部员外郎卢象贬为永州司马，与怀素相交并作赞诗《赠怀素》，助怀素声名显扬。

九月三日，颜真卿作天下第二行书《祭侄文稿》。

759年　唐肃宗乾元二年　怀素23岁

怀素居零陵绿天庵，潜心修炼书艺。

三月，李白流放夜郎至白帝（今四川奉节县东）遇赦，折返洞庭探望被贬为岳州司马的好友贾至，秋游零陵会挚友卢象，喜遇怀素，作《草书歌行》

《赠卢司户》《悲清秋赋》。《草书歌行》令怀素声名大振，并助推怀素的"笔冢""墨池""蕉叶练字""盘板皆穿"等故事流传。

760 年　唐肃宗上元元年　怀素 24 岁

怀素居零陵绿天庵，潜心修炼书艺的同时，广泛结识永州地域名流雅士，求书者众。

杜甫辗转至成都，在城西浣花溪畔筑"杜甫草堂"。陆羽隐居浙江苕溪。

761 年　唐肃宗上元二年　怀素 25 岁

怀素居零陵绿天庵，坚持边修炼书艺边行走永州各地，声名外溢。

颜真卿书《李齐物神道碑铭》。陆羽根据多年考察和研究所得写成世界上第一部《茶经》初稿。

762 年　唐代宗宝应元年　怀素 26 岁

怀素首次走出永州（启动第一次"西游上国"），求师访友。首站到衡州（今衡阳），始作万里之行。与朱遥在衡阳客舍相见，朱有诗赞怀素，朱为怀素走出永州所结交的第一位名士。

十一月李白卒于当涂，临终之际将平生所著托李阳冰，有绝笔《临终歌》一首。卢象北归途中卒于武昌。

763 年　唐代宗广德元年　怀素 27 岁

怀素北上求师访友，客居衡州，往返潭州、岳州（今湖南岳阳），广交名士，多次现场表演书法，声名日盛。

764 年　唐代宗广德二年　怀素 28 岁

怀素沿湘江水系游历，结识多名好友。经常参加社会名流组织的文艺沙龙，人生阅历增强，笔风亦大开。

颜真卿作正书《郭氏家庙碑》。剑南节度使严武表荐杜甫为检校工部员外郎，"杜工部"之名由此而来。

765 年　唐代宗永泰元年　怀素 29 岁

怀素在湖南境内交游，遍走湖南七郡，在湘书名显赫。诗人李舟与怀素相识并作诗赠之。

766 年　唐代宗大历元年　怀素 30 岁

怀素交游中得诸多诗赞，意气风发。王邕任永州刺史，相识并结交怀素，作《怀素上人草书歌》。戴叔伦、鲁收、窦冀等名士相继结识怀素并以诗赞之。张谓任潭州刺史，与怀素结为忘年交。是年书《千字文》（瑞石帖）。

道州刺史元结作《阳华岩铭有序》，江华县令瞿令问以三体（隶书、大篆、小篆）同步书写（序为隶书）刻于岩壁，始开辟江华阳华岩石刻。同年，元结经水路过零陵发现朝阳岩，并作《朝阳岩铭》《朝阳岩下歌》，开朝阳岩摩崖石刻之先河。秋，杜甫在夔州（今重庆奉节）作《秋兴八首》，为杜诗七律的代表作。

767 年　唐代宗大历二年　怀素 31 岁

怀素南下广州，苏涣作《怀素上人草书歌兼送谒徐广州》引为推荐，怀素赴广州求教徐浩，然未果。怀素返湘途中，过韶关入曹溪法泉寺，朝拜南禅开山之祖慧能大师的真身。怀素于年末与王邕等名流雅士同游于三湘四水。心境豪迈，约于此期书《横行帖》。是年书《千字文》（净云枝藏帖）。

徐浩任广州刺史兼岭南节度使。颜真卿书《争座位帖》《守政帖》。秋月，杜甫在夔州作千古绝唱七律《登高》，十月又作《观公孙大娘弟子舞剑器行》。

768 年　唐代宗大历三年　怀素 32 岁

年初，怀素在潭州结识马云奇，马云奇作《怀素师草书歌》。春，张谓携怀素赴长安，三月怀素书《千字文》（神迹帖），过洪州（今江西南昌）时怀素作《洪州诗》，展露豪气干云。9 月，怀素在长安崭露头角，欣赏《曹娥碑》墨迹并在其上题观款。

年初，朝廷诏令张谓归京。年冬，杜甫乘舟漂泊到湖南岳州，作《登岳阳楼》。

769 年　唐代宗大历四年　怀素 33 岁

怀素结识叔父钱起，得礼部侍郎张谓和叔父钱起（"大历十才子"之首）的推介，在长安上流社会广受欢迎，其激情四射，受邀作演唱会式的书法现场创作引爆文人圈。

　　春，杜甫乘船自岳州途经潭州、株洲去衡州寻友，在株洲辖境共创作诗十首；寻友不遇，五月折返潭州。

770 年　唐代宗大历五年　怀素 34 岁

　　怀素继续风靡长安，但眼醉心明，不忘此行。是年，拜金吾兵曹（负责京城护卫及仪仗）邬彤为师，借"古钗脚""折钗股"等领悟笔画、笔势；临别时，邬彤向怀素赠三帖（王羲之《恶溪帖》和王献之《骚》《劳》二帖）。

　　年初杜甫在潭州作《江南逢李龟年》，年冬逝世于赴岳州途中，年五十九。

771 年　唐代宗大历六年　怀素 35 岁

　　怀素形成明星效应，在长安掀起一股独特的旋风，名动京华，诗人任华赋诗赞之。约于此期第一次发病（风湿性关节炎），并作《律公帖》。

　　六月《大唐中兴颂》刻于浯溪崖壁。颜真卿在抚州书《麻姑山仙坛记》。

772 年　唐代宗大历七年　怀素 36 岁

　　秋末怀素与颜真卿"洛下论书"，借"屋漏痕"领悟笔力、笔意，受益匪浅，颜真卿作《怀素上人草书歌序》以鼓励之，怀素书《藏真帖》叙其事。冬末，怀素返回故里零陵侍奉双亲，叔父钱起作诗《送外甥怀素上人归乡侍奉》相送。

　　唐代古文运动先驱、文学家、两任道州刺史元结卒，年五十四，颜真卿撰《元结墓碑》。

773 年　唐代宗大历八年　怀素 37 岁

　　年初，怀素回到老家零陵侍奉双亲；秋末，双亲年老病故先后仙逝。是年底，怀素北上衡州作第二次远行（第二次"西游上国"），再游衡山时作《寄衡岳僧》。

　　颜真卿赴湖州任刺史，与僧皎然过从甚密，陆羽入颜真卿幕府。中唐古文运动的领军人物、中国山水散文鼻祖柳宗元出生。

774 年　唐代宗大历九年　怀素 38 岁

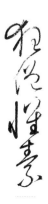

春夏之际，怀素北上潭州，经夔州、成都漫游岷山，白观彩云、夜闻嘉陵江水而草书益进。秋末，怀素入湖州颜真卿幕府，偶遇茶圣陆羽、诗僧皎然，并与他们相交甚笃。此后在颜真卿幕府羁留较长时间，与颜真卿等探讨书艺，是为"湖州论书"。

775 年　唐代宗大历十年　怀素 39 岁

怀素与陆羽双圣际会，交情愈深，陆羽于此期作《僧怀素传》。

诗人苏涣因谋逆罪（曾作叛将哥舒晃谋士）被杀。

776 年　唐代宗大历十一年　怀素 40 岁

怀素与颜真卿、陆羽等继续交游于湖州，得颜悉心引导，狂草技艺炉火纯青。怀素小结一生过往，细述名士诗赞，作蜀本《自叙帖》。

777 年　唐代宗大历十二年　怀素 41 岁

怀素跟随颜真卿再赴京都长安，新朋老友齐相聚。其狂草技艺大成，激情高昂，于十月在长安精心创作苏本《自叙帖》。苏本《自叙帖》是怀素狂草的标志。它的出现，使草书艺术出现了继张旭之后一个更高的峰尖。

4月，颜真卿奉诏回京，8月任刑部尚书。

778 年　唐代宗大历十三年　怀素 42 岁

怀素素心澄明，离开是非之地长安，东游雁荡山，九月十五日在雁荡精舍书《四十二章经》。高处不胜寒，怀素跳出狂草光环，心境和书风逐生变化。

779 年　唐代宗大历十四年　怀素 43 岁

怀素折道苏杭，寻访天姥山、赤城山、灵隐寺、西湖、钱塘这些形胜之地，《梦游天姥山》《神仙帖》《游山帖》《寻道帖》《下山帖》《仙杖帖》等可能均作于此行。

颜真卿书《颜勤礼碑》。

780 年　唐德宗建中元年　怀素 44 岁

怀素第二次远行归程，从苏杭经洪州返回湖湘。第二次远游收获最丰，三本《自叙帖》树立了怀素的标高。

颜真卿撰《颜氏家庙碑》。怀素叔父——"大历十才子"之首的钱起卒，年五十九。

781 年　唐德宗建中二年　怀素 45 岁

怀素游历于三湘四水间，心境在寂静中流变，此期书写风格亦进一步呈现转润痕迹。

782 年　唐德宗建中三年　怀素 46 岁

怀素"风疾"发作，乃第二次发病，回零陵绿天庵静修，并于此期筹集远游化缘资金整修位于岐山头村的书堂寺、文秀塔。怀素书写速度减缓，剧烈运动式的书写减少。

颜真卿任太子太保（从一品），是年书《朱巨川告身》。

783 年　唐德宗建中四年　怀素 47 岁

怀素在故里零陵静修，"风疾"稍缓，偶尔行走于衡州、潭州，约在此期书《苦笋帖》。

颜真卿遭宰相卢杞忌恨陷害，正月奉使宣慰反将淮西都统李希烈至许州，遭李希烈软禁；后改置颜真卿于蔡州（今河南汝阳）龙兴寺，颜书有《奉命帖》《移蔡帖》。

784 年　唐德宗兴元元年　怀素 48 岁

怀素徜徉在三湘四水间，约在此期书大草《千字文》，狂草书风呈现不同面貌。

李希烈欲劝降颜真卿，颜誓死不从，并自撰遗表、墓志、祭文。8 月，李希烈闻其弟兵败被杀大怒，遣中使至蔡州缢杀颜真卿，终年 77 岁。

785 年　唐德宗贞元元年　怀素 49 岁

怀素行走于湖南，多方求治"风疾"，书风在狂草与小草间求变。此期书写多幅与药物相关的书帖。

786 年　唐德宗贞元二年　怀素 50 岁

怀素在故里零陵静修，偶尔行走于衡州、潭州。"风疾"好转，但经过两次发病后身体状况已不如前，约在此期创作《论书帖》，笔法明显由燥转润。

787 年　唐德宗贞元三年　怀素 51 岁

怀素在故里零陵静修，偶尔行走于衡州、潭州。怀素与陆羽在湖南短暂相会。

国子司业斐胄为潭州刺史、湖南观察使，陆羽入斐胄幕府。

788 年　唐德宗贞元四年　怀素 52 岁

怀素在湖南境内游历，修身养性，尊佛重道。

789 年　唐德宗贞元五年　怀素 53 岁

怀素在湖南境内游历，主要客居于衡州、潭州，不时在衡东县讲学。

790 年　唐德宗贞元六年　怀素 54 岁

怀素在湖南境内游历，访佛问道，潜心书艺变法。"风疾"再次袭来。

791 年　唐德宗贞元七年　怀素 55 岁

怀素客居潭州，并作第三次远行计划（第三次"西游上国"）。这是怀素最后一次远行，但相比于前两次而言，本次远行的时间和路程都是最短的。

792 年　唐德宗贞元八年　怀素 56 岁

怀素第三次到达京都长安，书就带有牢骚之意的趣作《食鱼帖》。虽重拾大草笔法，再入狂草之境，却已物是人非、满目苍凉，不复当年。

793 年　唐德宗贞元九年　怀素 57 岁

怀素离开京都长安，折道江浙返回，在东陵书《东陵圣母帖》，笔法圆融无迹、浑然天成，火气消散。

794 年　唐德宗贞元十年　怀素 58 岁

怀素返程经东南方领略名山秀水,对"人与自然"的领悟更透彻。

795 年　唐德宗贞元十一年　怀素 59 岁
怀素经过一路的心灵洗涤回到湖南,弃狂草专小草,心有所属,立地成佛。

796 年　唐德宗贞元十二年　怀素 60 岁
怀素客居衡州衡东县新塘镇晓霞峰茅庵寺,对外授学,对内静修,专事
小草。

797 年　唐德宗贞元十三年　怀素 61 岁
怀素客居衡州衡东县新塘镇晓霞峰茅庵寺,对外授学,对内静修,精研
小草。

798 年　唐德宗贞元十四年　怀素 62 岁
怀素回故里,在零陵绿天庵静修,人书俱老,笔法复归平淡。

799 年　唐德宗贞元十五年　怀素 63 岁
6 月 17 日,怀素在零陵绿天庵书,小草《千字文》(千金帖)。下半年,
移居衡州衡东县新塘镇晓霞峰茅庵寺。

800 年　唐德宗贞元十六年　怀素 64 岁
事迹不详。估计怀素于此期前后离世,圆寂后安魂于湖南省衡东县新塘
镇晓霞峰西南麓二童攻书山中峰窆堵坡(此处曾建有怀素塔)。

主要参考书目

董浩，等 . 全唐文 [M]. 北京：中华书局 .1983.

彭定求，等 . 全唐诗 [M]. 北京：中华书局 .1960.

永州市名城办 . 中国历史文化名城申报文本（永州市）[C].2014.

全国第四届草书展组委会 . 全国首届怀素草书学术论坛文集 [C].2017.

范文澜 . 中国通史简编 [M]. 北京：应急管理出版社 .2021.

蒋勋 . 艺术概论 [M]. 北京：生活·读书·新知三联书店 .2015.

陈振濂 . 书法美学 [M]. 西安：陕西人民美术出版社 .2004.

张志和 . 中国古代书法艺术史 [M]. 北京：中国社会科学出版社 .2015.

曹兰芳 . 开士怀素：曹兰芳书学随笔 [M]. 长沙：湖南美术出版社 .2018.

魏佳敏 . 怀素：一个醉僧的狂草人生 [M]. 北京：光明日报出版社 .2015.

熊秉明 . 中国书法理论体系 [M]. 天津：天津教育出版社 .2002.

张社教 . 怀素及其草书研究 [M]. 世界图书出版西安有限公司出版 .2018.

王元军 . 怀素评传 [M]. 西安：三秦出版社 .2000.

贾起家 . 怀素书学研究文集 [M]. 太原：山西高校联合出版社 .1995.

何清谷 . 怀素草书的研究与欣赏 [M]. 西安：陕西师范大学出版社 .1993.

周平 . 湖湘历代书法选集·怀素卷 [M]. 长沙：湖南美术出版社 .2010.

永州市文化局、永州市文物管理处 . 永州石刻拾萃 [M]. 长沙：湖南人民出版社 .2006.

罗峰林 . 唐·怀素书法选集 [M]. 北京：中国文艺出版社 .2014.

朱关田 . 中国书法史·隋唐五代卷 [M]. 南京：江苏教育出版社 .2002.

熊飞 . 怀素草书与唐代佛教 [M]. 香港：香港教育出版社 .2005.

王元军 . 唐代书法与文化 [M]. 北京：中国大百科全书出版社 .2009.

郭绍林 . 唐代士大夫与佛教 [M]. 西安：三秦出版社 .2006.

张社教 . 草圣怀素 [M]. 西安：陕西人民出版社 .2021.

朱关田 . 颜真卿年谱 [M]. 杭州：西泠印社出版社 .2008.

周志刚，周洁琳 . 陆羽年谱 [M]. 西安：陕西师范大学出版社 .2021.

詹瑛 . 李白诗文系年 [M]. 北京：人民文学出版社 .1984.

四川省文史研究馆 . 杜甫年谱 [M]. 成都：四川人民出版社 .1958.

杨仕衡 . 浯溪解读 [M].2006.

鄢福初 . 解密中兴颂 [M]. 长沙：湖南美术出版社 .2023.

杨璐 . 怀素全集 [M]. 北京：中国书店出版社 .2016.

张国权，王金梁 . 怀素传 [M]. 北京：中国戏剧出版社 .2013.

周宗岱 . 美辨 [M]. 长沙：湖南美术出版社 .1998.

郑广瑾 . 毛泽东书艺 [M]. 郑州：河南人民出版社 .2014.

后记

如果说，文学是对时光的"挽留"；那么，书法就是对时代的"钤印"。书法艺术把蕴藏在个人身心的思想感情化作了一种有形有色、有节奏有韵律、有神采、有极大震撼力和浓重情感的结晶体。中国书法是一门独特的艺术，是世界上独一无二的艺术瑰宝。故，中国书法艺术的光大，是自然而然的事情。

自中唐以来，书写怀素的作品成千上万，当代以怀素为主题的著作也颇多，但多限于怀素的书艺或其佛学，全面叙写草圣怀素的书论、技艺、成就、影响力及其家庭、成长、游历的作品几近于无。当然，其中横亘着一个无法回避的瓶颈：关于怀素的史料太少。基于此，作为怀素故里的文艺业者，本人忐忑提笔，想回溯一千多年前一名钱姓少年的蹒跚和沧桑，想颂扬一千多年前一个南禅沙门的勇毅与果敢，想探寻一千多年前一位艺术大师的笃定与狂放，全景式探寻怀素那流光溢彩又不乏坎坷的一生，祈当代的我们可以从他身上学点什么。此中一些独特的认识和观点，与现有的怀素研究构成了对话。这是怀素本身的魅力所在，也是文艺界百家争鸣的良好生态的反映。

几千年来，我国出现了许多的书法大家。魏晋以后，见著于经传的书家日多。

此后，历代都有书论流传，有些是相当精辟的。因我们所见到的历代各种文集收录的都只是一些散论，为还原一个鲜活的狂僧，所以笔者叙议融合，以史为镜，辅以辩证分析、逻辑推理，寓作者发自内心的美好愿望于史实的陈述之中，对历史与现实均作出观照，以便读者在领略盛唐文学艺术魅力的同时，更好地理解现实、吸取历史智慧，感悟从艺做人的哲理，感恩伟大灿烂的时代。尤为突出的是，本书将怀素的三次"西游上国"和现可见书作名录作了厘清，又广博群书整理了怀素传世书作集锦、怀素年谱，尤为珍贵。

笔者想对中国古代书法作整体考察，而这样的自觉意识，在书中得到了充分的展现。读者既可看到对"五体"的漫谈，和对张芝、钟繇、王羲之、王献之、张旭、徐浩、邬彤、颜真卿、苏轼、黄庭坚等书法大家的解读，也可看到对李白、杜甫、吴道子、裴旻、钱起、陆羽、欧阳修、司马光等文人武将的阐述。这一串长长的名单，在一定程度上可被解读为中国历史与中国文化的一种符号。对这些或居庙堂、或隐于市、或遁山林的古人的圈点，其实也是对中国历史与中国文化的一种爬梳洗剔。这些大家的命运际遇，人生忧欢，与一段段历史的华彩与悲歌相互交融。中国书法重人格、道德与学问修养。习艺者应人格高迈、识见宏远，方能遐想云思、兴会标举；读万卷书，行万里路，胸中具上下千古之虑，方能腕下呈纵横万里之势。中国古代书法浓缩了民族传统文化与价值精神取向，因而使得鉴识成为一种高难行为，对鉴识者的审美能力与历史洞察力均是一场严格的考验。故，笔者虽绞尽脑汁而为之，却因学养、心境和技艺等原因不尽如人意。

　　书中的主要人物虽已离我们远去，但在全球一体化的背景下，民族本土文化的珍贵价值更为彰显。岁月不败艺术，经典永不过时！怀素启示我们，古法实际上像千年莲子一样仍蕴含着极大的艺术活力，存在着足够后人出新变法的丰富营养。只要后人以独特的审美去感受，就能从中发现那些充满生命活力的艺术养分。怀素喝酒吃肉，"朝骑王公大人马，暮宿王公大人家"，作"个人演唱会"式的书法创作表演，是一个身披袈裟的士人。他不像南朝名僧智永和尚，为研习佛法三十年不下僧侣楼，精修清规戒律。当然这都是各自的心之所向，谁能评判得出修炼方式的优劣和对错呢？只要坚守本性，身随心行，方可不留遗憾！生活，一半诗意，一半烟火，若诗意遇上烟火该如何？当你拥有这种心境时，那就成了现实版的怀素——论道书法，一笑红尘。

　　撰写此书颇费力神，书成主要得众因缘。首先观阅了大量的世界史、中国史、艺术史等史料，积下底子；后幸得好友赐赍，借阅了众多涉及草书和怀素的论文集、散文集、小说集等专业性藏书，逐得底气。动笔前，幸得中书协副主席、湖南省书协主席鄢福初，湖南省书协副主席、秘书长胡紫桂，永州市书协顾问魏湘江等老师的悉心指导和大力鼓励；正式创作时，幸得刘翼平、吴茂盛、周昌俊、赵文龙、魏佳敏、王敦权、曹兰芳、刘忠华等作家、艺术家的点拨；书稿合成时，幸得陶旭日、潘爱民、张月林等摄影家的配图；书稿修改时，幸得学者黄锦祥提供珍贵的资料和图片；审稿时，幸得湖南科技大学周平教授通篇把脉；书稿定型付印时，幸得湖南大学出版社梁芝英、张毅等老师的精心编辑，遂添得自信。特别需要致谢的是，本书出版过程中，得到了零陵区委、区政府及相关部门的大力支持。有众贵人也，方成一物。在此对所有为本书成型引发思考与提供镜鉴之人，致以诚挚的谢意！

本人所见甚浅，虽潜心尽致，仍瑕疵不少。敬请广大书友批评指正！

李科

2024 年 5 月记于永州冷水滩潇湘大厦